W0061164

Thomas R. Köhler

Der programmierte Mensch

Thomas R. Köhler

Der programmierte Mensch

Wie uns Internet und Smartphone manipulieren

Frankfurter Allgemeine Buch

Bibliografische Information der Deutschen Nationalbibliothek
Die Deutsche Nationalbibliothek verzeichnet diese Publikation
in der Deutschen Nationalbibliografie; detaillierte bibliografische
Daten sind im Internet über http://dnb.d-nb.de abrufbar.

Thomas R. Köhler

Der programmierte Mensch

Wie uns Internet und Smartphone manipulieren

F.A.Z.-Institut für Management-,
Markt- und Medieninformationen GmbH
Mainzer Landstraße 199
60326 Frankfurt am Main
Geschäftsführung: Volker Sach und Dr. André Hülsbömer

Frankfurt am Main 2012

ISBN 978-3-89981-299-2

Copyright   F.A.Z.-Institut für Management-,
               Markt- und Medieninformationen GmbH
               60326 Frankfurt am Main

Umschlag   Anja Desch
Satz   Wolfgang Barus
Titelbild   ©thinkstock
Druck   Kösel GmbH & Co. KG, Am Buchweg 1, 87452 Altusried-Krugzell

Printed in Germany

Inhalt

Einleitung

Keine zwei Jahrzehnte nach Einführung des Mobilfunks für Privatkunden (1992) und der Verbreitung des Internets über die akademische Welt hinaus (circa 1995) hat sich unser Kommunikationsverhalten radikal gewandelt. Mehr als drei Viertel der Bevölkerung sind online, längst gibt es mehr Mobilfunkanschlüsse als Staatsbürger.

Immer online, immer in Kontakt mit anderen zu sein ist längst selbstverständlich geworden. Dazu hat auch die massenhafte Verbreitung von Smartphones in den letzten Jahren beigetragen, die sich anschicken zum wichtigsten Internetzugangsgerät zu werden.

Die Folgen sind bereits heute unübersehbar: Lehrer und Dozenten beklagen verkürzte Aufmerksamkeitsspannen ihrer Schüler und Studenten, TV-Sender müssen sich damit abfinden, mit ihrem Programm immer mehr zum Hintergrundrauschen zu werden, weil die Zielgruppe parallel im Internet surft, den Facebook-Status updatet, sich per SMS oder Instant Messenger untereinander austauscht oder entzückende kleine Kälbchen auf einem virtuellen Bauernhof großzieht.

Beinahe alle Branchen sind von diesem Wandel betroffen, wenn auch in unterschiedlichem Ausmaß. Dass diese Veränderungen nicht ohne Rückwirkungen auf das menschliche Miteinander und jedes einzelne Individuum vonstattengehen, kann jeder Leser zumindest in ersten Ansätzen im eigenen Familien-, Freundes- oder Bekanntenkreis und vielleicht auch an sich selbst beobachten.

Kritik an dieser Entwicklung wurde und wird vielfach geäußert. Jedoch ist diese zumeist pauschalisierend und sieht eine allgemeine Verdummung als bevorstehend beziehungsweise bereits eingetreten an oder kreist um einzelne willkürlich herausgegriffene Aspekte. Sicher ist es richtig, dass die als „Auslagerung des Gedächtnisses" erlebte Erkenntnis, dass man sich viele Dinge nicht mehr merken muss, wenn man diese online jederzeit nachschlagen kann, Veränderungen bringt. Aber letztendlich ist diese genauso müßig wie die vor Jahrzehnten eingeführte Debatte um die Auswirkungen der Einführungen des Taschenrechners auf die Kopfrechenfähigkeit.

Die derzeit geführte öffentliche Diskussion verkennt, dass die bereits absehbaren Entwicklungen noch viel weiter gehende Auswirkungen haben werden. Sie übersieht insbesondere das manipulative Potential, das in Internet und Smartphones sowie deren Anwendungen steckt.

Dabei lassen sich Ausgangslage und Rahmenbedingungen bereits heute klar erkennen. Das Problem ist dabei nicht, dass wir Dinge nachschlagen, sondern dass wir uns auf eben diese Dinge verlassen, als wäre etwa eine Suchmaschine eine neutrale Instanz mit dem Anspruch auf Objektivität der Ergebnisse. Je mehr sich neue Anwendungen zu persönlichen Assistenten entwickeln, für uns navigieren und den Alltag organisieren, umso größer wird die Gefahr, dass uns die Kontrolle über unser eigenes Leben entgleitet. Paradoxerweise gilt dies auch für diejenigen Anwender, die sich per Personal Analytics aktiv um die Vermessung der eigenen Aktivitäten kümmern, die sogenannte Quantified-Self-Bewegung. Und auch die bei Millionen Nutzern so beliebten Computerspiele sind nicht ohne Tücken, beinhalten sie doch Mechanismen, die – unter dem Schlagwort Gamification – an anderer Stelle eingesetzt, gefährliche Nebenwirkungen aufweisen können.

Je näher der Anwender mit Internetzugang und Smartphone an die digitale Welt heranrückt und je mehr er sein Leben auf Onlinedienste delegiert, umso größer sind die Risiken.

Dieses Buch schreibt – ausgehend vom Status quo – die Entwicklung fort und zeigt die Zusammenhänge sowie Wechselwirkungen zwischen den neuen Technologien und deren Rückwirkungen für das „Ich" im Onlinezeitalter. Es identifiziert die Grenzen und beleuchtet die auf dieser Basis absehbaren Risiken und Nebenwirkungen der umfassenden Vernetzung – für heute und eine Zukunft, die näher ist, als wir es uns alle vorstellen können.

Der Leser erhält zudem eine detaillierte Anleitung für einen bewussteren Umgang mit dem eigenen „Selbst" im Onlinezeitalter und erfährt, wie derartige Konzepte für die Steuerung und Manipulation von Dritten – etwa im Arbeitsumfeld, bei Kaufentscheidungen oder politischer Willensbildung – genutzt werden können, wie man diese Strategien erkennen und sich davor schützen kann.

 Hier finden Sie sämtliche Links zum Buch.

Immer online – Immer in Kontakt

Mitte der 90er Jahre des vergangenen Jahrhunderts schwappte die Internetwelle über den Rand der akademischen Welt hinaus und eroberte zunächst technikaffine Teile der Bevölkerung. „Sind Sie schon drin?" – ein Satz aus der Werbung eines Onlinedienstes – wurde zum geflügelten Wort.

Aber das Internet ist längst keine reine Spielwiese von „Techies" mehr: Eine Visitenkarte ohne E-Mail-Adresse ist inzwischen genauso wenig vorstellbar wie eine Firma ohne Website – das Internet ist zu einem festen Bestandteil der Gesellschaft geworden. Dies beweisen inzwischen auch offizielle Statistiken: Für Deutschland liefert der „(N)Onliner Atlas" der Initiative D21 zuverlässige Angaben über die Zahl der Onlinenutzer.[1] Die repräsentative Untersuchung der Initiative D21 wurde von Infratest mit mehr als 30.000 Befragten durchgeführt: Gut drei Viertel der Bevölkerung (76,6 Prozent) sind demnach „online". Das bedeutet jedoch auch, dass mehr als 14 Millionen Menschen hierzulande „offline" sind und weder beruflich noch privat das Internet nutzen. Betrachtet man nur die nackten Zahlen, so muss man konstatieren, dass die Zeit der großen Reichweitezuwächse vorbei ist. Vergleicht man die Ergebnisse der Studie aus dem Jahr 2012 mit dem Vorjahr, beträgt der Zuwachs weniger als 1 Prozent. Die vielfach beklagte „Digitale Kluft" schließt sich, wenn auch nur langsam.

Bemerkenswert ist auch, dass in der Altersklasse der 20- bis 29-Jährigen rund 3 Prozent offline bleiben. Diese Gruppe lehnt die neuen Technologien schlicht ab. Gehobene Altersklassen sind nach wie vor deutlich unterrepräsentiert, wenngleich die Nutzung ansteigt: bei den über 70-Jährigen auf insgesamt 28,2 Prozent, ein Plus von 3,6 Prozent; bei den 60- bis 69-Jährigen sind demnach 60,4 Prozent online. Noch viel höher ist die Akzeptanz bei der Nutzung des Mobiltelefons. Hier hat – statistisch gesehen – jeder Deutsche längst mehr als ein Mobiltelefon. Die Bundesnetzagentur verzeichnete Ende 2011 für Deutschland 114,3 Millionen Mobilfunkanschlüsse.[2]

Etwas mehr als eineinhalb Jahrzehnte haben genügt, dass weite Teile der Bevölkerung ihr Kommunikationsverhalten signifikant verändert haben. Dank Internet und Mobilfunk sind wir heute immer online – immer in Kontakt.

Der „Supercomputer" in der Tasche –
Mein Smartphone

Einen wesentlichen Anteil an der Nutzung digitaler Medien hat das sogenannte Smartphone.

Im Sommer 1992, also vor etwas mehr als 20 Jahren, wurde der Mobilfunk auf Basis des weitverbreiteten GSM-Standards eingeführt. Seither hat das „Handy", wie es im deutschsprachigen Raum genannt wird, eine beispiellose Erfolgsgeschichte erlebt. Bereits 2002 gab es weltweit mehr Mobiltelefone als Festnetzleitungen (Quelle: ITU), seit 2006 beobachtet die ITU sogar einen Rückgang bei den Anschlusszahlen im Festnetz.

Eine besondere Rolle spielt dabei die relativ junge Gattung der Smartphones. Ihre Verbreitung und Nutzung wächst rasant. Nach Angaben des IT-Branchenverbandes Bitkom (2012) wurden 2011 in Deutschland rund 12 Millionen Smartphones gekauft. Jenseits von Telefonfunktionen haben Smartphone-Nutzer die Möglichkeit, damit E-Mails zu senden und zu empfangen, weitere Internetdienste zu nutzen und – ähnlich wie am Computer – Applikationen zu installieren. Diese Programme – sogenannte Apps – erlauben die Nachrüstung aller möglichen und unmöglichen Funktionen: von der Wasserwage über Kalorienzähler oder einem Personal Fitness-Trainer bis hin zur Taschenlampe und zum Navigationssystem.

Erwähnt werden muss hier auch der Markterfolg von Apple mit dem 2007 eingeführten iPhone, von dem in den vergangenen fünf Jahren 250 Millionen Exemplare weltweit verkauft werden konnten. Seine einfache Bedienung verhalf dem Konzept des „Mobiltelefons mit Mehrwert" und damit auch der mobilen Internetnutzung zum Durchbruch. In dessen Windschatten startete das von Google initiierte Android-Betriebssystem und wurde – dank der Unterstützung durch eine Vielzahl von Herstellern – zum Welterfolg. Rein nach Stückzahl hat es das iOS, das Betriebssystem von Apples iPhone, lange hinter sich gelassen. Weltweit wurden (nach Angaben der Marktforscher von Gartner, Mai 2012) allein in den ersten drei Monaten im Jahr 2012 mehr als 36 Millionen Geräte mit Android-Betriebssystem verkauft; das sind mehr als die Hälfte aller Smartphones. Zum Vergleich: Vom mit viel Marketingaufwand gestarteten „Windows Phone"-Betriebssystem verkauften sich im gleichen Zeitraum nur rund 1,495 Millionen Geräte – was nicht einmal 2 Prozent des Marktanteils entspricht.

Apples iOS und Googles Android dominieren auch bei den Zusatzanwendungen: den Apps. Für deren Entwickler ist die Sache klar: Je mehr Nutzer eine Plattform hat, umso besser sind die Geschäftschancen für die Vermarktung von Anwendungen. In Folge dessen entstehen mehr Apps für Apple und Android, während die anderen Plattformen darunter leiden, dass viele interessante Anwendungen nicht oder nur verspätet bereitstehen. Wenn man nun davon ausgeht, dass sich Anwender bei ihrer Kaufentscheidung auch von App-Verfügbarkeiten leiten lassen, dann wird klar, warum die beiden großen Plattformen zu Lasten der anderen weiter wachsen. Aus ökonomischer Sicht würde man von einem natürlichen Monopol (oder hier Duopol) sprechen. Ähnlich wie im Internetmarkt ziehen einige wenige große Plattformen die Mehrzahl der Nutzer an. Das beste Beispiel hierfür ist Ebay. Auktionen einstellen kann man fast überall günstiger, dennoch sind die meisten Käufer und Verkäufer auf Ebay des großen Angebots beziehungsweise der meisten Nachfrager wegen aktiv.

Die genannten Smartphone-Apps sind – neben dem mobilen Zugriff auf Internetseiten – der wesentliche Grund für die Nutzung der Geräte. Die Mehrzahl dieser Anwendungen benötigt eine Datenverbindung, um überhaupt sinnvoll funktionieren zu können. Die Folge dieser Entwicklung: Bereits Ende 2009 überholte das mobile Datenvolumen (nach „Ericsson Traffic and Market Data Report, November 2011) das Sprachvolumen. Ebenfalls bemerkenswert: 2010 war der mobile Daten-Traffic weltweit dreimal so hoch wie der gesamte Internet-Traffic im Jahr 2000 (ebenda). Im Mai 2012 waren rund 10 Prozent des globalen Internet-Traffics mobiler Traffic (Stat Counter Global Stats). In Indien ist mittlerweile mehr als die Hälfte des Internetverkehrs mobiler Traffic (ebenda).

Erstaunlich sind in diesem Zusammenhang auch die bereits feststellbaren Auswirkungen auf unser Verhalten: Fast 40 Prozent der Smartphone-Besitzer gehen online, bevor sie morgens aus dem Bett aufstehen (nach „Ericsson Traffic and Market Data Report", November 2011). Selbst Begrenzungen im Datenvolumen, wie sie alle Mobilfunkprovider eingeführt haben, scheinen die Nutzer kaum zu schrecken. Denn auch die notorisch bandbreitenhungrige Videoplattform YouTube bekommt (nach Angaben von ABI Research) 200 Millionen Views durch mobile Endgeräte. Fest steht: Wir befinden uns mitten in einem Umbruch des Kommunikationsverhaltens. 2013 werden weltweit mehr Nutzer mobil ins Internet gehen als über fixe Leitungen (Morgan Stanley 2011). Nach Angaben von Google werden 2012 bereits 20 Prozent aller Suchanfragen von mobilen Geräten kommen (jeweils eine Verdopplung zu 2010 und 2011). Ähnlich wie es mit dem Mobiltelefon zur Gewohnheit geworden ist, überall und jederzeit telefonieren zu können, erlaubt das Smartphone Internetzugang und App-Nutzung jederzeit. Ohne – wie am PC – lange „booten" zu müssen, kann man beinahe sofort ins Netz.

Obwohl dieser Zustand der Dauervernetzung bisher nicht mit Studien belegt werden kann, ändert sich durch diese ubiquitäre Verfügbarkeit nicht nur das Verhalten beim Aufwachen. Jede Zwangspause – etwa in Form einer Schlange an der Supermarktkasse – wird sofort zum Anlass genutzt, das Smartphone zu zücken und was – ja, was eigentlich? – damit zu machen.

Der Netzbetreiber O2 hat das Phänomen, wie die Kunden ihr Smartphone den Tag über nutzen, in einer Studie in Großbritannien untersucht:[3]

Aktivität	Minuten
Internetsurfen	24,81
Nutzung sozialer Netzwerke	17,49
Spiele spielen	14,44
Musik hören	15,64
Telefonieren (!)	12,13
Emails schreiben/lesen	11,1
Kurznachrichten schreiben/lesen	10,2
Videos ansehen	9,39
E-Books lesen	9,3
Fotos machen	3,42
Gesamtnutzungsdauer pro Tag	**128,00**

Dieser „Immer-dabei"-Effekt ist eine der großen Stärken der Smartphones, legt aber gleichzeitig die Grundlage für das hohe manipulative Potential der Geräte.

Ein weiterer wesentlicher Faktor für die hohe Akzeptanz ist die überall anzutreffende bequeme und intuitiv verständliche Steuerung per Touchscreen. Von den ersten breit verfügbaren Anwendungen für intelligente Sprachsteuerung (Apple SIRI) ist dabei noch gar nicht die Rede. Aktuelle Mobiltelefone, ganz gleich ob auf Basis von Android, iOS oder Windows Phone, versprechen Hochleistung in jeder Disziplin. Sie ermöglichen Webbrowsing, Videos in HD-Qualität und bieten ganz nebenbei auch ein Navigationssystem.

Aber auch der reine Vergleich von Zahlen und Statistiken hält Erstaunliches bereit: Eine gebräuchliche Methode, um Rechnerleistungen auf Hochleistungssystemen festzustellen, ist der sogenannte „Linpack" Benchmark. Er misst die Zahl einer pro Minute durchführbaren mathematischen Berechnung und eignet sich gut für den Vergleich von Systemen. Die Messgröße sind hier FLOPS (Floating Point Operations per Second = Gleitkommaoperationen pro Sekunde). Als das Testverfahren Ende der 70er Jahre des vergangenen Jahrhunderts eingeführt wurde war der Cray-1 mit 3,4 MFLOPS das leistungsfähigste

System.[4] Ein heutiges, für wenige hundert Euro erschwingliches Smartphone erreicht bereits über 200 MFLOPS[5] und ist damit um ein Vielfaches leistungsfähiger als ein damals raumgroßer Rechner, der noch dazu eine Millionensumme kostete. Hinzu kommt die Speicher- und Rechenleistung im Rechenzentrum des Dienstanbieters, besser bekannt als Cloud, die als Ergänzung unseres tragbaren Superrechners fungiert. Besitzer eines iPhones der aktuellen Generation kennen zum Beispiel SIRI, den oben bereits kurz angesprochenen sprachgesteuerten Assistenten. Dessen Sprachbefehle werden zur Weiterverarbeitung in ein Apple-Rechenzentrum übertragen und dort in Echtzeit verarbeitet. Mit der simplen Frage „Was kannst Du?" erreichen iPhone Nutzer beispielsweise das SIRI Hauptmenü, um dort gemeinsam mit SIRI Nachrichten zu versenden, Termine zu überprüfen, jemanden per Sprachbefehl anzurufen oder ganz einfach nach dem Wetter zu fragen. Fortschritte in der Spracherkennung können so laufend in das Produkt eingearbeitet werden, da eine Änderung jeweils nur im Rechenzentrum notwendig ist. Obwohl wir erst am Anfang der Entwicklung stehen, ist das Ergebnis verblüffend. SIRIs Antworten erfolgen unmittelbar, nachdem die Frage gestellt wurde.

Auch andere Anbieter wie IBM arbeiten an einer sprachgesteuerten Schnittstelle zu ihren Superrechnersystemen – genannt Watson.[6] Watson versteht Sprache nicht nur akustisch, sondern inhaltlich bereits so gut, dass er in der US-Quizshow Jeopardy! gleich mehrere der erfolgreichsten menschlichen Spieler schlug, darunter einen vormaligen 74-fachen Gewinner der Show.[7]

Ein Smartphone macht heute bereits das Wissen der Welt zugänglich und ist unser wesentliches Werkzeug für die Organisation von Berufs- und Privatleben. In Zukunft wird es uns darüber hinaus helfen, auch neue Fragen zu beantworten. SIRI und Watson zeigen, wohin die Reise gehen wird. Das Smartphone wird zum intelligenten Helfer.

So verwundert es kaum, dass das Universalgerät Smartphone als eine Art „Schweizer Messer" der Kommunikation zunehmend auch andere Geräte ersetzt. Die oben zitierte Studie von O2 aus Großbritannien berichtet in diesem Zusammenhang von ganz erstaunlichen Substitutionseffekten:

Mehr als die Hälfte der Befragten (54 Prozent) geben an, ihr Smartphone anstelle eines Weckers einzusetzen.

Etwas weniger als die Hälfte (46 Prozent) geben an, ihre Uhr zugunsten des Smartphones aufgegeben zu haben.

39 Prozent verwenden nur noch ihr Telefon anstelle ihres bisherigen Fotoapparats.

Ein gutes Viertel (28 Prozent) setzen das Smartphone anstelle eines Laptops ein.

Mehr als jeder Zehnte (11 Prozent) verzichtet auf die eigene Spielkonsole zugunsten des Smartphones.

Jeweils 6 Prozent geben sogar an, dass das Smartphone ihren Fernseher und das Lesen von Büchern ersetzt.

Interessanterweise zeigt die Studie von O2 keinen Rückgang der Anzahl der Telefonate oder der Telefonminuten bei den Nutzern, auch wenn dieses Ergebnis im Widerspruch zu den Ergebnissen von anderen unter vergleichbaren Vorzeichen entstandenen Studien steht. Im Wesentlichen gilt: Die neuen Anwendungen sind praktisch durchgängig zusätzliche Beschäftigungen, die belegen, dass das Mobiltelefon in Form des Smartphones eine sehr viel größere Rolle im Leben eines Nutzers spielt als bisher angenommen. Es bildet dort möglicherweise die wesentliche Medienschnittstelle. Im Vergleich behält beispielsweise der TV-Konsum bei einer reinen Betrachtung der Zeitdauer der täglichen Nutzung zwar noch die Führung, wird aber zunehmend zum „Nebenbei"-Medium.

Tablets – Es kommt doch auf die Größe an

Es wäre falsch, in einem Zeitalter, in dem der durchschnittliche Nutzer mehrere Endgeräte unterschiedlicher Bauform besitzt, die Diskussion auf Smartphones zu verkürzen. Einen besonderen Boom haben in den letzten Jahren nämlich auch Tablet PCs erlebt. Wie überdimensionale Smartphones bedient man diese ebenfalls per Touchscreen. Telefonieren ist mit den meisten dieser Geräte aber nicht oder nur mit zusätzlichen Kopfhörern möglich.

Innerhalb der Gruppe der Tablets ist Apple mit dem iPad unangefochtener Marktführer. Sowohl die Marktforscher von IDC als auch die Spezialisten von NPD Displaysearch sehen das Unternehmen mit rund zwei Dritteln des Marktanteils als klaren Marktführer.[8] Damit bestimmt Apple auch die Displaygröße. Im Falle des iPads sind das unverändert 9,7 Zoll Displaydurchmesser (also 24,6 Zentimeter). Daneben gibt es aber auch Tablets im 10-Zoll-Format (unter anderem von Samsung, Medion oder Lenovo), 7-Zoll-Format (Blackberry Playbook, Amazon Kindle Fire et cetera) und kleinere Formate im Bereich von 5-Zoll-Displaygröße (Samsung Galaxy Note). Interessant ist aber hier weniger der Marktanteil oder das Betriebssystem, sondern die Nutzung (mit Ausnahme des Blackberry Playbooks sind die meisten Geräte mit Android ausgerüstet). Hier ergeben sich erhebliche Unterschiede, wenn man etwa die Webnutzung nach Displaygröße aufgliedert, was der US-Marktforscher Comscore im Februar 2012 getan hat:[9]

10 Zoll: 125 Seitenaufrufe

9 Zoll: 116 Seitenaufrufe

7 Zoll: 90 Seitenaufrufe

5 Zoll: 79 Seitenaufrufe

Bei Smartphones, die typischerweise eine kleinere Bildschirmgröße als 5 Zoll haben, ist anzunehmen, dass die Seitenabrufzahl unter der von Tablets liegt, auch wenn diese nicht von der Studie erfasst wurden. Die von den Analysten ermittelten Zahlen bestätigen damit, dass der mit abnehmender Displaygröße gefühlt unangenehmer werdende Webbetrieb Auswirkungen auf die Nutzung hat. Je kleiner das Display, desto seltener die Nutzung.

In keiner bisher bekannt gewordenen Studie ist zudem die Substitution von Apps im Verhältnis zur Webnutzung berücksichtigt. Denn viele Apps ersetzen mittlerweile den Besuch einer Website: So wird ein Nutzer der Bahn-App auf seinem Smartphone wohl kaum zusätzlich die Homepage der Bahn besuchen.

Im Allgemeinen dürfte gelten: Je kleiner das Display und je kleiner entsprechend auch die Bedienelemente der Website, umso eher greift der Nutzer zur App.

Ein direkter Vergleich von Tablet oder Smartphone verbietet sich aber aus anderen Gründen. Es gibt zahlreiche Indizien, die darauf hindeuten, dass Tablets überwiegend im häuslichen Umfeld oder innerhalb des Unternehmens eingesetzt werden und nicht den gleichen Mobilitätsgrad aufweisen wie Smartphones, die vielen Besitzern sichtlich so ans Herz gewachsen sind, dass sie davon kaum ablassen können. Das US-Marktforschungsunternehmen Nielsen hat im Jahr 2011 für die Vereinigten Staaten Daten erhoben, die diese These stützen. Demnach erfolgen – zeitlich betrachtet – mehr als 50 Prozent der Nutzung von Tablets parallel zum Fernsehkonsum oder im Bett.

Interessant ist auch die Frage nach den bevorzugten Anwendungen. Nielsen hat Tabletanwender nach deren Nutzungsgewohnheiten befragt.[10] Die Befragten – allesamt iPad-Anwender – gaben an, dass das Gerät überwiegend für Medienkonsum genutzt würde, mit Ausnahme von gelegentlicher Nutzung für das Abrufen und selten auch für das Beantworten von E-Mails. Selbst für das Onlineshopping bevorzugten die meisten Befragten den PC, aufgrund der einfacheren Nutzbarkeit. Dieser Befund deckt sich mit Beobachtungen des Autors „in der freien Wildbahn". Auch Anwender, die ein Tablet im Unternehmenseinsatz verwenden, nutzen es weniger als Ersatz für ein Notebook, sondern praktisch ausschließlich zu konsumtiven Zwecken. Diese These lässt sich jederzeit in einem beliebigen ICE oder einer Flughafenlounge eigener Wahl nachprüfen.

TV – Der vierte Schirm

Bisher spielt das TV-Gerät eine untergeordnete Rolle als Zugangsweg zum Internet. Nach dem Boom bei Flachbild-TV-Geräten der letzten Jahre und immer weniger wahrgenommenen Unterschieden in der Bildqualität forcieren die Hersteller nun vernetzte Geräte. Nicht wenige Anbieter ermöglichen es, Apps zu installieren, um auf bestimmte Informationen zugreifen zu können, andere erlauben Webbrowsing, das Ansehen von YouTube-Videos oder den Abruf von E-Mails. Aber wer liest schon E-Mails auf dem Fernseher im Wohnzimmer? Wer möchte schon mit der TV-Fernbedienung Webadressen mühsam eintippen?

Allen Beteuerungen der Hersteller zum Trotz sind Internet und Apps auf dem Fernsehgerät bisher ein Flop. Auch die Standardisierungsbemühungen der Industrie zur HbbTV-Plattform sehen bisher nicht nach Erfolg aus. Fraglich bleibt auch, ob etwa der GoogleTV-Ansatz, der in der ersten Runde gescheitert war, in der Neuauflage mit Industriepartnern wie Sony erfolgreicher wird.

Nicht vergessen werden sollte bei der Betrachtung, dass sich insbesondere Spielkonsolen für TV-Geräte wie die Xbox als Internetzugangsgerät eignen und zunehmend mit entsprechenden Funktionen ausgestattet werden. Neben der Vernetzung der Spieler, von der später noch die Rede sein wird, werden Spielkonsolen auch schon mal umgewidmet und dienen als PC-Ersatz zum Surfen im Netz und zum Zugang in Soziale Netzwerke und Co.

Eine Cisco-Studie (vgl. S. 22 ff.) sieht jedoch voraus, dass bis 2016 der Anteil des privaten Internetverkehrs, der von Fernsehgeräten verursacht wird, bei nur 6 Prozent liegen wird. Über den Datenverkehr von mit TV-Geräten verbunden Konsolen macht die Studie jedoch keine separaten Angaben.

Tatsächlich boomt aber – den schwachen Erwartungen zum Trotz – die Internetnutzung beim Fernsehen. Dieser scheinbare Widerspruch löst sich beim Blick in ein Wohnzimmer technikaffiner Konsumenten schnell auf. TV wird immer mehr zum Begleitmedium, währenddessen man per Tablet-PC oder Notebook auf Webseiten surft, Onlinespiele spielt oder seinen Facebook-Status aktualisiert.

Wie weit diese Doppelnutzung bereits verbreitet ist, zeigt ein Bericht des E-Marketer aus 2012. Demnach konsumiert der durchschnittliche erwachsene US-Bürger mehr als 11 Stunden Medieninhalte jeden Tag – ein Drittel davon ist der Internet- und Smartphone-Nutzung zuzuschreiben. Besonders interessant erscheint dabei der hohe Anteil an simultaner Nutzung, wie etwa die Nutzung von Tablet-PC oder Notebook während des Fernsehens. Derartiges Multitasking macht beim Gesamtmedienkonsum rund 2,4 Stunden aus.

Für Deutschland hat der Branchenspezialist Goldmedia ermittelt, dass 77 Prozent der Fernsehzuschauer vor dem laufenden TV-Gerät noch anderweitige Medien nutzen.[11] Das spannende Potential liegt daher weniger im Transport von Internetinhalten auf „den großen Schirm", sondern mehr in der intelligenten Verknüpfung der unterschiedlichen Geräte.

Die großen Drei, diejenigen Unternehmen, die unsere PC-, Online- und Smartphone-Erfahrungen dominieren – Microsoft, Google und Apple –, haben diesen Zusammenhang längst erkannt. So bietet Apple – ausgehend vom iPhone und iPad – natürlich MAC Computer an, die auf intelligente Weise mittels Cloud Services mit allem gekoppelt und synchronisiert werden können, solange es im Apple-Universum vorgesehen ist. Mit mäßigem Erfolg bietet Apple außerdem ein Zusatzgerät für den heimischen Fernseher an, mit dem sich auch einzelne Videoinhalte aus dem Netz wiedergeben lassen. Auch von einem künftigen eigenen Apple-TV-Gerät ist in der Gerüchteküche der Online-Nachrichtendienste die Rede. Von einer engen Integration in das Apple-Universum ist jedoch in jedem Falle auszugehen.

Microsoft dominiert weiterhin die PC-Umwelt und baut seine Spielekonsole zur TV-Plattform aus, während Windows 8 das Tablet-PC-Geschäft starten und bei den Smartphones endlich Erfolg haben soll.

Google bietet natürlich keine PCs. Der Dreh- und Angelpunkt des Unternehmens ist neben der Suchmaschine ein bunter Strauß von Onlinediensten, gerne betrieben mit dem hauseigenen Chrome-Browser, der auch Basis für das bisher kaum Verbreitung gefundene Chrom-OS Betriebssystem ist. Mit dem Betriebssystem Android dominiert Google zusätzlich den Smartphone-Markt rein nach Stückzahlen und schlägt sich wacker bei Tablet-PCs. Den Weg auf die Bildschirme im Wohnzimmer soll schließlich GoogleTV bringen – im zweiten Anlauf ... ein erster war kläglich gescheitert.

Nicht vergessen werden sollte darüber hinaus, dass auch Google zunehmend auf eigene Hardware setzt. So hat das Unternehmen mit Motorola einen eigenen Hersteller für Mobiltelefone und im Sommer 2012 einen eigenen Tablet-PC vorgestellt.

Vierter im Bunde der Systemanbieter könnte mittelfristig Amazon werden. Unter gänzlich anderen Voraussetzungen als Buchhändler gestartet, bietet das Unternehmen inzwischen nicht nur Streaming-

Videodienste (Lovefilm) an, sondern baut den bisherigen E-Book-Reader (Kindle) zur Tablet-Plattform (Kindle Fire) aus. Von einem Amazon-Smartphone hat jedoch noch niemand etwas gehört.

I   Was bisher geschah –
   Die Neuerfindung unseres Lebens

I   Was bisher geschah –
Die Neuerfindung unseres Lebens

Der tägliche Umgang mit Internet und Smartphone ist für die meisten Menschen hierzulande längst zur Selbstverständlichkeit geworden. Nicht nur Vertreter der sogenannten Internetgeneration können sich ein Leben ohne Internet und Smartphone nicht mehr vorstellen. Wir werden Zeugen und sind gleichzeitig Beteiligte einer Revolution, die eine Vielzahl von Lebensbereichen umfasst – vom täglichen Einkauf über den Alltag bis hin zur medizinischen Versorgung im Krankheitsfall. Grund genug, kurz wesentliche Entwicklungen zu skizzieren.

1. Lebenszeichen vom PC

Die Verkäufe von Tablets versus PCs und Notebooks sprechen eine deutliche Sprache: Die Zukunft ist flach und lässt sich per Fingerberührung bedienen – nach Einschätzung der Marktforscher von IDC[12] werden 2016 gut 220 Millionen Tablets verkauft werden (2011 lag die Verkaufszahl bei knapp 70 Millionen).

Sicher ist der PC damit kein Auslaufmodell – wer jemals versucht hat, einen längeren Text per Touchscreen einzugeben, weiß eine physische Tastatur mit spürbarer Rückmeldung erst richtig zu schätzen. Speziell auf Tablets abgestimmte Zusatztastaturen, die per Bluetooth angebunden werden und im Idealfall wie bei Windows 8 gleich Bestandteil einer Tablet-Hülle sind, befinden sich jedoch bereits auf dem Vormarsch. In jedem Fall gilt: Insbesondere der Medienkonsum verlagert sich zunehmend weg vom PC und hin zu Tablet oder Smartphone – nicht selten unter dem Motto „da gibt es doch eine App für...". Einfachheit und Benutzerfreundlichkeit der mobilen Endgeräte kosten den PC eindeutig die Gefolgschaft.

Die daraus resultierenden Folgen zeichnen sich bereits ab: Der Anteil des Internetdatenverkehrs, der durch PCs verursacht wird, geht zurück. Noch 2011 waren PCs für 94 Prozent des gesamten privaten Internetdatenverkehrs verantwortlich.[13] Bis 2016 – so ist man sich bei Cisco sicher – wird dieser Anteil auf nur rund 18 Prozent zurückgegangen sein. Diese Entwicklung lässt sich jedoch nicht nur an der Verschiebung der Nutzung hin zu Tablet-PC und Smartphone dingfest machen, sondern wird ebenfalls dadurch getrieben, dass man erwartet, dass bis dahin (2015) rund 18,9 Milliarden Geräte mit dem Internet verbunden sind, zu einem nicht unerheblichen Teil mit einer reinen Maschine-zu-Maschine-Kommunikation (M2M).

Das Ende des PCs oder vielleicht eher seine Reduktion auf eine kleine Nische werden wir am ehesten mit der Weiterentwicklung und breiten Akzeptanz von Sprach- und Gestensteuerung bis hin zu Gedankensteuerung sehen. Erst wenn die Tastatur nicht mehr benötigt wird, ist der PC, wie wir ihn kennen, am Ende.

2. Die Arbeitswelt im Zeichen des Technologiewandels

Die Entwicklung der neuen Technologien beeinflusst aber nicht nur die junge Generation. Auch die Arbeitswelt als Ganzes steht unter dem Anpassungsdruck, eine Vielzahl von Kommunikationskanälen bedienen zu müssen. Nach Brief, Telefon und Fax sind heute E-Mail und Webanwendungen selbstverständlich. Je nach Unternehmen werden diese ergänzt von Audio- und Videokonferenzen, Mobile E-Mail, Social Media und Instant Messaging.

Eine Zusammenfassung der Computerwoche mit den wichtigsten Typen der neuen Arbeitswelt offenbart zumindest teilweise auch den Bezug zur Informationstechnologie:

„**Knowledge Workers** sind ‚das pulsierende Herz der Wissensökonomie‘. Sie tragen, verbreiten und vermehren Wissen und fungieren als Mittler zwischen Wissenschaft und Wirtschaft. Sie arbeiten in großen Unternehmen im Angestelltenstatus, als Selbständige oder als Gründer. Sie suchen kreativ-kognitive Herausforderungen und motivieren sich stärker über intrinsische Werte, weniger über Geld.

Corporate High Flyers sind die klassischen Karrieristen, die in großen Firmen aufsteigen und sich in ihrer ganzen Identität dem Unternehmen verschreiben. Typischerweise handelt es sich um Männer mit klassischem Lebens-/Arbeitsentwurf: leistungsbereit, statushungrig, aggressiv, machtorientiert. Damit sind sie allerdings auch typische Burnout-Kandidaten. Wesentliches Merkmal ist ihre kommunikative Kompetenz: Sie ‚halten den Laden zusammen‘ und vermitteln zwischen Firmenspitze und Belegschaft. Wenn Intermediäre ihre Arbeit verweigern – das heißt in ihrem Fall: sie machen ‚Dienst nach Vorschrift‘ –, geht es mit dem Unternehmen bergab.

Kreative Downshifter fühlen sich als die gebrannten Kinder der heutigen Erwerbswelt – oft haben sie Burnout oder Boreout hinter sich. Daher legen sie großen Wert auf ihre privaten Lebenswelten. Nichtsdestoweniger sind kreative Downshifter engagiert und verlässlich, allerdings weichen sie anspruchsvollen und absorbierenden Herausforderungen gerne aus.

Loyale Störer. Als gemäßigte Revoluzzer bilden loyale Störer in jedem Unternehmen das kreative Potential innerhalb des Firmenorganismus. Typischerweise handelt es sich um soziale Menschen mit kreativen, optimistischen Ambitionen, die interne Abläufe verbessern wollen. Sie bringen neue Ideen ein, ohne damit Karriere-Ansprüche zu verbinden.

Job Hopper finden es oft schwierig, Beruf und Privatleben zu synchronisieren. Sie können ihre Talente und Neigungen schwer priorisieren. Erfolg erzielen sie eher jenseits der Arbeitswelt, oft in intensiv gelebten Hobbys, die sich nur schwer mit den Zwängen des Jobs verbinden lassen. Daher sind sie permanent auf dem Absprung.

Working Middle. Etwa 20 bis 30 Prozent aller Mitarbeiter verkörpern auch in Zukunft den Durchschnitt: Sie ‚erledigen‘ ihren Job ordentlich, sind meistens fleißig, freundlich und meckern nur wenig. Sie wollen Sicherheit, leben meistens in traditionellen Rollenmodellen und gehen gern früh in Rente.

Passivisten fungieren als Befehlsempfänger, Dulder und Status-quo-Verteidiger. Sie haben keinerlei intrinsische Motivation zu kreativen Leistungen. Sie wollen gesagt bekommen, was sie zu tun haben.

Neue Spezialisten. Vor allem im technischen Sektor und in der Forschung, aber auch bei physischen „Hardcore"-Tätigkeiten wie der Arbeit auf Ölbohr-Plattformen entwickelt sich derzeit eine neue Fraktion von Hyperspezialisten. Typischerweise sind sie projektgebundene Arbeiter, die nach Auftragserfüllung gutes Geld kassieren und serienweise mit verschiedenen Auftraggebern arbeiten.

Prekaristen: Mit Volatilität in der Arbeitsgesellschaft wächst auch der Anteil derer, die vom Absturz bedroht sind oder am Rand stehen. Bei ihnen mangelt es nicht zwingend an Ausbildung und Qualifikation, sondern nicht selten an einer „Ego-Strategie".

Digital Bohème. Diese Avantgarde der Netzwerkwirtschaft lebt und arbeitet in bewusst offenen Netzwerken. Angestelltenverhältnisse akzeptiert sie nur selten und allenfalls vorübergehend. Die Digital Bohème arbeitet projektorientiert und organisiert sich in losen Zusammenhängen oder Bürogemeinschaften."[14]

Praktisch alle aufgezeigten Typen sind mehr oder weniger direkt von der zunehmenden Vernetzung betroffen. Vergleicht man die Profile mit Beschreibungen der Vergangenheit so stellt man fest, dass eine umfassende Vernetzung zu neuen Vorstellungen von Arbeit geführt hat, in jedem Fall aber zumindest die „Knowledge Worker" und „Digitale Bohéme" ohne die technologischen Umwälzungen der vergangenen Jahre überhaupt nicht vorstellbar sind.

Ausbildung

Die Ausbildung – insbesondere an Universitäten – wirkt bei genauerer Betrachtung wie ein Anachronismus: Vorlesungen, Hörsäle, Textbücher, Wandtafeln. Im Prinzip hat sich seit Jahrhunderten nichts geändert, sieht man vom Einsatz von Tageslichtprojektor und Beamern einmal ab.

Seit Aufkommen des Personal Computers werden immer wieder Versuche unternommen, elektronische Werkzeuge in der Lehre zu etablieren. Allen Studien und Investitionsprogrammen zum Trotz hat sich E-Learning – jenseits von einigen Nischen – jedoch bisher nicht durchgesetzt. Angebote wie „Udacity" stehen für eine neue Generation von interaktiven Lehrangeboten und rütteln mit bemerkenswerten Erkenntnissen die Branche auf. Udacity[15] ist derzeit nicht mehr als eine offene Lernplattform mit einer Handvoll Kursen. Ins Leben gerufen wurde diese unter anderem von Prof. Sebastian Thrun, Stanford-Universität, der dem einen oder anderen Leser vielleicht als der Kopf hinter dem „selbstfahrenden" Auto von Google bekannt ist. Die Idee hinter „Udacity" besteht darin, akademische Top-Ausbildung allgemein zugänglich zu machen, denn diese sogenannten MOOCs (Massive Online Open Courses)[16] machen es möglich, sechsstellige Studierendenzahlen je Kurs zu bedienen – verglichen mit den „wenigen" hundert Studenten in einer Präsenzveranstaltung liegen dazwischen Welten. Interaktive Onlinekurse sollen die Ausbildung für jedermann jederzeit zugänglich machen, lediglich der Prüfungszeitraum findet im festen Zeitrahmen statt.

Dieses Ziel ist ehrenhaft, denn die Kosten für eine „herkömmliche" Universitätsausbildung sind für viele Interessenten prohibitiv hoch. Kosten für Unterbringung, Verpflegung, Lernmaterialien und Studiengebühren summieren sich auf zigtausende Euro.

Noch problematischer ist die Situation jedoch in den USA: Selbst an staatlichen Hochschulen gehen die Studiengebühren dort in den deutlich fünfstelligen Bereich je Studienjahr.[17]

Besonders bemerkenswert sind deshalb nun erste Ergebnisse der Onlinekurse: Demnach gab es bei einem Kurs, der gleichzeitig an der Stanford-Universität für Präsenzstudenten angeboten wurde und auf der Lernplattform allgemein zugänglich war, überraschende Ergebnisse. Die – nach Auswertung der Prüfungsergebnisse – besten 400 Studenten stammten allesamt aus dem Onlinekurs. Der beste Studierende im Präsenzkurs in Stanford war auf Platz 411 des Bewertungsrankings.

Geht man nun von der Tatsache aus, dass Stanford als Elitehochschule mit aufwendigem Bewerbungsverfahren eine positive Selektion von Intelligenz und Leistungsbereitschaft bei seinen Studierenden erreicht hat, ist das Ergebnis umso erstaunlicher. Es zeigt, wie hoch das unausgeschöpfte Bildungspotential „da draußen", jenseits des Campus von Stanford und anderen Elitebildungseinrichtungen ist. Allerdings muss man gar nicht in die Höhen akademischer Weihen hinaufsteigen, um von den neuen Möglichkeiten in der Ausbildung zu profitieren. Anbieter wie Codecademy, Coursera oder Khan Academy bieten eine Vielfalt interaktiver Lehr- und Lernprogramme, die allesamt die Kraft der Vernetzung nutzen. Erstaunlich oft greift dabei das Prinzip „Nutzer helfen Nutzern". Lernen wird zur gemeinschaftlichen Erfahrung – die altbekannte Studien- oder Lerngruppe zur weltweiten Gemeinschaft.

Fraglich ist jedoch, ob sich die nun programmierten Fernstudienangebote für weite Teile der Studentenschaft tatsächlich eignen, da vermutlich nicht jeder Interessent die notwendige Selbstdisziplin aufbringen wird, ohne direkten Kontakt zu Mitstudierenden ein Studium erfolgreich zu bewältigen. Darüber hinaus fehlt bei Onlinekursen häufig die persönliche Betreuung durch einen Dozenten oder sogenannte Hiwis (Hilfswissenschaftler), die Studierenden an Universitäten in den realen Kursen beratend und unterstützend zur Seite stehen, Sprechstunden anbieten und nach den Kursen oft noch Zeit für Fragen bereitstellen.

Recruiting

Geht es um die Suche nach neuen Mitarbeitern, waren früher Zeitungsanzeigen die erste Wahl. Darin wurde zur Einreichung schriftlicher Bewerbungsunterlagen aufgefordert – samt frankiertem Rückumschlag versteht sich.

Der technologische Wandel ändert jedoch auch hier die Spielregeln: Onlineplattformen substituieren vielfach Zeitungsanzeigen. Gleichzeitig werden Bewerbungsverfahren häufig online abgewickelt. Ein einfacher Upload elektronischer Bewerbungsunterlagen genügt. Auch Assessment-Center, bei denen Bewerber auf Eignung geprüft werden, lassen sich – zumindest teilweise – online abwickeln. Geht es um die Jagd nach den „High Potentials", welche die Führungskräfte von morgen werden sollen, oder gesuchten Fachkräften, bieten Onlinesysteme ebenfalls Chancen. Damit ist nicht nur gemeint, dass Headhunter und Recruiter bei Xing, LinkedIn und Co. aktiv auf die Suche nach geeigneten Kandidaten gehen und damit auch die erreichen können, die sich vermutlich nicht per Zeitungsanzeige ansprechen lassen, sondern es betrifft auch die Möglichkeit, mit interessanten Onlineangeboten auf das Radar potentieller Kandidaten zu kommen. So nutzt der deutsche Ingenieurdienstleister Ferchau Engineering regelmäßig Onlinewettbewerbe, in denen etwa Preise für die Entwicklung einer App ausgelobt werden, um mit möglichen Bewerbern in Kontakt zu kommen.

Abbildung 1: Ferchau Challenge

Büroarbeit

Den Gedanken „Nutzer helfen Nutzern" kann man auch im Geschäfts-umfeld verorten. Betrachtet man die Entwicklung dessen, was man früher als Telefonanlage für Unternehmen bezeichnet hat, hin zu einer umfassenden Kommunikationslösung, die verschiedene Kommuni-kationskanäle von Telefon, Fax und E-Mail bis hin zu Instant Messaging und Videokommunikation umfasst (Unified Communications & Colla-boration oder kurz: UC & C oder UCC), so stellt man fest, dass Ideen aus dem Umfeld privater Kommunikation auch im Unternehmen Einzug halten. Eine Erleichterung der Zusammenarbeit mit anderen steht dabei ganz oben auf der Prioritätenliste, etwa per Telefon-, Web- oder Videokonferenz oder per Instant Messaging samt Filesharing. Dem Arbeitsplatztelefon selbst kommt dabei nur noch eine untergeord-nete Rolle zu. In manchen Anwendungsszenarien entwickelt es sich zurück zum bloßen Handhörer am PC, der natürlich wie eine PC-Appli-kation gesteuert wird ... Oder das Smartphone übernimmt seine Funk-tion. Möglicherweise ist es auch das private Smartphone, was da plötz-lich in Unternehmensdiensten steht. Unter dem Stichwort „BYOD" (Bring Your Own Device) diskutieren Fachleute, unter anderem IT-Ver-antwortliche in Unternehmen, wie sich private Endgeräte dort sinnvoll und sicher einsetzen lassen.

Ergänzt werden die genannten UC&C-Systeme längst von sozialer Software, beispielsweise unternehmensinternen Plattformen wie „Yammer", die eine Art „internes Facebook" für Geschäftszwecke bereitstellen. Auch Tablet PCs werden vielfach bereits für Unternehmensanwendungen – etwa für den schnellen Zugriff auf Geschäftsdaten – eingesetzt. Zusammenfassend kann man festhalten, dass die Büroarbeit zunehmend Mittel und Werkzeuge einsetzt, die zuerst im privaten Umfeld populär geworden sind. Man spricht auch von „Konsumerisierung" der Informationsverarbeitung.

3. Unsere Lebenswelt im Zeichen des Technologiewandels

Neuerfindung des Einkaufens

Ihr lokaler Supermarkt hat bis 20 oder 22 Uhr geöffnet? Das ist zweifellos ein Fortschritt gegenüber den Gepflogenheiten früherer Jahre, bei dem das Einkaufsvergnügen montags bis freitags spätestens um 18:30 Uhr zu seinem Ende kam. Immerhin galt diese Beschränkung von 1956 bis 2003 – bundesweit – mit nur wenigen Ausnahmen.

Allein das Internet und die Onlineshops scheren sich nicht um gesetzliche Auflagen und bieten Einkaufsvergnügen rund um die Uhr, auch wenn immer wieder einmal einzelne Politiker Ladenschlusszeiten fürs Internet fordern.

Tatsächlich ist seit Erfindung des Onlineshoppings vieles über die Veränderung im Handel geschrieben worden: Gerade zu rührend muten da etwa die Versuche früherer Studien zum Thema Onlineshopping an, die versuchen, den Trend kleinzureden. So beschäftigt sich etwa die Studie „Vorteile einer Multi-Channel-Strategie: Eine nüchterne Betrachtung" des E-Commerce-Center Handel (ECC Handel) aus dem Jahr 2002 mit den Beweggründen der Wahl des Vertriebsweges und spielte in den Ergebnissen die mögliche Bedeutung von Onlineshopping herunter:

„Beim Einkauf über das Internet dominieren der rationale Suchkauf (72,8 %) und die Schnäppchenjagd (45,6 %). Der Suchkauf ist dabei durch den Wunsch gekennzeichnet, ein bestimmtes Produkt zu erwerben. Beide Motive spielen zwar auch im stationären Handel eine Rolle, sie sind dort aber weniger stark ausgeprägt als beim Internet-Shopping." [18]

Auch verweisen die Forscher hier auf eine beinahe zeitgleich durchgeführte Untersuchung der Boston Consulting Group (BCG) in sechs europäischen Ländern, nach der sich 48 Prozent aller Internetnutzer im

Internet über Produkte informieren, ohne die Produkte auch online zu kaufen.

Zehn Jahre später sieht die Realität anders aus: Online werden 2012 nach Schätzungen des Handelsverband Deutschland etwa 30 Milliarden Euro umgesetzt, 13 Prozent mehr als im Vorjahr. Bei Waren des sogenannten „Non-Food"-Bereichs gehen 2012 bereits rund 14 Prozent nicht über den stationären Einzelhandel, sondern über Onlineshops an den Kunden. Bei Büchern wandert bereits jedes fünfte Exemplar über die virtuelle Ladentheke. Nicht berücksichtigt sind dabei E-Books, bei denen beinahe alle Exemplare online bereitgestellt werden.

Prognosen des Statistischen Bundesamtes gehen für 2020 daher davon aus, dass 20 Prozent des Gesamtumsatzes im Einzelhandel auf Onlineshops entfallen – über alle Warengruppen hinweg. Die Traditionsversandhändler Quelle und Neckermann gelten bereits als die ersten Opfer des Onlineshopping-Booms.

Es zeigt sich, dass die vielgerühmte Preistransparenz im Internet auch aus vormals scheinbar unbedarften Konsumenten plötzlich knallhart vergleichende Smartshopper macht. Der harte Preiswettbewerb im Internet strahlt bereits auf den stationären Handel ab.

Zu den weiteren Faktoren, die den Erfolg des Internets im Handel begünstigen, zählt die breite Auswahl. Ladenfläche ist praktisch unbegrenzt vorhanden. Während der stationäre Handel sich stets auf eine Auswahl an Artikeln beschränken muss, gehen die zusätzlichen Kosten (Grenzkosten) für die Bereitstellung eines weiteren Artikels oder einer weiteren Variante in einem Onlineshop beinahe gegen „Null". Gut zu beobachten sind die Folgen dieses auch „Long Tail" genannten Effekts etwa in Onlinebuchläden. Beinahe überall finden sich alle lieferbaren Bücher, während traditionelle Buchläden – selbst in den größten Filialen – nur vergleichsweise wenig Titel führen oder diese auf Anfrage erst bestellen müssen.

Hinzu kommt die oben bereits genannte Rund-um-die-Uhr-Zugriffsmöglichkeit, die auch den abendlichen virtuellen Einkaufsbummel erlaubt, was besonders für Berufstätige immer interessanter wird.

Dennoch wäre es verfehlt, die Entwicklung einfach schwarz/weiß – hier der stationäre Handel, dort der Onlinehandel – zu betrachten. Denn die Vermischung zwischen den verschiedenen Vertriebswegen ist in vollem Gange ... Und einen wesentlichen Anteil an dieser Entwicklung trägt das Smartphone.

Erstaunliche 25 Prozent aller Smartphone-Besitzer nutzen ihr eigenes Gerät auch im Laden während des Einkaufs (Quelle: Yahoo/Nielsen Mobile Shopping Framework), um damit Preise zu vergleichen, Produktbewertungen aufzurufen, ein Foto von dem Produkt zu machen, um es etwa Angehörigen zu zeigen, sich gleich die Erlaubnis oder die Zustimmung für den Kauf einzuholen oder um den gleichen Artikel sofort online zu erwerben – nach automatischem Preisvergleich direkt beim günstigsten Anbieter.

Einzelne Läden reagieren bereits auf diese Entwicklung. Im Münchner „Saturn"-Markt weist beispielsweise ein großes, leuchtend oranges Schild auf ein Fotografierverbot hin. Vermutlich hatte der Betreiber mit dem Verbot nicht im Sinn, die Privatsphäre der Verkäufer mit diesem Hinweis zu schützen, sondern fürchtete sich eher vor einem Preisvergleich – und das obwohl man 2011 angekündigt hatte, die Preise auf „Onlineniveau" zu senken.[19] Offensichtlich will der Kunde aber lieber selbst demonstrieren, dass „Geiz geil ist", als auf die Werbeversprechen des Anbieters zu vertrauen.

Andere Händler sind da schon weiter und verknüpfen auf intelligente Art Online- und Offline-Geschäft, etwa durch ortsbasierte Angebote an Smartphone-Besitzer in der Nähe. Dienste, wie das später noch diskutierte „Foursquare" (vgl. S. 93) liefern dazu die Verbindung. Darüber kann der Ladenbesitzer etwa Stammkunden mit besonderen Angeboten adressieren.

Aber auch sonst ist der Handel vielfach einem Wandel unterworfen und muss lernen, flexibel mit den neuen Herausforderungen umzugehen. Preisschilder an Regalen sind bei zahlreichen Unternehmen inzwischen elektronisch. Technisch wäre es ein Leichtes, zu bestimmten Uhrzeiten unterschiedliche Preise auszuweisen. Dem sind bisher jedoch noch rechtliche Grenzen gesetzt, so dass sich Preisaktionen im Handel bisher zumeist nur auf einzelne Tagesaktionen beschränken – man denke an die „Nur Heute"-Werbeaktionen großer Elektronikketten oder den „Super Samstag" eines großen Lebensmitteldiscounters. Auf dem Weg nach draußen erlauben oder fordern die Kassensysteme gar einen „Do-it-yourself"-Betrieb – Wiegen, Scannen, Bezahlen ist der neue Kundentriathlon des Lebensmitteleinkaufs. Was vor kurzem noch in den sogenannten „Future Stores" von Metro und Co. gezeigt wurde, ist bereits vielfach Realität.

So hat der Kunde beispielsweise bei Ikea die Wahl: lange Schlange an einer regulären Kasse oder selbst scannen, den Bezahlvorgang abwickeln und möglicherweise schneller fertig sein. Derweil hat der Internetriese Amazon den Aufbau einer Vielzahl von lokalen Logistikzentren in US-Metropolen angekündigt, um Bestellungen noch am selben Tag ausliefern zu können. Und aus Japan schwappt gerade eine Welle heran, die sogenannte QR-Codes – das sind zweidimensionale Barcodes, die mit dem Smartphone und geeigneter Software gelesen werden können – zum Einkaufen nutzt. Plakatwände in U-Bahn-Stationen zeigen die Waren und die zugehörigen Codes an. Geshoppt wird praktisch im Vorbeigehen. Geliefert wird nach Hause oder in besondere Schließfächer, die der Käufer auf dem Nachhauseweg leert.

Die Schlacht um die Zukunft des Handels wird gerade geschlagen. Die wesentlichen Beteiligten: Konsument, Internet und Smartphone.

Coupons

Personalisierte Sonderangebote, die nach bestimmten Kriterien etwa an alle Smartphone-Besitzer gehen, die sich zu einer bestimmten Zeit in der Umgebung befinden, sind längst technisch möglich und werden erprobt. Dagegen muten die bisherigen Kundenbindungsinstrumente geradezu altertümlich an: Ein Coupon zum Ausschneiden? Eine Sammelkarte zum Abstempeln? Eine Plastikkarte zum elektronischen Punktesammeln?

Rabattcoupons erleben dank großer Portale wie Groupon und Co. einen zweiten Frühling als Marketinginstrument. Hinzu kommen zahlreiche Dienste, die orts- und zeitbasierte Angebote in Echtzeit bereitstellen und ausliefern können, bis hin zum In-Lokal, das seine Auslastung damit in Echtzeit optimiert. Auch in der Buchvermarktung sind derartige Ideen bereits angekommen. So hat die Buchhandelskette Hugendubel in Mainz eine Plakataktion zu Rick Jordans Roman „Die Kane Chroniken" durchgeführt. Nutzer, die das Plakat mit dem Smartphone fotografiert haben, erhielten in den örtlichen Filialen ein Präsent.

Der wesentliche Nebeneffekt bei allen angesprochenen Ansätzen: Händler lernen ihre Kunden und Kaufinteressenten besser kennen. Welche unerwünschten Auswirkungen das für die eigene Privatsphäre haben kann, wird in Kapitel „Risiken für die Privatsphäre" näher beleuchtet (vgl. S. 173), etwa anhand der Frage, wie es möglich sein kann, dass ein Einzelhändler nur anhand der Änderung des Kaufverhaltens einer Kundin von deren Schwangerschaft erfährt.

Doch wie verhält es sich mit dem berühmt-berüchtigten Satz „Das Internet vergisst nichts" und den digitalen Spuren, die wir beim bloßen Stöbern im Netz hinterlassen?

Persönliche Werbung

An die Personalisierung der Onlinewerbung haben wir uns längst gewöhnt. Vielleicht waren wir als Anwender anfangs noch irritiert, wenn uns ein Produkt aus einem Onlineshop, das wir angesehen, aber nicht gekauft hatten – sagen wir mal ein Fahrrad –, plötzlich immer wieder auf dem Weg durch das gesamte Web begegnet. Auf dem Nachrichtenportal, der Cartoon-Website oder in der Auto-Community: Überall lauert schon das zuvor betrachtete Fahrrad im Werbebanner. Vielleicht waren wir aber auch nur erstaunt, warum gerade uns immer wieder Urlaub in Griechenland vorgeschlagen wird, obwohl wir dort noch nie waren.

Spätestens dann, wenn vollkommen absurde Angebote in den Werbebannern auftauchen, dämmert jedoch die Erkenntnis, dass es mit der Präzision der Auswertung von Nutzerdaten und dem Ziehen von Schlussfolgerungen daraus nicht immer zum Besten steht. So wird der Autor dieses Buches auf seinem Tablet (und nur dort) regelmäßig von Werbung bedrängt, er möge doch endlich einen Privatjet buchen oder Anteile an einem Privatflugzeug via Flugzeug-Sharing-Modell erwerben. Viel weiter von der Realität des Autors mit häufiger Reisetätigkeit und zahlreichen innereuropäischen, überwiegend in der „Holzklasse" abgesessenen Flügen könnte die Werbung dabei nicht entfernt sein.

Aber die Personalisierung vollzieht sich längst nicht mehr nur digital: So gibt es bereits öffentliche Werbetafeln – der Begriff Plakate greift hier zu kurz –, die auf Basis von automatischer Bildverarbeitung zwischen Mann und Frau unterscheiden können und entsprechend unterschiedliche Werbung einblenden; nach Angaben des Betreibers mit einer Genauigkeit von immerhin 90 Prozent anhand des Gesichts.[20]

Ebenso gehören bereits Einkaufszentren zur Realität, die den Weg eines Nutzers anhand seines Mobiltelefons durchs Einkaufszentrum verfolgen, ohne dass dieser sich irgendwo eingeloggt oder registriert hat.[21] Besucherströme sollen so besser verfolgt und die Nutzer besser gelenkt werden. Wenn hier allerdings von „Optimierung des Einkaufserlebnisses" die Rede ist, ist natürlich – wie bei anderen Initiativen ähnlicher Art auch – eher die Optimierung des Umsatzes gemeint.

Dieser Gedanke ist inzwischen auch bis in die Privathaushalte vorgedrungen: Mit neuen Konzepten wird die persönliche Ansprache durch Werbung daher auch im privaten Lebensumfeld möglich: Der IT-Konzern Microsoft hat gerade ein Patent (US-Patent-Nr.: 20120143693, abrufbar über uspto.gov) erwirkt, in dem beschrieben wird, wie – mit Hilfe der Videospielsteuerungseinheit Kinect – Emotionen erkannt und ausgewertet werden sollen, selbstverständlich mit Blick auf die Auslieferung passgenauer Werbung zur jeweiligen Stimmung oder Tagesform – zu Hause in Ihrem Wohnzimmer. Das besondere an Kinect sind die Kameras, die eine Steuerung des jeweiligen Spiels ganz einfach ohne Controller durch Auswertung von Bewegungen und Gesten möglich machen. Offensichtlich eignen sich diese auch für andere Anwendungszwecke außer für Videospiele, wie die Patentschrift belegt: So werden unter Abschnitt 58 des Patents folgende interessante Anwendungsmöglichkeiten beschrieben:

„...Wer Werbung für Diätprodukte macht, will vielleicht nicht, dass seine Werbung Nutzer anspricht, die gerade sehr glücklich sind. Denn jemand Glückliches wird nicht unbedingt ein Produkt kaufen, das dabei hilft, die eigenen Unzulänglichkeiten zu verbessern. Aber jemand, der sich gerade glücklich fühlt, könnte vielleicht an Unterhaltungselektronik oder Pauschalreisen interessiert sein. Niemand will Werbung für Clubs oder Partys machen, während der Nutzer traurig ist oder weint. Für einen traurigen Nutzer wäre Werbung für Clubpartys unpassend und könnte ihn stören oder ihm negativ erscheinen. Wer Werbung für Onlinehilfen oder technischen Support macht, will das dann tun, wenn der Nutzer gerade verwirrt oder frustriert ist. Wer mit dem ‚Werbungsmotor' (Advertisement Engine) Werbung treibt, dem wird es eher gelingen, dass der Nutzer solche Werbung sieht, die sich mit seinem emotionalen Zustand vereinbaren lässt ...“[22]

Neuerfindung der Produktion

Personalisierung ist auch längst keine Frage der Kundenansprache und Werbung mehr. Die zunehmende Vernetzung bringt Individualisierungsmöglichkeiten auch in die Güterproduktion, die – sieht man von handwerklichen Leistungen ab – weltweit von der industriellen Massenproduktion geprägt ist. Seit Jahren wird dieser Ansatz unter dem Begriff der „Mass Customization" (Kundenindividuelle Massenproduktion) diskutiert. Dieser Ansatz geht zurück auf Joseph Pine sowie frühere Forschungsansätze und wurde erstmals 1992 einer breiteren Öffentlichkeit in dem Buch „Mass Customization: The New Frontier in Business Competition" vorgestellt. Die Idee dahinter ist aus Produzentensicht so einfach wie einleuchtend: je individueller ein Produkt, umso weniger Preiswettbewerb ist zu erwarten. Pionier der Entwicklung war der Computerbauer DELL, der als Erster vor knapp einem Vierteljahrhundert Computer im industriellen Volumen individualisiert hat. Aus einer Menge vorgegebener Elemente konnte und kann sich der Nutzer per Telefon oder zunehmend auch über die Unternehmenswebsite seine Kombination aus Gehäuse, Bildschirm, Grafikkarte, Festplattengröße, Speichergröße und Ausstattung mit Zusatzmodulen zusammenstellen. Weitere bekannte Beispiele sind die Namensgravur (wie sie Apple etwa kostenfrei in seinem Onlineshop anbietet) oder die oftmals verwirrende Varianten- und Ausstattungsvielfalt der Autoindustrie, die dabei hilft, die Durchschnittserlöse kräftig nach oben zu treiben. Bereits der Käufer (oder häufiger die Käuferin) eines BMW Mini gibt im Schnitt mehr als 4000 Euro nur für Extras aus.[23] Zum Vergleich: Der Grundpreis für den einfachsten Mini („one") beträgt laut Konfigurator auf www.mini.de rund 16.000 Euro, das heißt, rund 25 Prozent „Individualisierungszuschlag". Von den Kosten für die Individualisierungsmöglichkeiten der automobilen Oberklasse, wie etwa für eine individuelle Autofarbe nach Mustervorlage (für gut 4000 Euro bei Porsche zu haben), ist man da natürlich noch weit entfernt. Ganz zu schweigen von dem Individualisierungsgrad, den man etwa bei Ferrari bekommen kann. Für Geldsummen im Millionenbereich erhält man dort ein vollständig individualisiertes Auto mit eigenständigem Design.[24]

Dass selbst in diesem Fall das individuell gestaltete Auto zu vorhandenen Plattformen, Antrieben und Motoren passen muss, ist unvermeidbar. Auch hier ist schlussendlich eine ausgeklügelte Informationstechnologie die Voraussetzung für eine wirtschaftlich erfolgreiche Realisierung des Konzepts und weniger die Interaktion mit dem Kunden. Diese verläuft nicht mehr analog und persönlich, sondern vermehrt in der elektronischen Interaktion mit involvierten Zulieferern und Systempartnern innerhalb der Lieferkette des Herstellers.

Jenseits dieser zugegebenermaßen sehr exotischen Gefilde sind Mass-Customization-Konzepte vor allem in der Textilbranche zu finden. Passform und Farbe beziehungsweise Farbkombinationen werden hier am häufigsten variiert. So hat der Sportartikel-Gigant Adidas etwa mit Miteam.adidas[25] eine Website ins Leben gerufen, auf der Sportvereine sich ihre Kombination an Trikots individualisiert zusammenstellen und bestellen können. Bei verschiedenen Schuhherstellern wie zum Beispiel Converse können Kunden (in den USA) aus individuellen Farbkombinationen ihren persönlichen Schuh zusammenstellen.

Aber auch die Lebensmittelbranche wird von Innovationen in Sachen Individualisierung tangiert: Bei MyMüsli[26] kann sich jeder Nutzer beispielsweise seine Frühstücksmischung individuell zusammenstellen lassen.

Obwohl der Individualisierungstrend im IT-Bereich bereits wieder zurückgeht – Mass-Customization Pionier DELL verkauft immerhin nur noch einen Bruchteil der Rechner als Individualmodell, da die meisten mittlerweile schlichtweg vorgefertigt sind –, bleibt die Idee individualisierbarer, innovativer Produkte und Dienstleistungen als zunehmender Trend bestehen. Er wird von dem, was wir Crowdsourcing und Open Innovation nennen, ergänzt. Ohne sofort individuelle Belange zu bedienen, nutzen derartige Konzepte Informationstechnologien, um Kundenwünsche und Ideen – etwa via Website – zu sammeln und für die eigenen Produkte zu verwerten. Es verwundert daher nicht, dass Computerbauer DELL auch hier mitmischt – mit seiner Plattform „Ideastorm".[27]

Aber selbst Anbieter, die man nicht sofort mit technischem Fortschritt assoziiert, wie etwa der Kaffeeröster und Einzelhändler Tchibo, nutzen inzwischen derartige Mechanismen. Unter Tchibo.ideas[28] diskutieren Kunden über die Produktwelten von morgen, bringen ihre eigenen Ideen ein und bewerten die Vorschläge anderer Nutzer.

Allerdings bietet keiner dieser Ansätze echte Individualität, denn wie man es auch dreht und wendet: Sie bleibt stets auf die Kombination vorgeplanter Elemente beschränkt, abgesehen vielleicht vom Millionenaufwand für den oben genannten italienischen Sportwagen.

Eine Revolution versprechen da eher neue Fertigungstechniken wie das 3D-Printing, bei dem aus einzelnen Schichten komplexe dreidimensionale Objekte – vom Fingerring bis zum künstlichen Hüftgelenk – gedruckt werden können. Derartige 3D-Drucker lassen sich zwischenzeitlich sogar für den Hausgebrauch erwerben. Häufiger noch bieten sich allerdings Dienstleister an, selbstentwickelte Designs auszudrucken oder zu produzieren – der Anwender lädt den 3D-Datensatz für das Objekt per Website hoch und erhält ein einzigartiges Produkt in Stückzahl 1 zurück.

Noch wirkt diese Technologie aufregend und innovativ – sie steckt quasi in den Kinderschuhen –, aber schon bald werden weitergehende Fragen nach dem Schutz des geistigen Eigentums, etwa an den eigenen Kreationen, laut. Streitereien und juristische Scharmützel sind hier programmiert. Aber auch der Open-Source-Gedanke hat die Produktion entdeckt: Nicht wenige Designs sind auf entsprechenden Plattformen kostenfrei zur eigenen Weiterverwendung und Weiterentwicklung herunterzuladen.

Neuerfindung von Navigation und Transport

Wann haben Sie das letzte Mal eine Straßenkarte aus Papier oder alternativ einen Autoatlas in der Hand gehabt oder gar danach in fremder Umgebung navigiert? Vermutlich werden Sie stattdessen ihren Wunsch einem Navigationssystem übermittelt oder gleich zum Smartphone gegriffen haben. Die Verfügbarkeit preiswerter Navigationssysteme zur bequemen Nutzung per Halterung mit Saugnapf an der Frontscheibe des Autos hat einen Massenmarkt eröffnet. TomTom, Garmin (Navigon) und etliche andere Unternehmen sind mit dem Boom der handlichen, preisgünstigen Orientierungshilfen groß geworden und fürchten nun um ihre Existenz: Denn Stand-Alone-Navigationssysteme sind im

Smartphone-Zeitalter zum Auslaufmodell geworden. Mobilfunkprovider wie auch Gerätehersteller bieten vielfach einfache Systeme kostenfrei an. Das Navi als App wird zur Standardausrüstung – sehr zum Leidwesen der Geräteanbieter.

Spannender noch als diese Entwicklung ist aber die Entwertung der Kartendaten: Durch Initiativen wie Openstreetmap, bei der Freiwillige kostenlos dabei mithelfen, geographische Karten, die als Basis für Navigationsdaten dienen können, zu erstellen, erhöht sich der Wettbewerbsdruck weiter. TomTom und Nokia haben jeweils Milliarden für die Übernahme der beiden großen Kartenanbieter ausgegeben. So hat nach Berichten von Wirtschaftsmedien TomTom rund 2,9 Milliarden Euro für Telatlas ausgegeben[29] und Nokia sogar 8,3 Milliarden US-Dollar für Navteq bezahlt.[30] Verglichen mit diesen Unsummen dürfte bisher nur ein kleiner Teil durch Lizenzgebühren wieder hereingekommen sein. Darüber hinaus sehen beide Unternehmen ihre Investition nun verpuffen: Die per Crowdsourcing vom Nutzer selbst generierten Karten werden zur Bedrohung des Geschäftsmodells.

Der einstige Vorsprung schwindet, werben die Hersteller tragbarer Navigationssysteme doch häufig mit zigtausenden sogenannter „Points of interest". Diese Hinweise auf Restaurants, Sehenswürdigkeiten und andere potentiell interessante Orte sind jedoch, wenn sie auf die Geräte geladen werden, zumeist bereits veraltet und damit vielfach nicht mehr oder nicht mehr in der Form existent, wie der Nutzer diese erwartet. Im Gegensatz dazu greift der Smartphone-Besitzer online nicht nur auf aktuelle Informationen zu, sondern erfährt auch, ob sich Personen, die sich im eigenen Kontaktnetzwerk befinden, in der Nähe aufhalten. Im Extremfall erfährt der Nutzer sogar – mit der geeigneten App – von Singles in der direkten Umgebung, die es sich anzusprechen lohnt. Die Verknüpfung von Ortsdaten mit Personeninformationen macht es möglich. Der Begriff „Navigationssytem" erhält damit eine ganz neue Bedeutung.

Dass in Sachen Partnersuche derart fremdgesteuerte Nutzer aber vermutlich nur einen kleinen Teil der potentiellen Gefährtinnen und Gefährten zur Kenntnis nehmen, indem sie nämlich alle Personen außen vor lassen, die keine Nutzer derartiger Anwendungen sind, ist eine interessante Nebenwirkung derartiger Leitsysteme.

Der Nutzer sieht mit seinen „digitalen Scheuklappen" eben nur das, worauf er vom System programmiert ist.

Nicht immer führt das eigene Auto samt Navigation bis zum Ziel: Auch wenn es um andere Verkehrsmittel geht, sind Internet und Smartphone aus dem Alltag nicht mehr wegzudenken. Forscher arbeiten längst an intermodaler Navigation, an der Möglichkeit, die für den jeweiligen Einsatzzweck günstigste Route über verschiedene Verkehrsträger, vom eigenen Auto über ÖPNV, Bahn und Flugzeug, automatisch zu finden.

Bisher haben im Wesentlichen einzelne Verkehrsmittel von den Veränderungen der Informationstechnologie profitiert. Kaum vorstellbar, dass man für jeden Inlandsflug ins Reisebüro geht oder eine Hotline nutzt. Praktisch jeder bucht heute seine Flüge direkt über die Website der Airline oder eine Preisvergleichsseite. Binnen weniger Jahre hat sich so das Nutzerverhalten vollständig geändert: Das Geschäftsmodell der sogenannten Billigflieger, bei dem der Kunde alle automatisierbaren Aufgaben von der Buchung bis zum Check-In selbst übernimmt, gründet sich letztendlich auf dem technologischen Wandel und setzt dabei eine hinreichende Verbreitung von Internetzugängen voraus. Der immer noch existente gedruckte Flugplan bei Lufthansa und verschiedenen anderen Fluggesellschaften oder die faltbaren, nach Ortschaften sortierten Bus- und Bahnpläne im DB-Service-Center muten inzwischen fast wie ein Anachronismus an. Denn auch die Bahn setzt zunehmend auf Kundenselbstservice und fördert neben dem Automatenverkauf auch den Onlinevertrieb von Tickets.

Ebenfalls stark vom Onlinevertrieb geprägt sind Autovermietungen. Verwandte Geschäftsmodelle, wie das unlängst populär gewordene Carsharing à la Car2Go oder DriveNow!, sind ohne Buchungs-App und Fahrzeugortung nicht vorstellbar. Hier wird Informationsverarbeitung und Vernetzung zur unabdingbaren Voraussetzung des Geschäftsmodells der Anbieter. Anders als das klassische Autovermietungsgeschäft ist Car-Sharing ohne Technologieeinsatz nicht denkbar.

Das Taxigewerbe ist nun der jüngste Bereich, der einen Umbruch erlebt. Jenseits von Taxistand und zufällig in der Nähe befindlichen Taxis, die seit jeher per Handzeichen geordert werden, war der bisherige Hauptvertriebsweg für Transportleistungen im Taxigewerbe die Taxizentrale, über die per Telefon der Chauffeur samt Fahrzeug geordert wurde und wird.

Taxi-Apps versuchen nun, diesen Mittler zu umgehen, und erlauben eine direkte Ansprache eines in der Nähe befindlichen Taxis. Die gängigen Apps liefern dazu anhand der GPS-Koordinaten des App-Nutzers und der Entfernung potentieller Mietdroschken die möglichen Transporteure in einer Karte.

Selbst die Kontrolle der nicht immer als zuverlässig bekannten Taxifahrer und ihrer Taxameter wird per Smartphone, GPS und App nun für jedermann möglich: Während die große Mehrheit der Droschkenchauffeure den empfohlenen Weg wählt, gibt es eine kleine Minderheit, die den Zustieg eines offensichtlich ortsunkundigen Fahrgastes zum Anlass für eine unerwünschte Stadtrundfahrt nimmt. Und dies ist beileibe kein Phänomen, das auf ferne exotische Destinationen beschränkt ist.

Bei mehr als 13.000 Taxis in New York hat eine staatlich angeordnete GPS-Überwachung Interessantes zutage gefördert: Wie die New York Times am 13.3.2010 berichtet, berechnen rund 3.000 New Yorker Taxifahrer ihren Kunden systematisch zu viel.[31] Herausgefunden hat man diesen Zusammenhang durch einen Massendatenabgleich zwischen den GPS-Trackingdaten der Taxis und den Abrechnungsdaten. Dabei kam heraus, dass bei rund 1,8 Millionen Fahrten im Schnitt 4 bis 5 US-Dollar zu viel verlangt wurden – ganz einfach durch die missbräuchliche Nutzung einer Taxameterfunktion, nachdem bei Fahrten über die Stadtgrenze hinweg Zuschläge fällig werden. Offensichtlich wurde der entsprechende Zuschlagsknopf vielfach fehlerhaft betätigt. Der Spitzenreiter – laut der New York Times – tat dies in einem Monat 574 Mal!

Tracking und Tracing

Wer früher als Kind draußen zum Spielen, unterwegs zur Schule oder zu Freunden war, befand sich zumindest zeitweise außer Reichweite der Erwachsenenwelt. Heute hat man vielfach den Eindruck, dass Eltern es nicht mehr ertragen können, nicht permanent über den Verbleib ihrer Sprösslinge informiert zu sein. Noch vor dem ersten Handy, das gerne mit dem Hintergedanken „dann weiß ich immer, wo mein Kind ist" ausgegeben wird, nutzen Eltern vielfach GPS-basierte Überwachungsgeräte, die gerne mal versteckt im Schulranzen „eingebaut" sind. Damit lässt sich nicht nur die Position orten, sondern auch – mit der geeigneten Software – ein Radius definieren, in dem sich das Kind aufhalten darf. Bei Verlassen des so eingegrenzten Gebiets werden die Eltern per Alarm-SMS darüber informiert. Nicht von ungefähr erinnert dies an die elektronische Fußfessel im Strafvollzug. Die Technik ist dieselbe. Man spricht dabei auch von „Geofencing", von einem virtuellen Zaun, der ein Gebiet markiert, das man nicht verlassen darf.

Später – mit dem ersten eigenen Handy oder Smartphone – wird diese Überwachung meist zu einer freiwilligen Handlung. Kurznachrichtenversand wird zur laufenden Versicherung der gegenseitigen Existenz. Erreichbarkeit wird von Kindheit an gelernt. Fraglich bleibt, ob nicht gerade die ständige Ermahnung der Eltern, laufend „Lebenszeichen" von sich zu geben, in den Kindern den Gedanken schürt, dass ihnen etwas „passieren" kann.

Aber selbst als Erwachsener – ganz ohne elterliche Fürsorge – entkommt man nicht immer dem Tracking. 2011 wurde bekannt, dass Apple die Bewegungsdaten von iPhone- und iPad-Nutzern aufzeichnet. Auch bei verschiedenen Smartphone-Apps unterschiedlicher Plattformen wurde ähnliches Verhalten nachgewiesen, ohne dass sofort transparent ist, was mit den von den Anbietern erhobenen und gespeicherten Daten geschieht

Neuerfindung der Fotografie

Kamera, Film, Entwicklung im Labor, Einkleben ins Album ... dies war bis vor wenigen Jahren der einzige Weg eines Fotos – von Sofortbildkameras einmal abgesehen. Das teure Ausgangsmaterial und die aufwendige Entwicklung sorgten dafür, dass Fotografieren eine seltene und wohl überlegte Aktivität war. Entsprechend gestellt kommen uns viele Erinnerungen aus dem analogen Fotozeitalter heute vor. Außerhalb von einigen wenigen Profifotografen und unverbesserlichen Anhängern des analogen Fotovergnügens hat sich die Fotografie in den letzten Jahren deutlich gewandelt und ist gerade dabei, es wieder zu tun. Verantwortlich dafür sind die disruptive Kraft der Digitalisierung und auch das Smartphone. Der erste wesentliche Umbruch war die Abkehr vom traditionellen Film hin zu digitalen Bildsensoren und digitaler Speicherung – sofortige Bildkontrolle inklusive. Die Folge war ein Boom der Fotografie. Ohne – wie früher – auf das teure Filmmaterial Rücksicht nehmen zu müssen, wird mehr fotografiert ... um ein Vielfaches mehr.

Die Internet- und Smartphone-Revolution verändert die Fotografie nun erneut. Die Kamera ist, sichtbar als kleines, eckiges „Auge" hinten am Smartphone, immer dabei, wird immer hochauflösender, und Effektbearbeitung sowie sofortiges Hochladen in Onlinegalerien und Sozialen Netzwerke sind für jedermann einfach und ortsungebunden möglich. Anbieter wie Instagram und Hipstamatic setzen den Trend und schaffen eine wahre Bilderflut – allesamt von Amateuren. Die schiere Masse an Bildern wird inzwischen auch zur Bedrohung für Fotoprofis, insbesondere im Bereich der sogenannten Stockfotografie. Wie der Name andeutet, werden hier Fotos „auf Vorrat" und nicht nach Auftrag im konkreten Fall produziert und dann an Interessenten verkauft, die diese etwa für Werbung, Kataloge, Zeitschriften oder Buchillustrationen verwenden. Dreh- und Angelpunkt dieses Geschäftes sind

Bildagenturen, die die Arbeiten der Fotografen vermarkten. Bereits 1920 gab es die erste Agentur dieser Art (als „Robert-Stock" bekannt). Heute wird das Geschäft von Corbis und Getty Images dominiert. Partner oder Zulieferer dieser Agenturen waren und sind stets Profifotografen. Die Kosten pro Bild sind durchweg hoch.

Mit der weiteren Verbreitung des Internets entstand in den vergangenen Jahren eine neue Form von Bildagenturen, die ausschließlich online agieren und dabei die Preise etablierter Bildagenturen erheblich unterbieten. Fotos werden bei diesen sogenannten Microstock- oder Midstock-Agenturen bereits ab einigen wenigen Cent oder Euro angeboten. In Deutschland ist Fotolia am bekanntesten – mit über 18 Millionen Fotos.

Ein erheblicher Teil der Bilder auf diesen neuen Plattformen stammt von Amateuren, die darüber einen praktisch gleichberechtigten Marktzugang erhalten. Bezahlt werden diese nur auf Provisionsbasis, sobald ein Nutzer das Bild erwirbt. Die Kosten für die Bereithaltung der Materialien im Netz – neben Fotos sind dies zunehmend auch Zeichnungen und Videos – sind ebenso wie die Transaktionskosten gering.

Warum sollte man etwa als Werbeagentur mehrere hundert Euro für ein Foto bezahlen, das auch in ähnlicher Aufmachung für wenige Cent bei einem dieser Massenanbieter zu haben ist? Die Folge dieser Entwicklung: Viele Amateure bekommen die Chance, sich ein paar Euro dazuzuverdienen, aber zahlreiche Profis verlieren substantiell viel mehr an Umsätzen und sehen ihre Existenz gefährdet. Der Durchschnittspreis pro Bild gerät – aus Sicht des Gesamtmarktes – deutlich ins Rutschen. Ob und inwieweit sich durch das gesunkene Preisniveau der Markt erweitert (wie die Anbieter erhoffen), bleibt abzuwarten.

Doch auch an anderer Stelle sind Profifotografen plötzlich weniger gefragt. Bei dem Unglück der Flugzeugnotwasserung im Hudson-River vor New York war es kein Fotoreporter, sondern ein Privatmann, der mit seinem Smartphone die Szenerie als Erster festhielt. Das Bild wurde weltweit von unterschiedlichen Zeitungen abgedruckt. Bis heute ist das Foto von Janis Krums auf Twitpic zu sehen.[33]

Neuerfindung der Kunst

Kaum eine Branche oder Szene ist für Außenstehende so verschlossen und undurchsichtig wie die Kunstszene. Auktionshäuser, Galeristen und Gutachter definieren – so scheint es – den Wert eines Kunstwerks, welcher viele Millionen Euro oder Dollar betragen kann. Intransparenz gehört zum Geschäftsmodell. Preisvergleiche finden nicht statt oder beschränken sich auf Pressemeldungen mit immer neuen Rekorderlösen der Auktionen renommierter Kunsthandelshäuser.

Warum die Werke von zeitgenössischen Künstlern wie etwa Jeff Koons oder Jonathan Meese Millionen einbringen und die Kunst der „Neue Leipziger Schule" scheinbar schon wieder out ist, nachdem sie gerade noch angesagt war, ist und bleibt für Außenstehende ein Rätsel. Aber auch die klassische Kunst ist vor Überraschungen nicht gefeit. Sensationelle Entdeckungen neuer Werke alter Meister schüren berechtigte Zweifel, ob alles immer mit rechten Dingen zugeht. Es bleibt stets die Unsicherheit über die Echtheit und damit den Wert oder den Unwert eines Kunstwerks. Zu nah ist die Erinnerung an den Prozess rund um Wolfgang Beltracchi:

Nach Berichten in verschiedenen Medien fielen renommierte Sammler, Galerien und Auktionshäuser auf Fälschungen herein, die der Maler Wolfgang Beltracchi im Stil bekannter Künstler wie Heinrich Campendonk und Max Ernst gemalt hatte. Bis zu 5 Millionen Euro wurden für einzelne derartige Gemälde bezahlt.[34]

Internetunternehmen wie Artnet[35] versuchen nun den Kunstmarkt neu zu erfinden, indem sie – nicht immer zur Freude etablierter Künstler, Agenten, Galeristen, Kunstauktionshäuser und Sachverständiger – Transparenz schaffen und direkte Transaktionen zwischen Künstler und Sammler erlauben. Andere Plattformen wie Artistwanted[36] versuchen sich in der Förderung von Nachwuchskunst und Kunstberufenen. Welche Erfolge die neuen technologiebasierten Player am Kunstmarkt in Zukunft auch erzielen werden, die Machtverhältnisse im Kunstbetrieb werden sich signifikant verschieben.

Neuerfindung der persönlichen Geschichtsschreibung

Lebensgeschichten waren früher – vor der weiten Verbreitung von Social-Media-Plattformen – höchstprivate Angelegenheiten, niedergeschrieben in Tagebuch, Familienchronik und dokumentiert im Fotoalbum, sorgsam eingeklebt mit transparenten Schutzecken. Bedingt zugänglich als Fotogalerie der lieben Verwandtschaft an der Wohnzimmerwand – sichtbar nur für die Familienmitglieder und gelegentliche Gäste. Öffentliche Biografien gab es in der Vergangenheit nur für und von Berühmtheiten, lässt man den einen oder anderen Unternehmer außen vor, der rein aus Prestigegründen Familienchronik oder Biografie in Buchform in Auftrag gab.

Die Facebook-Timeline zerrt nun ganze Privathistorien an die Oberfläche. Sichtbar für die ganze Welt, oder zumindest für die vielen hundert Facebook-„Freunde" – es sei denn, man stellt die verwirrenden

„Privacy"-Regelungen des sozialen Netzwerks individuell ein. Das Netzwerk selbst erfährt so jedoch immer alles und damit viel mehr über jeden Einzelnen von uns, als staatliche Einrichtungen jemals wissen – vom Finanzamt vielleicht einmal abgesehen.

Erstaunlicherweise schützt selbst eine ausgefeilte Datenschutzgesetzgebung den Bürger hier nicht vor der Datensammelwut von Facebook und Co. Die einzige Möglichkeit für Skeptiker: keinen Facebook-Account anlegen. Aber selbst in diesem Fall ist man nicht außen vor, erfährt Facebook doch anhand der Freunde des Nutzers auch eine Menge über Nichtnutzer, etwa in dem es die Adressbücher aus den Smartphones der Account-Inhaber auswertet.

„15 Minuten Ruhm" im Internetzeitalter

25 Prozent aller Unter-40-Jährigen wollen berühmt werden. Das behauptet zumindest das „Rheingold-Institut" in einer aktuellen Studie. Schaut man sich den Zulauf der Castingshows an, so ist man beinahe versucht, dieser Behauptung Glauben zu schenken und darüber hinaus festzustellen, dass die meisten Castingkandidaten ihr Ziel offensichtlich mit so wenig Aufwand wie möglich erreichen wollen. Sonst hätten wir vermutlich erheblich mehr trainierte Top-Athleten oder von früh bis spät über lange, harte Jahre übende Musiker.

Der schnelle Ruhm wird zudem zunehmend online gesucht. Gelingt dann der Aufreger auf YouTube oder einer anderen Plattform, etwa aufgrund eines lustigen Videos, so greift zumeist wenig später die Erkenntnis, dass es jene „15 Minuten Ruhm" waren, die laut Andy Warhol jedem Menschen zustehen sollten. Dass er diese Aussage auch nur von Medientheoretiker Marshall McLuhan übernommen haben soll, schmälert den Ruhm von Warhol jedenfalls nicht.

Tatsächlich lässt sich beobachten, dass Facebook-Profile zunehmend auf „Star-Sein" gebürstet werden. Der Drang, in bestem Licht dazustehen – über die eigene Durchschnittlichkeit hinaus –, drückt sich darin aus. Streng genommen ist dies nicht weiter verwunderlich, schließlich neigen Menschen zur Selbstüberschätzung und Beschönigung ihrer eigenen Fähigkeiten – auch ganz ohne Internet (Michael Ross/Fiore Sicoly, „Egocentric Biases in Availability and Attribution" in: Kahneman/ Slovic/Tversky (Hg.) 1979, S. 179–189), ebenso wie sich etwa ein Großteil aller Autofahrer selbst für einen überdurchschnittlichen Kfz-Lenker hält (Ola Svenson, „Are We All Less Risky and More Skillful Than Our Fellow Drivers?", Acta Psychologica 1980, S. 143–148) ... ein Zusammenhang, der statistisch nicht abbildbar ist.

Dass die eigene Durchschnittlichkeit jedoch scheinbar kaum auszuhalten ist, wird auch an anderer Stelle deutlich. So lautet der Name einer der führenden Onlinepartnervermittlungen Elite… und nicht etwa „Durchschnittspartner".

Aber macht uns das Internet tatsächlich besser, schöner, prominenter? Schöner möglicherweise. Schließlich existiert inzwischen eine ganze Reihe von Apps und mehreren Onlinediensten, mit deren Hilfe man auch als Laie sein eigenes Bild optimieren kann. Hautunreinheiten und kleine Falten verschwinden – ganz wie bei den Stars auf den Magazincovern. Wer nicht selbst Hand anlegen möchte, kann auch online für wenige Euro bei einem Onlinedienst wie Picstar24[37] einen professionellen Grafiker mit der Arbeit beauftragen. Dass der Grafiker in Indien oder einem anderen Schwellenland sitzt und nach dortigen Standards bezahlt wird – auch das ist eine Auswirkung des von der Informationstechnologie getriebenen Wandels. Auch der Autor gibt hiermit zu, dass er eines seiner Pressefotos auf diese Weise hat optimieren lassen, natürlich nur zu Recherchezwecken.

Neuerfindung von TV und Video

Vom geänderten Fernsehverhalten war zuvor bereits die Rede: TV wird demnach immer mehr zum Nebenbei-Medium. Die Beschäftigung mit den Inhalten des Fernsehprogramms tritt zurück, wird quasi zum Hintergrundrauschen der allgemeinen Mediennutzung. Dies hat jedoch auch Rückwirkungen auf das Medium selbst: Regisseure von Fernsehfilmen und -krimis agieren längst so, dass sich auch der „abgelenkteste" Zuschauer wieder in den Plot einfinden kann – vollständige Aufmerksamkeit ist nicht mehr länger nötig.

Aber auch aus anderer Sicht hat das Fernsehen bereits an Bedeutung verloren: Das Programm vom Vorabend oder Wochenende als gemeinsame Bezugsgröße und Gesprächsthema auf dem Pausenhof oder in der Betriebskantine hat lange vor dem Internetboom ausgedient. Die Vielfalt der Kanäle mit Einführung des Privatfernsehens und nicht zuletzt die Verbreitung des Videorekorders machten es irgendwann unwahrscheinlich, dass der Gesprächspartner die gleiche aufregende Sendung gesehen hatte. Und der Erfindung des Festplattenrekorders ist es nun zu verdanken, dass auch der letzte Rest an „Gleichzeitigkeit" im TV-Konsum verschwindet. Sendungen lassen sich damit nicht nur anhalten und auf Knopfdruck weiter abspielen, sondern auch aus der Ferne programmieren oder etwa auch vom heimischen Anschluss über die Cloud auf anderen Geräten – wie Tablet oder Smartphone – wiedergeben. In letzter Konsequenz bedeuten die nutzergesteuerte Aufzeichnung und flexible Wiedergabe eine Emanzipation des Zuschauers in der Form, dass TV-Inhalte nicht notwendigerweise zu Hause konsumiert werden, wenn diese zur Ausstrahlung vorgesehen sind, sondern an einem beliebigen Ort und nur dann, wenn es gerade in den persönlichen Zeitplan des Konsumenten passt. Ganz nebenbei wird diese Aufzeichnungsmöglichkeit auch genutzt, um die ungeliebten Werbepausen zu überspringen – sehr zum Leidwesen der Programmanbieter, die versuchen, mit neuen Rechteverwaltungssystemen wie „HD+" zumindest bei HD-Übertragungen über Satellit derartiges zu verhindern, um somit die Kontrolle über den Zuschauer zurückzuerlangen.

Aber es geht auch ohne Zwang: Neue Konzepte, wie das internetbasierte Fernsehprogramm und das On-Demand-Video-Angebot der Telekom Entertain, geben ein Stück des verlorengegangenen sozialen Bezugs zurück. In der neuesten, automatisch ausgerollten Version kann man Sendungen nicht nur bewerten, sondern auch – etwa via Facebook – mit seinem eigenen Bekanntenkreis teilen. Ganz nebenbei erfährt der Anbieter aber auch einiges über die eigenen Sehgewohnheiten (Anmerkung: Eine Deaktivierung der Datensammelei ist in diesem Falle problemlos über das sogenannte „Kundencenter" möglich. Der Kunde wird zudem per Brief und Bildschirmeinblendung darauf hingewiesen).

Video im Wandel der Vertriebswege

Eng mit der Veränderung des Fernsehens ist auch die Entwicklung im Bereich der Videotheken verbunden. Hier schlägt nicht nur die Filmpiraterie im Internet zu Buche, sondern auch neue, legale, online verfügbare „On-demand"-Videoangebote führen zu einer zunehmenden Digitalisierung der Unterhaltung. Der Bundesverband Audiovisuelle Medien sieht in seinem Branchenreport aus dem Jahr 2012 bereits einen Umsatzanteil von 12 Prozent für die digitale Lieferung über das Netz – und das obwohl die Technologie gerade erst am Anfang steht;[38] schließlich benötigt man zum Übertragen von Filmen in Echtzeit oder „beinahe Echtzeit" erheblich höhere Übertragungsraten als beispielsweise bei Musik. Der mittelfristige Weg wird aber auch hier Streaming sein. Erste Anbieter rüsten sich bereits für die Übertragung auf Smartphones oder Tablets.

Wie die Entwicklung weitergehen kann, zeigt ein Blick in die USA: Dort haben Netflix und andere Streaming-Dienste schon maßgeblich zum Untergang von Videotheken und ganzen Ketten wie dem vormaligen Marktführer im Verleihgeschäft Blockbuster beigetragen. Es ist daher durchaus nicht übertrieben, wenn man vom Aussterben der Videotheken spricht. Eindeutige Vorteile gegenüber der Videothek liegen beim Streaming nicht nur im Bereich der Bequemlichkeit, sondern auch in der umfassenden Verfügbarkeit der gerade besonders gefragten Toptitel. Das Prinzip „First-come, first-served" der Videothekenbesuche und die Enttäuschung, nach Zurücklegen der Strecke bis zum Verleih den gewünschten Film vielleicht doch nicht vorzufinden, haben ausgedient, wenn jeder gewünschte Film sofort zur Verfügung steht.

Kino auf dem Prüfstand

Ein stetes Auf und Ab prägt auch die Kinobranche der letzten Jahre und Jahrzehnte. Doch die Schuldigen für den wahrgenommenen und in den Medien unter dem Schlagwort „Kinosterben" diskutierten Niedergang sind – aus Sicht der Filmindustrie und Kinobetreiber – längst ausgemacht: Es sind illegale Mitschnitte, verbreitet über das Internet, welche die „Kinokultur" bedrohen. Derartige Behauptungen werden mit schöner Regelmäßigkeit wiederholt, aber dadurch nicht unbedingt realer. Nimmt man die Entwicklung der Kinoumsätze von 2001 bis 2011 als Maßstab, so schwanken diese erheblich, liegen 2011 aber in etwa auf dem Niveau von 2001.[39] Zwischenzeitliche Schwankungen lassen sich – nach Angaben der Studienautoren – eher an einigen wenigen, sehr erfolgreichen Filmen festmachen, die für die Zuschauer besonders attraktiv waren. Ob und inwieweit illegale Filmangebote wie das zwischenzeitlich eingestellte kino.to oder die illegale Verfügbarkeit von Filmen auf Filesharing-Plattformen wie dem ebenfalls von Behörden abgeschalteten Megaupload auf die Umsätze der Kinobranche tatsächlich negativ ausstrahlen, ist unter Experten umstritten.

Betrachten sollte man allerdings eher die Einflusswirkungen von Social Media, Filmforen und Online-Reviews. Viel stärker noch als früher werden Kinogänger von den Meinungen anderer Kinogänger beeinflusst: Ein mäßiger Film ist unter Umständen – anders als noch vor Jahren – auch nicht mehr mit einem riesigen Marketingbudget zu retten, wenn sich bei den digital vernetzten Kinobesuchern über Facebook und andere soziale Netzwerke längst herumgesprochen hat, dass der Film sich nicht lohnt.

Umgekehrt funktioniert dieses System jedoch auch: Mancher Independent-Film findet über Social Media sein Publikum und mancher Blockbuster wie etwa die Filme der Harry-Potter-Reihe profitiert fraglos von der Fangemeinde im Internet. Die Aufgabe für das Filmmarketing der Zukunft wird es daher sein, diese Fans und Interessenten mit den richtigen Inhalten „anzufüttern" und bei Laune zu halten. Die Kommunikation mit Kunden und Interessenten wird damit – wie in anderen Branchen auch – mehr und mehr zum Dialog.

Der Trend zu UC & C – wie zuvor bei den Veränderungen der Unterneh-
menskommunikation geschildert (vgl. S. 27) – ist nur ein Teil einer Neuerfindung der Kommunikation, deren Zeitzeuge wir gerade werden.
Wenn Sie sich an Ihre Kindheit erinnern und Sie älter sind als der typische Vertreter der Generation Y, dann erinnern Sie sich an Telefonzellen und vielleicht auch an die weitverbreitete Aufschrift „Fasse Dich
kurz". Bis in die 80er Jahre hinein waren Schilder mit dieser Aufforde-
rung an deutschen Telefonzellen in Ost und West zu finden. Der Unterschied zum Mobiltelefon im Zeitalter der Flatrate könnte kaum größer
sein!

Auch die SMS hat eine Karriere vom Nebenbei-Medium zum wesentlichen Baustein einer neuen Kommunikation durchlaufen und darüber hinaus zu einer weitgehenden Verschriftlichung von Kommunikation beigetragen. Spitzenreiter sind hier die Teenager: Der
US-Marktforschungsdienst Nielsen meldet in seinem NielsenWire im
Oktober 2010, dass Mädchen zwischen 13 und 17 Jahren im Schnitt
mehr als 4.000 (!) Textnachrichten pro Monat senden und empfangen.
Aber auch junge Männer sind nicht schreibfaul. Hier liegt der Durchschnitt in derselben Altersklasse bei rund 2.500 Nachrichten (alle Zahlen für die USA). Dennoch haben einfache Textnachrichten ihren Höhe-
punkt vermutlich bereits überschritten. Zunehmend verlagert sich die
Kommunikation auf Messaging-Programme wie „WhatsApp" und in
die sozialen Netzwerke hinein.

Facebook schickt sich gerade an, hier neue Maßstäbe zu setzen – allein
aufgrund der schieren Größe: Das Unternehmen bringt es nicht nur
auf knapp 1 Milliarde Nutzer weltweit (Stand September 2012), es ist
auch auf Platz 1 der Liste der Websites nach Seitenabrufen und hat
mehr Visits als die Plätze 2 bis 99 zusammen.[40]

Doch das Ende der Entwicklung ist auch mit Facebook und Co. noch
nicht erreicht. Beobachten lässt sich insbesondere ein Trend zur Bild-
kommunikation. In gewisser Weise wird Instagram – der Onlinefoto-
dienst, dessen Erfolg untrennbar mit dem Erfolg des Smartphones verbunden ist – zum Nachfolger steinzeitlicher Höhlenmalerei als erster
dokumentierter bildhafter Ausdrucksform. (Anmerkung: Instagram
wurde im Frühjahr 2012 von Facebook übernommen.)

Und auch die Videokommunikation verändert sich rasch. Denn die
Entwicklung von YouTube und Co. ist noch lange nicht am Ende. So
gewann der neue Smartphone-Dienst Viddy[41] 2012 17 Millionen neue
Nutzer in einer Woche, die auf dieser Plattform ihre Videoschnapp-
schüsse teilen.[42] Auch wenn Viddy die meisten dieser neuen Nutzer

zwischenzeitlich wieder eingebüßt hat, entstehen anderswo beinahe im Wochentakt neue Anbieter, die dieses urmenschliche Bedürfnis nach Austausch befriedigen und uns immer wieder aufs Neue den laufenden Wandel der Kommunikation von Mensch zu Mensch vor Augen führen – hin zu immer mehr multimedialen Inhalten. Ein Bild oder Video sagt mehr als 1000 Worte.

Neuerfindungen von Nachrichten und Informationsfluss

Die zuvor skizzierte Zunahme der Bedeutung von Amateurfotografen wird teilweise intensiv durch die traditionellen Medien gefördert; man denke etwa an den „Leser-Reporter" der Bildzeitung. Diese verspricht auf ihrer Website eine kleine Belohnung für Fotos oder Hinweise auf Stories:

„Senden Sie uns hier Ihr Foto oder Ihr Video zur Veröffentlichung in der BILD-Zeitung, der AUTOBILD beziehungsweise unter www.bild.de und www.autobild.de. Haben Sie als BILD-Internet-Scout Informationen oder Links für uns, können Sie uns diese auf diesem Wege auch gern zusenden. Ist Ihr Hinweis so gut, dass BILD daraus eine Geschichte macht, zahlt BILD dem Tippgeber 20 Euro Honorar! Wird Ihr Foto bundesweit in der BILD-Zeitung gedruckt, zahlt BILD 250 Euro Honorar. Wird Ihr Foto nur regional in einer oder mehreren unserer Stadtformen (zum Beispiel BILD Berlin, BILD München et cetera) gedruckt, erhalten Sie 50 Euro. Sollte Ihr Foto in AUTOBILD gedruckt werden, erhält der Leser-Reporter 100 Euro. [...]"[43]

Das Geschäftsmodell für die Zeitungsmacher ist einfach: Gezahlt wird nur, was gedruckt wird, und da sind die genannten Bildhonorare eher übersichtlich, verglichen mit dem, was sonst für Pressefotos bezahlt wird. Ganz nebenbei wird natürlich auch die Leser-Blattbindung gestärkt.

Profitieren kann davon in jedem Fall die lokale Berichterstattung. Zudem ist eine unmittelbare Reaktion auf wichtige unvorhergesehene Ereignisse im Interesse aller Redaktionen. Hier ist es – gemessen an der Smartphone-Verbreitung – so gut wie sicher, dass ein Bürger mit Fotokamera (im Smartphone) am Ort des Geschehens ist, bevor Reporter und Fotografen/Kameraleute auch nur in die Nähe gelangen. Als Resultat entstehen Reports, die beinahe in „Echtzeit" geliefert werden können und den Wettstreit um die schnellste Berichterstattung anheizen. Diese Form der schnellen Berichterstattung unter Mithilfe des Mediennutzers ist aber nur ein Aspekt unter vielen, betrachtet man den Wandel, der insbesondere die Zeitungs- und Zeitschriftenbranche derzeit ereilt.

Viele Informationen sind kostenfrei im Internet erhältlich, oftmals schneller als im gedruckten Medium, manchmal sogar noch auf der Website der Zeitung selbst. Zeitunglesen ist – insbesondere bei der jungen Generation – ein Auslaufmodell, so scheint es.

Wie geht man als Verleger also mit diesem Wandel um? Stellt man selbst Inhalte kostenfrei ein – eine Finanzierung durch Onlinewerbung erlaubt nur eine minimale Kostendeckung –, oder versteckt man die Inhalte hinter einer Bezahlschranke (englisch: Paywall) und riskiert somit den Verlust von (Stamm-)Lesern? Die Strategien sind unterschiedlich. Die Times (London) etwa versteckt sich vollständig hinter einer Paywall und wird für viele Nutzer damit praktisch unsichtbar, während die New York Times eine bestimmte Zahl von Artikeln im Monat kostenlos zur Verfügung stellt. Auch die Frankfurter Allgemeine Zeitung bietet bestimmte Artikel kostenfrei an, andere wiederum gegen Bezahlung. Ebenso experimentieren viele Zeitschriften mit neuen Formaten wie Apps und bieten diese teils kostenpflichtig in einer Art Online-Abonnement an.

Das Ringen um die Geschäftsmodelle in der Onlinewelt ist jedoch nur eine Facette des hier erlebten tiefgreifenden Wandels: Denn der Journalismus selbst befindet sich im Umbruch. Seine Rolle als „Gatekeeper" („Torwächter"), als Mittler zwischen Quelle und Leser, der Informationen filtert, bewertet und aufbereitet, gerät zunehmend unter Druck. Nutzer tauschen sich mit anderen Nutzern aus und fordern Interaktivität, welcher der „Leserbrief" als Interaktionsmedium der Vergangenheit nicht mehr gewachsen ist. Nutzer suchen auch direkt nach Quellen und säen so Zweifel an der Deutungshoheit der Medienschaffenden. Nicht selten stellt der interessierte Leser nämlich bei der genauen Lektüre einer Quelle wie der Untersuchung einer Hochschule oder der Studie einer Marktforschungsfirma fest, dass etwa ein Zeitschriftenbeitrag zum Thema sich nur oberflächlich damit auseinandersetzt oder nur einen Teil der Ergebnisse berücksichtigt, während er andere ausspart.

Die neue digitale Mündigkeit des Lesers äußert sich dabei nicht nur in der vielfach vorhandenen Kommentarfunktion der Nachrichtenwebsites, die gegenüber Leserbriefen eine völlig andere Interaktion erlaubt, sondern vor allem auch durch Beiträge in unabhängigen Foren, in Sozialen Netzwerken und in Blogs. Da zahlreiche Journalisten diese Netzdiskussionen wiederum zu Recherchezwecken nutzen, schließt sich vielfach der Kreis.

Nicht immer geht diese Entwicklung jedoch ohne Opfer auf Seiten traditioneller Medien ab. Allerdings ist hierzulande noch keine Entwicklung zu befürchten wie in den USA, wo es in einigen Metropolen keine regionalen Tageszeitungen mehr gibt. Die Website Newspaper-deathwatch[44] widmet sich seit Jahren diesem Phänomen.

Eine weitere Entwicklung, die den Druck auf Zeitungen und Zeitschriften zusätzlich erhöht, ist der Wandel am Werbemarkt. Traditionell finanzieren sich die meisten Printpublikationen zu erheblichen Teilen aus Werbeerlösen. Wandern diese nun in Richtung Internet, fehlt die Basis für aufwendige Recherchen und Titel. Besonders die Tageszeitungen sind davon betroffen. Wesentliche Teile ihrer Einnahmen bestritten diese in der Vergangenheit mit Anzeigen für Kraftfahrzeuge, Immobilien und Stellenanzeigen ... Wo würden Sie heute auf der Suche nach einem Gebrauchtwagen zuerst nachsehen? Denn insbesondere der Gebrauchtwagensektor, aber auch die anderen genannten Anzeigenfelder wandern seit Jahren in Richtung Internet, teilweise sogar zu kostenlosen Plattformen. Und selbst wenn es in Deutschland keine so dominierende Anzeigenplattform wie Craigslist in den USA gibt, die Entwicklung vollzieht sich auch hierzulande mit zunehmender Intensität. Erstaunlich dabei ist, dass es nicht nur eine Verlagerung vom Print- zum Onlinemedium gibt, sondern dass auch die Umsätze insgesamt signifikant zurückgehen, da etwa Privatkunden für Autoanzeigen vielfach nicht mehr zur Kasse gebeten werden. In den USA spricht man daher beispielsweise im Kontext mit dem Anzeigenriesen Craigslist häufig von Wertvernichtung. Bei einem Umsatz von etwas über 100 Millionen US-Dollar vernichtet das Unternehmen nach verschiedenen Schätzungen gleichzeitig Werbeschaltungen einzelner Tageszeitungen in der Größenordnung von mehreren Milliarden US-Dollar.

Neuerfindung der Politik

Vom Einsatz neuer Kommunikationsmöglichkeiten in der Politik ist seit der Wahl von Obama zum Präsidenten der Vereinigten Staaten immer wieder zu lesen. Nicht wenige Beobachter halten den richtigen Einsatz von Social Media aber auch von Telefonkampagnen inzwischen für mit wahlentscheidend. Da verwundert es nicht, dass insbesondere Herausforderer versuchen, sich die neuen Möglichkeiten im Kampf um die Wählergunst nutzbar zu machen.

Eine Verschiebung der Machtverhältnisse strebt in Deutschland auch die Piratenpartei an. Wie es mit der innerlich zerstrittenen Organisation nach ersten Erfolgen weitergeht, darüber können an dieser Stelle nur Mutmaßungen angestellt werden. Spannend ist jedoch aus Sicht dieses Buches deren Konzept zur Neuerfindung der Politik. Mittels „Liquid Democracy" möchte man den Politikbetrieb reformieren. Das hauseigene „Piraten-Wiki" gibt dazu wie folgt Auskunft:

„Unter ‚Liquid Democracy‘ versteht man eine Mischform zwischen indirekter und direkter Demokratie. Während bei indirekter Demokratie ein Delegierter zur Vertretung der eigenen Interessen bestimmt wird und bei direkter Demokratie alle Interessen selbst wahrgenommen werden müssen, ergibt sich bei Liquid Democracy ein fließender Übergang zwischen direkter und indirekter Demokratie. Jeder Teilnehmer kann selbst entscheiden, wie weit er seine eigenen Interessen wahrnehmen will, oder wie weit er von Anderen vertreten werden möchte. Insbesondere kann der Delegat jederzeit sein dem Delegierten übertragenes Stimmrecht zurückfordern, und muss hierzu nicht bis zu einer neuen Wahlperiode warten. Es ergibt sich somit ein ständig im Fluss befindliches Netzwerk von Delegationen.“[45]

Soweit die Ausführungen der Piratenpartei. Es bleibt jedoch zu ergänzen, dass das Konzept wie auch die mögliche Umsetzung sogar innerhalb der Gruppierung umstritten ist. Dennoch scheint der Geist hier aus der Flasche und der Wunsch nach mehr Bürgerbeteiligung auch jenseits des Piraten-Klientel so stark ausgeprägt zu sein (Stichwort: „Stuttgart 21“), dass mit einer mittelfristigen weiteren Verbreitung derartiger Modelle gerechnet werden kann. Informationstechnologie macht es nun wirtschaftlich möglich, Entscheidungen durch die Wähler selbst vornehmen zu lassen. Die großen Volksparteien mögen sich mit dem Gedanken an mehr direkte Demokratie nur partiell anfreunden, und vermutlich werden auch die Piraten irgendwann über die „Sprunghaftigkeit“ der Massen lamentieren.

Umso spannender ist ein Blick auf Demokratien, in denen man bereits weiter ist. In Island hat man nach der Finanzkrise und dem wirtschaftlichen Zusammenbruch – Island war durch einen aufgeblähten und in der Finanzkrise implodierten Banksektor praktisch bankrott – einen innovativen Weg gewählt, um sich eine neue Verfassung zu geben. Ein 25-köpfiges, vom Volk gewähltes Gremium, „Stjórnlagaráð“, tagte in einer öffentlichen, im Internet übertragenen Sitzung und stellte die Entwürfe auf einer Website dem ganzen Volk zur Diskussion und Kommentierung im Internet zur Verfügung.[46]

Es sei an dieser Stelle angemerkt, dass die Isländer bereits vor gut 1000 Jahren direkte Mitbestimmung der Bürger gepflegt haben – per „Althing“, einer Parlamentsversammlung an einem Ort im Süden der Insel. Selbst wenn man die auch heute nur 320.000 Einwohner dieser Nation als globale Randerscheinung betrachtet, in Sachen Demokratie sind sie – wie schon 1000 Jahre zuvor – mit dem Crowdsourcing-Ansatz für die Verfassung allen anderen Staaten der westlichen Welt weit voraus.

Auch der Buchmarkt unterliegt dem tiefgreifenden Wandel der Medienbranche. Ganz selbstverständlich erscheinen nahezu alle Bücher auch als E-Book in verschiedenen Formaten (E-Pub, PDF). Die in den höherwertigen E-Book-Readern eingesetzten E-Paper-Displays zeichnen sich dabei durch eine erheblich bessere Eignung für das Lesen aus als typische PC-, Handy- oder Tablet-Displays. Anders als diese sind Displays von E-Book-Readern speziell für die Darstellung von Text gemacht und sehr viel augenfreundlicher. Nachteile derzeitiger Lesegeräte liegen in der Beschränkung auf einfarbigen Text. Eingebettete farbige Abbildungen oder gar Videos lassen sich damit noch nicht darstellen. Auch die seit Jahren angekündigten rollbaren oder faltbaren Displayvarianten lassen – jenseits von vereinzelt gesichteten Prototypen – noch auf sich warten. Allen Anlaufschwierigkeiten zum Trotz: E-Book-Reader oder Reader-Apps für Tablets bieten einen neuen Zugang zum Lesen. Hersteller preisen dabei gerne die umfassende Nutzbarkeit nach dem Muster „speichert 5000 Bücher, ist aber nicht schwerer als ein Taschenbuch" an. Für potentielle Autoren sinkt die Einstiegsschwelle zur Publikation des ersten eigenen „Buchs". Die Folge ist ein drastischer Anstieg „nicht traditioneller" Bücher im E-Book-Format, deren Qualität aufgrund eines oft fehlenden Lektorats meist ebenfalls zu wünschen übrig lässt. Die Nachrichtenagentur Reuters veröffentlichte dazu 2011 interessante Zahlen für die USA unter Berufung auf die Fordham University Business School: Demnach wurden 2002 ganze 215.000 „traditionelle" Bücher in den USA neu publiziert, 2009 waren es 302.000 und im Jahr 2010 sogar 316.000. Im gleichen Zeitraum explodierte die Zahl „nicht traditioneller" Bücher von 22.000 (2002) über 1,33 Millionen (2009) auf beinahe 2,8 Millionen (2010). Weiterer Zuwachs nicht ausgeschlossen.[47]

Inzwischen ist bereits von „Kindle-Spam" die Rede. Gemeint sind E-Books, die mit gleichem Inhalt, aber verschiedenen Titeln – teils unter hunderten verschiedenen Titeln – auf Leserfang gehen oder schlicht „neu verpackte" Plagiate anderer Werke sind. Kurz gesagt: Zahlreiche dieser in der „wundersamen Buchvermehrung" erschienenen Werke wären besser nie erschienen.

Dagegen sind in Deutschland die Anteile der E-Books am Buchabsatz noch verschwindend gering. Der Börsenverein des Deutschen Buchhandels kommt für 2011 zu folgenden Zahlen: 4,7 Millionen digitale Bücher sind verkauft worden, mehr als doppelt so viele wie im Jahr zuvor. Trotzdem machen die E-Books immer noch nur lediglich ein Prozent (2010: 0,5 Prozent) des Gesamtbuchumsatzes von 9,6 Milliarden Euro aus. Als Gründe sind hier unter anderem die Dominanz vieler selbstverlegter Billigtitel, die nicht selten für 0,99 Euro angeboten werden, und die etwas haklige Bedienung der für die meisten E-Books eingesetzten Rechteverwaltung „Adobe Digital Editions" zu nennen.

So verwundert es nicht, dass ein erheblicher Teil der tatsächlich auf E-Readern gelesenen Bücher Klassiker sind, die kostenfrei aus dem Internet geladen werden können. Ein prominentes Beispiel ist das „Project Gutenberg",[48] das häufig deutsch- und englischsprachige Werke von Goethe über Kafka bis hin zu Shakespeare als TXT-Datei oder PDF zur Verfügung stellt. Illegal kopierte Bücher aus dem Internet dürften ebenfalls nicht selten den Weg auf so manche E-Book-Reader finden. Index-Websites beziehungsweise Foren für Musik und Filme, die etwa Dokumentenlinks auf Filesharing-Dienste bereitstellen, listen zunehmend auch E-Books auf. Selbst Publikationen des Autors dieses Buchs wie zum Beispiel „Die Internetfalle" sind an derartigen Plätzen bereits aufgetaucht.

Natürlich hat der Trend des elektronischen Buchs auch an anderer Stelle gravierende Auswirkungen: So setzen Bibliotheken inzwischen zunehmend auf E-Books. Die Münchner Stadtbibliothek bietet bereits mehrere tausend Titel über die Plattform „onleihe" an. Persönliches Erscheinen zur Entleihe ist somit nicht mehr nötig. Nach der vereinbarten Leihfrist muss auch niemand mehr das Buch zurückbringen oder gar Strafgebühren für eine verspätete Rückgabe befürchten. Das Buch wird automatisch „unlesbar".

Es gibt unterschiedliche Thesen von Branchenvertretern, Analysten und anderen Experten, wie sich der Buchmarkt weiterentwickeln wird. Vermutlich läuft es auf eine jahrzehntelange Koexistenz von gedrucktem und elektronischem Buch hinaus. Möglicherweise wird die verkürzte Aufmerksamkeitsspanne der Internetgeneration auch dazu führen, dass sich neue, kürzere Buchformate zunächst im E-Book-Sektor durchsetzen und den Markt auf diese Weise verändern.

Einen Teil der Veränderungen wird auch der zunehmend eingesetzte „Rückkanal" zum Anbieter bei E-Books auslösen:

- Wie schnell wird ein Buch im Schnitt gelesen?

- An welcher Stelle eines Romans bricht der Leser ab?

- Welche Teile eines Sachbuchs werden in welcher Reihenfolge gelesen?

- Wo macht der Nutzer welche Anmerkungen?

- Nach welchen Begriffen wird im Buch gesucht?

Während Bücherlesen bisher eine einsame Sache war und weder Verleger noch Autor oder Buchhändler einen hinreichend genauen Einblick in das Leseverhalten ihrer Kundschaft hatten, stellt die E-Book-Revolution die Branche praktisch auf den Kopf. Damit wird es aus Anbietersicht möglich, Romanmanuskripte zu optimieren, die perfekte Fortsetzung praktisch am Reißbrett zu entwerfen oder, à la Hollywood, alternative Enden auf die höchstmögliche Nutzerakzeptanz zu testen.[49] Man könnte auch sagen, „das Buch liest den Leser".

Genauso wäre es aber heute bereits möglich, einzelne Inhalte auf einzelnen Lesegeräten zu manipulieren: Ihr persönliches Kochbuch könnte so die Lieblingsrezepte bereits auf Ihre Familiengröße berechnen und darstellen. In einer nicht allzu fernen Zukunft könnte so auch der Gesundheitsbeauftragte Ihrer Krankenkasse auf Ihre Ernährung Einfluss nehmen oder gar ein Hacker die Wartungshandbücher eines Flugzeugs manipulieren und so etwa dafür sorgen, dass die falschen Ersatzteile eingebaut werden. Schöne neue Welt des Cyberbuchs.

Gelbe Seiten

Von einer Flut digitaler Bücher und Printausgaben zu dem, was früher einmal als meistgelesenes oder sogar -gedrucktes Buch galt: Wer kennt sie noch, die Telefonbücher für Gewerbetreibende, die Gelben Seiten oder Yellow Pages? Als Unternehmer hatte man früher die Wahl, kostenlos mit Basiseintrag in Microschrift oder hervorgehoben für hunderte oder tausende D-Mark beziehungsweise später Euro mehr oder weniger gut in den gedruckten „Gelben Seiten" auffindbar zu sein.

Heute ändert das Internet auch diesen Zustand: Gefühlt sind die Gelben Seiten längst bedeutungslos, obwohl sie noch munter gedruckt und verteilt werden. Sie sind abgelöst von Onlineangeboten und Smart-

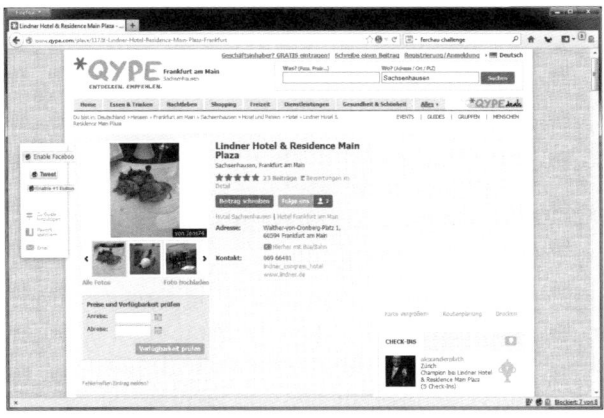

Abbildung 2: Qype

phone-Apps, die nicht nur die Anbieter auflisten, sondern auch Feed-backschleifen ermöglichen. Nutzer können Anbieter bewerten und Empfehlungen abgeben, Informationen werden ortsbasiert, relativ zur eigenen Position, angegeben. Ein schönes Beispiel für derartige Informations- und Bewertungsdienste ist die Plattform Qype. Der nächste Schritt sind dann personalisierte Sonderangebote an Nutzer in der Nähe einzelner Lokationen, wie sie etwa der Ortsdienst „Foursquare" bereits bietet (vgl. S. 93).

Was es jedoch nicht mehr gibt, ist ein großer Anbieter für alles: die eine Anlaufstelle, welche die Gelben Seiten einst zu sein versprachen. Stattdessen gibt es eine Vielzahl sich ergänzender, teilweise aber auch konkurrierender Portale – allein wenn es um Subthemen wie Restaurants in einer Großstadt geht. Die Zukunft gehört auch hier der Nutzung mit dem Smartphone.

Neuerfindung der Musik

Musikhören bedeutete früher, vor einem Radio zu sitzen, eine Schallplatte oder CD einzulegen und vielleicht einen eigenen Mitschnitt auf Kassette aufzunehmen, einem inzwischen so gut wie ausgestorbenen Tonträger. Individueller Musikgenuss war stets verbunden mit einem Tonträger und einem Wiedergabegerät. Die Langspielplatte – und mit Einschränkungen noch die CD – lieferten ein haptisches Erlebnis, oftmals angereichert mit aufwendiger Titelgrafik und umfangreicher beiliegender Dokumentation in Heftform.

Der wesentliche Umbruch kam mit der rasanten Verbreitung des MP3-Formats. Plötzlich konnte Musik preiswert auf Datenträgern gespeichert, über das Internet übertragen und immer wieder verlustfrei kopiert werden. Mangels legaler Angebote boomte zunächst der illegale Markt des Filesharings über Downloadportale.

Inzwischen bieten legale Plattformen einen einfachen Zugang zur Musik: Internetnutzer können jeden beliebigen Titel eines Albums einzeln für kleine Beträge herunterladen. Die Auswirkungen für die Branche sind jedoch enorm: CD-Verkäufe gehen zurück. Rein nach den Marktzahlen führen etwa in Großbritannien (legale) Downloads seit dem ersten Quartal 2012 die Liste an.[50]

Trotz qualitativer Nachteile haben MP3s und andere datenreduzierte Formate in rasender Geschwindigkeit die Welt der Musik erobert. Treibend für diese Entwicklung waren preiswerte, tragbare Abspielgeräte, die inzwischen selbst weitgehend von den in Smartphones integrierten Musikabspielfunktionen verdrängt wurden. MP3 beschränkt sich aber nicht auf den Mobilbereich: Selbst Hersteller teuerster Audiosysteme kommen ohne Schnittstellen zur Wiedergabe von MP3s und anderen komprimierten Musikformaten nicht mehr aus. Unzählige Zeitschriften versuchen in Hörtests, dem Phänomen MP3 auf den Grund zu gehen. Lesenswert ist dazu der bereits vor Jahren von der Zeitschrift C'T durchgeführte Vergleich, der die Zusammenhänge von Qualität und Höreindruck gut erläutert. [51] Demnach haben zahlreiche Probanden Schwierigkeiten, qualitative Unterschiede zwischen datenreduzierten Formaten und höherwertigen Aufzeichnungen herauszuhören. Interessant ist vor allen Dingen die Erkenntnis aus anderen Vergleichshöraktionen, dass insbesondere junge Leute teilweise dazu neigen, datenreduzierte Formate als besser klingend zu empfinden als hochwertigere Aufnahmen.

In einem Interview mit der Zeitschrift The New Yorker berichtet der Musiker Jonny Greenwood, Gitarrist der Band „Radiohead", von ebendiesem überraschenden Zusammenhang:

„Ich finde, sie klingen gut. Bei einigen Aufnahmen hilft ihre ‚Crunchiness' sogar. [...] Verglichen mit der CD-Aufnahme eines Streichquartetts schneiden MP3s vielleicht nicht besonders gut ab, aber andererseits ist das eigentlich auch nicht ihr Zweck." [52]

Er sieht dagegen eher den Wandel im Umgang mit der Musik durch den Nutzer als Problem:

„Der Nachteil: Leute werden so dazu ermuntert, viel mehr Musik zu besitzen, als sie jemals bewusst hören können. [...] Diese Fülle kann jede Art Musik in Hintergrundmusik, in Kaufhausmusik verwandeln."[53]

Für die Musikbranche hat dieser Umbruch im Wesentlichen durch die Entstofflichung der Musik massive Veränderungen gebracht: Aufwendige Booklets oder Verpackungen sind kein Unterscheidungsmerkmal mehr, wenn es um Downloads geht. Gleichzeitig verliert das Musikalbum klassischer Prägung an Bedeutung, wenn zunehmend nur noch einzelne Titel gefragt sind. Die Möglichkeit, mit zwei bis drei Toptiteln ein ganzes Album – zum entsprechenden Preis von ungefähr 20 Euro pro CD – zu verkaufen, reduziert sich entsprechend auf zwei bis drei Titel zum Einzelpreis von typischerweise 0,99 Cent oder 1,29 Euro. Für den Künstler verbleiben davon circa 6 Cent.[54]

Auch wenn der legale Musikvertrieb im Internet inzwischen boomt, sind damit die Einnahmepotentiale von Künstlern und der Musikbranche radikal beschnitten worden. Kein Wunder, dass viele Künstler ihr Heil in Konzerten und Tourneen suchen. Während der Konsument „nicht anfassbaren" Musiktiteln keinen wesentlichen Wert mehr beimisst, werden bei Livekonzerten unter Umständen hunderte von Euro für eine Karte auf den Tisch gelegt. Selbst etablierte Musikschaffende verschenken ihr aktuelles Album inzwischen als Zugabe zur Tour (Madonna, 2012, Kartenpreise laut Medienberichten zwischen 50 und 35 US-Dollar) oder stellen es gleich ohne weitere Vorbedingungen zum kostenfreien Download bereit (50cent, Juli 2012).

Die gerade erlebte Entstofflichung der Musik ist jedoch nur Grundlage und Vorreiter einer weiteren Entwicklung, die die Musikbranche dauerhaft prägen wird: Streaming. Durch die Nutzung eines Streamingdienstes wie Spotify oder Simfy kann der Nutzer aus einer Vielzahl von Titeln jederzeit seine Favoriten hören, durchweg auf verschiedenen Geräten vom speziell ausgestatteten Hi-Fi-Gerät, dem eigenen PC oder natürlich dem Smartphone. Bezahlt wird monatlich per Musikabo. Besitz ist nicht mehr wichtig, eine Kaufabwicklung findet nicht mehr statt.

Insbesondere bei der jüngeren Generation finden Streamingdienste hohe Akzeptanz. Verschiedene Branchenbeobachter mutmaßen sogar, dass ein Grund für die hohe Beliebtheit der Streamingdienste eben gerade darin liegt, dass man nichts mehr besitzen und damit mühsam organisieren muss.[55] Andere Motive können in der Entdeckung neuer Künstler und im Austausch mit Gleichgesinnten liegen. Schließlich bringen die Streamingdienste die Vernetzung mit sozialen Plattformen gleich mit. Spotify setzt ein vorhandenes Facebook-Login beispielsweise sogar voraus.

Auch hier ist das Thema „Rückkanal" aus Anbietersicht plötzlich interessant. Einzelne Musikdienste sammeln nicht nur Nutzerdaten, sondern veröffentlichen ganz ungefragt die eigene „Playlist" und damit ein Bild des Nutzergeschmacks auf Facebook – sichtbar für alle Kontakte. Aber das ist nicht die einzige Schattenseite des neuen Zugangs zur Musik. Während man bei einem Musik-Abo noch davon ausgehen muss, dass mit Beendigung desselben auch der Zugang zu den Musiktiteln endet, erwartet der Nutzer beim Kauf von Titeln über iTunes, dass diese in seinen und nur seinen Besitz übergehen. Tatsächlich lassen sich diese jedoch nicht so einfach übertragen. Sollte etwa der „Erbfall" eintreten und der Erbonkel dem Neffen seine Musiksammlung hinterlassen wollen, sollte er diese tunlichst in Form von Langspielplatten oder CDs angelegt haben. Hat er diese per Download erworben, ist eine Übertragung nach den Geschäftsbedingungen des Anbieters im Regelfall nicht möglich. Durch den Appell an die eigene Bequemlichkeit wird der Nutzer hier in eine für ihn (oder seine Erben) nachteilige Situation gebracht.

Auch das Thema Finanzierung von Unternehmen und Aktionen beginnt sich unter den Rahmenbedingungen der Informationsgesellschaft zu verändern. Crowdfunding ist hier das Schlagwort. Startups und Filmgesellschaften versuchen bereits, den Endverbraucher als Finanzierungsquelle zu nutzen. Organisiert per Web zahlt eine Vielzahl von Financiers jeweils kleine Beträge ein und bekommt – im Erfolgsfall – eine entsprechende Rückerstattung oder, etwa im Falle von Film- oder Musikproduktionen, Zugang zu exklusiven Sondervorstellungen und andere Mehrwerte. Das Risiko ist durch die Verteilung zahlreicher kleiner bereitgestellter Summen auf einzelne „Investoren" für diese überschaubar. Ohne Informationstechnologie ist ein solches Modell nicht vorstellbar, die Kosten der Abwicklung wären schlicht zu hoch.

Die weltgrößte Plattform und damit ein gutes Beispiel für Crowdfunding ist Kickstarter. Von der Anschubfinanzierung der Entwicklung von elektronischen Geräten bis zur Vorfinanzierung einer Buchpublikation, finden sich dort alle denkbaren Beispiele für per Crowdfunding finanzierte Projekte.

Dem Crowdfunding-Gedanken verwandt ist der Ansatz, der auf Kreditmarktplätzen wie Smava betrieben wird. Hier betätigen sich Anwender als Kreditgeber. Der Plattformbetreiber koordiniert zwischen den privaten Kreditgebern und den Kreditnehmern. Auch hier sichert eine breite Verteilung das Ausfallrisiko ab. In gewisser Weise eliminiert das Vorgehen die Rolle einer Bank, in der die Transaktion die Spareinlagen annimmt, verwaltet und Kredite auszahlt.

Zwar lassen die Geschäftsmodelle der Anbieter noch viele Fragen offen, dass sich auch die Finanzbranche den Änderungen stellen muss, ist jedoch offensichtlich. Man denke etwa an das unter dem Stichwort „Banking 2.0" gestartete Konzept, das Merkmale sozialer Netzwerke für das Banking nutzbar machen soll.

Viel diskutiert ist auch der Ansatz, die Bonität eines Schuldners unter Berücksichtigung von dessen Kontakten in Sozialen Netzwerken zu ermitteln. Wir stehen hier zwar erst am Anfang einer Debatte. Die Gefahr, öffentliche Empörung mit derartigen Aktivitäten auszulösen, ist jedoch enorm: Im Jahr 2012 hatte die Schufa ein Forschungsprojekt zu dem Thema Kreditwürdigkeitsprüfung mittels Auswertung von Daten aus dem Social Web eingestellt, nachdem nach Bekanntwerden der Pläne massive Proteste laut wurden.

Kaum ein Klischee der Aktienbörse hat sich mehr überlebt als das des Händlers im Handelssaal auf dem „Börsenparkett", der seine Order wild gestikulierend quer durch den Saal schreit. Inzwischen haben Computersysteme die Oberhand bei den Aktientransaktionen und der Mensch ist längst nicht immer der Befehlsgeber für Kauf oder Verkauf von Aktien und Wertpapieren. Beim sogenannten „Algorithmic Trading" handeln Computerprogramme auf der Basis von Programmbefehlen und reagieren sehr viel schneller auf Preisänderungen, als es jeder Mensch könnte.

Dies geht nicht immer gut, im Extremfall kann es schon mal zu einem sogenannten „Flash Crash" kommen, einem rational nicht nachvollziehbaren dramatischen Kurseinbruch – ausgelöst von eben diesen Algorithmen. Im Mai 2010 etwa stürzte der Dow-Jones-Index der New Yorker Börse um mehr als 1000 Punkte binnen weniger Minuten – ohne direktes menschliches Zutun.

Mit zunehmender Beschleunigung des Börsenhandels geht es inzwischen um Bruchteile von Millisekunden, die zwischen Gewinn und Verlust entscheiden können. Je näher rein räumlich gesehen das eigene Handelssystem – also ein Rechner samt Software – an das Börsenhandelssystem heranrückt, umso besser. Zahlreiche Börsen bieten inzwischen gegen Entgelt eine Positionierung der Handelsrechner direkt am Börsenstandort an und erschließen sich damit eine zusätzliche Einnahmequelle.

Kritiker weisen jedoch zu Recht darauf hin, dass diese Art von Hochgeschwindigkeitshandel (High Frequency Trading) eine Marktverzerrung zu Lasten anderer Marktteilnehmer ist. Bis dato konnten die Lobbyisten der Finanzbranche aber verhindern, dass derartige Gepflogenheiten sanktioniert oder untersagt werden. Offensichtlich scheint der Hochfrequenzhandel ein sehr lukratives Feld zu sein. Anderenfalls wäre es nicht erklärbar, dass ein Projekt, dass eine schnellere Datenverbindung zwischen den Börsenplätzen New York und London erlaubt, rund eine viertel Milliarde US-Dollar Finanzierung erhält und das für fünf Millisekunden Verbesserung. Daraus ergibt sich der geplante Zeitgewinn zum bisherigen minimalen zeitlichen Abstand.[56]

Für Otto Normalanleger hat sich wenig geändert. Trotz kostengünstiger Onlinebroker, die gegenüber dem früher üblichen Handel über die Hausbank massiv Zeit und Kosten sparen, liegen die Profis immer noch klar vorn. Zwar ist sein eigenes Handeln dank Zugriff auf Onlinebroker per Internet und Smartphone enorm beschleunigt worden. Seine eigenen Orders werden nun in Minuten statt wie früher nach

Tagen durchgeführt – gegen die automatischen Handelssysteme und deren Reaktionszeiten im Millisekundentakt hat er jedoch keine Chance.

„Neuerfindung" der Religion

Der Beichtstuhl im Internet, die Heilige Messe als Podcast? Die großen Amtskirchen tun sich allesamt schwer mit Internet und Smartphone. Vom Anspruch der Missionsarbeit, direkt mit Menschen zu interagieren, sind nur vereinzelte Initiativen zu spüren – mit Ausnahme der Telefonseelsorge. Die Telefonseelsorge, als gemeinsame Einrichtung der katholischen und evangelischen Kirche, bietet, wie der Name nahelegt, nicht nur telefonische Beratung an, sondern bereits seit 1995 Beratung per E-Mail und inzwischen auch per Instant Messaging an. [57] In Sozialen Netzwerken ist man jedoch noch nicht vertreten. Bemerkenswert ist hier der in den eigenen Statistiken der Organisation zu verzeichnende starke Anstieg der textbasierten Beratungen (E-Mail/Chat). Die im Zuge mit der Verbreitung von Mobiltelefonen festgestellte vielfache Verschriftlichung der Kommunikation spiegelt sich auch hier im Nutzungsverhalten wider. Vermutlich ist auch die Hemmschwelle geringer, per Textnachricht Hilfe zu suchen, als zum Telefonhörer zu greifen.

Jenseits der Telefonseelsorge hat das Internet aber noch kaum Raum im religiösen Umfeld. 2012 werden in den großen Kirchen noch immer Konzepte diskutiert, ob und wie man ein soziales Netzwerk für Gläubige aufbauen kann oder soll, während an anderer Stelle bereits gehandelt wird. So betreibt die neuapostolische Kirche bereits seit 2008 ein eigenständiges soziales Netzwerk mit bisher immerhin rund 31.000 Mitgliedern (Stand 7/2012).[58] Dieses verfügt über einige innovative Funktionen wie eine automatische „Patenbeziehung", die Kinder im sozialen Netzwerk schützt.

Ob Nacworld hier als Vorbild dienen kann oder sollte, sei dahingestellt. Klar ist, dass die Kirchen durch das veränderte Kommunikationsverhalten vor neuen Herausforderungen stehen. Die Gefahr besteht, dass sich sonst Sektierer und falsche Propheten im Cyberspace breitmachen.

Neuerfindung des Verbrechens

Auch das Verbrechen unterliegt dem Wandel durch die veränderten Rahmenbedingungen der Informationsgesellschaft, mit denen Otto Normalbürger vielleicht gar nicht gerechnet hätte:

Die Autoren Steven D. Levitt and Stephen J. Dubner beschreiben in ihrem Buch „Freakonomics" einige durchaus überraschende Szenarien. Besonders memorabel – und vielfach von den Medien aufgegriffen – wurde ihre Erkenntnis, dass die Mehrheit der Crack Dealer in Chicago noch zu Hause bei den Eltern wohnt, da sie schlichtweg nicht genug Einkommen erwirtschaften, um es sich leisten zu können, zu Hause auszuziehen.

Inzwischen gibt es weitere Untersuchungen, die Verdienstmöglichkeiten durch Verbrechen in ein neues überraschendes Licht rücken: In einem im Juni 2012 im „Significance, the magazine of the Royal Statistical Society and the American Statistical Association" veröffentlichten Forschungsartikel haben Ökonomen der Universitäten von Surrey und Sussex die Profitabilität von Bankraub untersucht. Dazu durften sie auch vertrauliche Daten der British Bankers' Association benutzten. Ebenso wurde Material aus den Vereinigten Staaten, dass sie vom FBI erhalten hatten, ausgewertet.

Die Erkenntnis: Bankraub lohnt sich nicht, oder nicht mehr! Demnach wurden im Schnitt in den USA nur rund 4.330 US-Dollar pro Bankraub erbeutet (Daten von 2006), während in Großbritannien immerhin 20.331 englische Pfund zu erzielen waren. Berücksichtigt man dann noch, dass in jedem dritten Fall keine Beute erzielt und ein nicht unerheblicher Teil der Bankräuber geschnappt wurde, so ist der tatsächlich mit Bankraub erzielbare Wert weit geringer und lohnt – so die wertfreie Angabe der Ökonomen – „die Mühe nicht".

Während Drogendealer in ihrem Auskommen vermutlich nur wenig von der zunehmenden Vernetzung bedroht sind, stehen Bankräuber zusätzlich unter dem Druck, dass die Bargeldbestände aufgrund zunehmender elektronischer Transaktionen stetig zurückgehen und der erwartete Erlös pro Raubzug sinkt.

Ganz anders verhält es sich da im Bereich des Cybercrime (Computerkriminalität), desjenigen Geschäftsfelds für Verbrecher, das durch den technologischen Wandel erst geschaffen wurde. Unter Cybercrime versteht man – weit gefasst – alle Straftaten, bei denen Rechner, Smartphones, Tablets und Ähnliches als Tatwerkzeug verwendet werden oder „tatbeteiligt" sind.

Die polizeiliche Kriminalstatistik des Bundesministeriums des Inneren weist für Deutschland fachlich korrekt IuK-Kriminalität aus und schlüsselt diese wie folgt anhand der im Gesetz definierten Tatbestände auf:

- Computerbetrug,
- Betrug mit Zugangsberechtigungen zu Kommunikationsdiensten,

- Fälschung beweiserheblicher Daten, Täuschung im Rechtsverkehr bei Datenverarbeitung,

- Datenveränderung, Computersabotage,

- Ausspähen, Abfangen von Daten.[59]

Noch etwas detaillierter ist die Aufzählung auf Mediendelikte.de, die folgende Unterscheidung trifft und dazu die passenden Paragrafen auflistet:

- Auktionsbetrug,

- Browser-Hijacking,

- Computerviren,

- DoS/DDoS-Angriffe,

- E-Mail/Ansi-Bomben,

- Exploits,

- Trapdoors,

- Hacking,

- Phishing,

- Raubkopien (Software/Audio-/ Video),

- Recht am eigenen Bild (SpyCams, und dergleichen),

- Spam,

- Telefonkarten Missbrauch,

- Trojaner,

- WarDriving/WLAN-Hack,

- Warez.[60]

Hinzu kommen Vorbereitungshandlungen, die nicht unbedingt strafrechtlich relevant sind, wie das Ausspähen einzelner personenbezogener Informationen zum Zwecke des Identitätsdiebstahls, auf dessen Basis Dritte direkt geschädigt oder unter falschen Verdacht gebracht werden.

Wir bleiben hier für die weitere Betrachtung bei dem gängigen Oberbegriff Cybercrime, der nach verschiedenen Untersuchungen höchst arbeitsteilig organisiert ist. So gibt es einen Markt für noch nicht veröffentlichte Sicherheitslücken, ebenso wie Märkte für gestohlene Zahlungsdaten und Trojaner-Software, genauso wie eine Vielzahl von zugehörigen Dienstleistungen, wie etwa die Vermietung gekaperter Rechner zur Verteilung von Spam oder Schadsoftware per E-Mail.

Die Sicherheitsfirma Symantec – international vor allem für den „Norton Antivirus" bekannt – hat 2011 in einer Studie versucht, die Schadenssumme durch „Cybercrime" für den „Norton Cybercrime Report" weltweit zu berechnen und kam auf die erstaunliche Summe von 114 Milliarden US-Dollar pro Jahr.[61] Die Ergebnisse wurden dabei auf Basis der Resultate einer Studie, die in 24 Ländern durchgeführt wurde, hochgerechnet. Glaubt man den Zahlen, dann liegt Cybercrime inzwischen längst auf dem Niveau wesentlicher weltweiter Drogenmärkte. Nach dem „United Nations World Drug Report 2011" liegt etwa der Umfang des weltweiten Kokainmarkts bei rund 85 Milliarden US-Dollar und der Umfang des Heroinhandels bei rund 61 Milliarden US-Dollar, gut die Hälfte der für Cybercrime ausgewiesenen Summe.[62]

Ob Bankräuber oder Drogenhändler jetzt umschulen, ist nicht bekannt. Es darf jedoch davon ausgegangen werden, dass es substantiell anderer Kenntnisse und Fähigkeiten bedarf, etwa Trojaner-Programme zu entwickeln, die Banküberweisungen manipulieren, als eine Bankfiliale zu überfallen.

Spionage

Nicht nur das Verbrechen passt sich den neuen, digitalen Gepflogenheiten an. Auch die Spionage, insbesondere wenn es um das Auskundschaften von Unternehmensinterna geht, ist zunehmend vom Wandel in der Informationstechnologie geprägt. Das Einschleusen von Mitarbeitern in fremde Organisationen zum Kopieren wichtiger Konstruktionsunterlagen ist demnach eine aussterbende Kunstform. Stattdessen sollen gezielte Attacken über elektronische Medien Zugang zu den durchweg elektronisch gespeicherten Unternehmensdaten bringen.

In jüngster Zeit sind einige interessante Fälle bekannt geworden, wie etwa in Belgien, wo mit Hilfe von auf dem Firmenparkplatz ausgelegten USB-Sticks ein Trojaner in das Unternehmen eingeschleppt werden sollte. Die Idee der Angreifer war offensichtlich, dass Mitarbeiter die Sticks finden und am Arbeitsplatz einstecken. In einem dieser Fälle hat ein Mitarbeiter den Stick zwar gefunden, ihn aber sogleich bei der IT-Abteilung abgegeben, die eine Infektion festgestellt hat.[63] Die Attacke konnte so verhindert werden.

In Peru war es eine Schadsoftware, die gezielt Konstruktionsdokumente ausgelesen und per Internet an eine Adresse in China versendet hat.[64] Der „ACAD/Medre.A" getaufte Computerwurm verbreitet sich über infizierte Vorlagen der Software AutoCAD.

Auch das Kanzleramt war – Medienberichten zufolge – bereits Opfer zielgerichteter Trojaner-Attacken, ohne dass bekannt geworden ist, welche Schadsoftware eingesetzt wurde.[65]

Umstritten ist auch die Rolle der IT-Lieferanten und sogenannten Netzwerkausrüster, derjenigen Unternehmen, die Telekommunikationsequipment an die Netzbetreiber liefern. Hier hat sich unlängst ein Berater des Pentagon mit der Behauptung zu Wort gemeldet, dass China durch die Lieferung von Equipment staatsnaher chinesischer Unternehmen wie „Huawei" und „ZTE", in deren gelieferten Produkten „Backdoors" (Hintertüren) eingebaut seien, Zugang zu rund 80 Prozent der Telekommunikationsfirmen – und damit zu den Kommunikationsinhalten von deren Kunden – habe.[66]

Inzwischen greifen Cybercrime und Wirtschaftsspionage beinahe nahtlos ineinander. So werden noch nicht veröffentlichte Sicherheitslücken von Angreifern erworben und gleichzeitig zur Basis für gezielte Attacken. In persönlich formulierten Mails wird dem Adressaten dann vorgegaukelt, es handle sich in der Anlage um ein speziell für ihn erstelltes Dokument von einem ihm bekannten Absender. Die persönlichen Informationen, die die Nachricht so glaubwürdig machen, dass auch erfahrene und mit derartigen Gefahren prinzipiell vertraute Mitarbeiter darauf hereinfallen, hat der Angreifer nicht selten aus dem Internet und den in sozialen Medien öffentlich zugänglichen Informationen des Empfängers zusammengesucht. Hier schließt sich der Kreis für diese neuesten Auswüchse unserer Informationsgesellschaft.

4. Und die „Leiche im Keller"...

An einigen Stellen war bereits von einer neuen Transparenz die Rede – zumeist mit Blick auf den Mehrwert, den die neue Offenheit dem Nutzer bieten kann, etwa beim Einkaufen. Aber spült diese neue Transparenz nicht auch die „Leichen im Keller" so mancher Nutzer oder Organisationen nach oben? Plattformen wie Vroniplag[67] haben – so könnte man es formulieren – zur „Neubewertung zahlreicher wissenschaftlicher Arbeiten" geführt und inzwischen zahlreiche Prominente – zumeist Politiker – dabei erwischt, wie sie Quellen ihrer Doktorarbeiten oder Habilitationen nicht oder nicht ausreichend als solche im Text gekennzeichnet haben. Das hässliche Wort Plagiat steht dabei im Raum.

Noch Jahre später sind die – durchweg öffentlich zugänglichen – wissenschaftlichen Arbeiten dem Forscherdrang von Hobby-Plagiatsjägern unterworfen, die Stück für Stück und Seite für Seite versuchen, die Validität des Textes auf die Probe zu stellen. Durch den Einsatz vieler Freiwilliger, die gleichzeitig an dem Dokument arbeiten, lassen sich derartige Untersuchungen in wenigen Tagen durchführen. Crowdsourcing macht es möglich, dass inzwischen mehrere prominente Träger ihren Titel abgeben mussten.

Wahrgenommene Missstände öffentlich zu machen ist auch das Anliegen von Plattformen wie Cryptome,[68] Wikileaks und Co. Mag man über den Gründer von Wikileaks, Julian Assange, auch geteilter Meinung sein, so ist die Idee und der Gedanke einer Plattform, die Firmen- und Behördeninterna veröffentlicht und dabei hilft, vermeintliche oder tatsächliche Missstände aufzudecken, in der Welt nicht mehr aufzuhalten. Mehr Transparenz führt – so die Hoffnung der Initiatoren – in Zukunft auch zu besserem Verhalten.

II   Wie uns Internet und Smartphone
       manipulieren

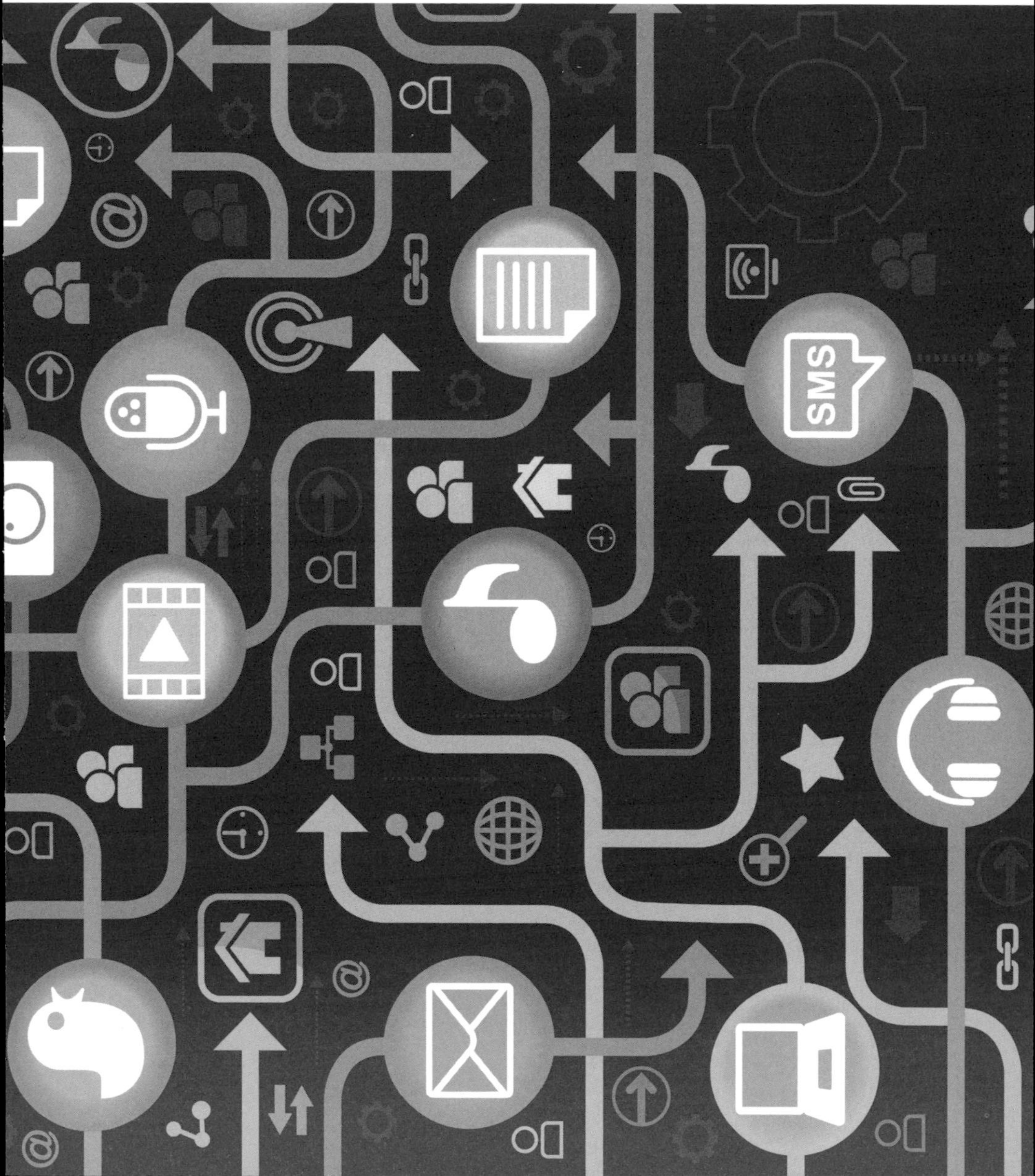

II Wie uns Internet und Smartphone manipulieren

„Wir formen unser Werkzeug und danach formt unser Werkzeug uns." Mit diesen Worten brachte der Medientheoretiker Marshall McLuhan eines der Grundprinzipien der Natur – das Rückkopplungsprinzip – auf den Punkt. Diese vor Jahrzehnten getroffene Formulierung gilt unverändert auch heute im Smartphone-Zeitalter. Beinahe zwei Jahrzehnte Internet- und Mobilfunkrevolution haben nicht nur etablierte Branchen verändert und andere völlig neu geschaffen, sie haben damit auch unser Verhalten in vielerlei Hinsicht beeinflusst. Das Internet, das Mobiltelefon, mobile E-Mails und das Smartphone mit all seinen Ausprägungen des ubiquitären Zugriffs auf Informationen bringen ganz neue Kommunikationsmuster hervor. Ob Partyeinladung per Facebook oder ein Schüler, der unter der Bank per Smartphone die Aussagen des Lehrers verifiziert, die meisten Änderungen verlaufen für den Anwender ganz unbewusst, wenngleich von der Wissenschaft nicht unbemerkt.

Bereits seit einigen Jahren wird das durch Mobilfunk veränderte Verhalten in der Wissenschaft sowie in der populärwissenschaftlichen Literatur diskutiert: Die Psychologin Gabrielle Rütschi aus Zürich schrieb 2008 das Buch „Vielleicht. Die unverbindliche Verbindlichkeit" (hier zitiert nach Stern: „Verbindlich war gestern?" vom 04.06.2010). Rütschi geht davon aus, dass E-Mail und SMS es jedem sehr leicht machen, unverbindlich zu sein. Sie sorgten dafür, dass man sich der Enttäuschung anderer nicht mehr stellen müsse. Deshalb sinke die Hemmschwelle, kurzfristig abzusagen oder Versprechen zu brechen. Die Psychologin rät folgerichtig zwischen verschiedenen Lebenssphären: Unter Freunden sei Verbindlichkeit wichtig, bei entfernteren Bekannten weniger. Dass solcherart vor den Kopf gestoßene Bekannte dann vermutlich keine Freunde mehr werden, darüber ist bei Rütschi nichts zu lesen. Im gleichen Kontext kommt auch der Hamburger Psychologe und Respektforscher Tilman Eckloff zu folgendem Schluss:

„Das Verständnis von Verbindlichkeit geht mit der Zeit und passt sich den technischen Gegebenheiten an. Zusagen muss man nicht mehr um jeden Preis einhalten, weil der moderne Mensch die Mittel hat, den Tag flexibler zu gestalten. Offensichtlich befindet sich die Gesellschaft aber im Umbruch und nicht alle verstehen Verbindlichkeit bereits auf diese Weise – also nach dem interaktiven 2.0-Prinzip. Deshalb wird Respekt ein wichtiger Wert. Er drückt sich darin aus, zu erkennen, welche Art von Terminvereinbarung derjenige braucht, mit dem man es gerade zu tun hat."[69]

Was im Privaten zur Lockerung führt, kann im geschäftlichen Umfeld vollkommen andere Auswirkungen haben. So schreibt der Soziologe Günter Burkart in seinem Buch: „Handymania. Wie das Mobiltelefon unser Leben verändert hat" (Campus 2007), dass das Mobiltelefon das „Zeitregime der Moderne" nicht etwa auflöst, sondern es verschärft, weil es Führungskräften eine „weitaus rigidere Zeitkontrolle" ihrer Angestellten ermöglicht. Nicht-Erreichbarkeit sieht Burkart als reines Privileg für den Chef.[70]

War bis vor wenigen Jahren der wesentliche Wandel der Interaktion von Mensch zu Mensch mit dem Mobiltelefon verbunden, so machen sich seither die sogenannten sozialen Medien in der zwischenmenschlichen Kommunikation breit. Die Reichweite der eigenen Kontakte reicht plötzlich weit über das direkte Lebensumfeld hinaus und verlängert sich um hunderte von „Freunden" oder besser gesagt losen Kontakten auf Facebook und Co. Damit ändert sich auch das Verhältnis zur Privatheit. Bisher Privates wird vielfach öffentlich (vgl. dazu auch „Die Internetfalle", Thomas R. Köhler, S. 92 f.).

Smartphones erweitern dieses immer komplexer werdende, uns umgebende Kommunikationsgeflecht nun um eine weitere, die räumliche Komponente. Diese wird oft übersehen, da Mobilität falsch verstanden wird. Nicht die Portabilität eines Smartphones (oder auch Tablets beziehungsweise Laptops) ist wichtig, sondern der laufend neu entstehende Ortsbezug durch das permanente „Herumtragen" eben dieses Gerätes durch *uns selbst*.

Während der Gedanke der Überörtlichkeit noch Zeit braucht, um erfasst zu werden, ist eine weitere wahrgenommene Folge der umfassenden Vernetzung längst in der Mitte der Gesellschaft angekommen: Die gefühlte Geschwindigkeit des Lebens nimmt weiter zu. Die Beschleunigung des Alltags ist kein reines Phänomen des Onlinezeitalters, sondern eher eine Nachwirkung des Industriezeitalters und dessen kultureller Begleiterscheinungen. Besonders drückt sich diese Entwicklung durch ein permanentes Gefühl aus, irgendwo irgendetwas zu verpassen.

Lehrer und Vortragende bei Konferenzen kennen das Problem beispielsweise aus eigener Anschauung. Die Zeit, die Studenten oder Zuhörer eines Vortrags dem Geschehen am Rednerpult oder an der Tafel widmen, ohne abgelenkt zu sein, geht zurück. Statt zuzuhören, greift der Anwender immer wieder zum Smartphone oder gleich zum Tablet oder Notebook, um parallel noch den E-Mail-Eingang zu überprüfen, den Facebook-Status zu aktualisieren oder anderen Ablenkungen zu frönen. Vielleicht drückt der sich parallel betätigende Zuhörer seinen Status aber auch als vielbeschäftigt aus, der hierzulande – aller Diskussion um Burn-Out und Co. zum Trotz – immer noch als Ausweis von Status und Wichtigkeit gilt.

Aber auch international scheint es zum guten Ton zu gehören, immer als beschäftigt zu gelten. Die New York Times bezeichnet dieses gesellschaftliche Phänomen daher als „The Busy Trap"[71] und verweist auf bereits verplante Kindheiten als möglichen Zusammenhang. Dieser fehlende Freiraum für die Beschäftigung mit dem Ich soll sich später rächen: Wer nie gelernt hat, mit sich selbst allein zu sein, sieht als Jugendlicher oder Erwachsener Internet und Smartphone möglicherweise als ideales Mittel zur Überwindung von drohendem Leerlauf. Die Zeitschrift Psychology Today sieht in einem Blogbeitrag vom 15. 05. 2012 unter dem Titel „Strange Sex Habits of Silicon Valley" sogar Rückwirkungen auf das Sexualleben, wenn Partner das Schlafzimmer nicht zu einer technologiefreien Zone erklären, was nach Angaben von Psychology Today für entsprechend vorgeprägte Personen kaum zu schaffen ist.[72] Folgt man dem Grundgedanken dieses Beitrags konsequent, so muss man von massiven Rückwirkungen auf die Bevölkerungsentwicklung ausgehen. Zumindest die Bevölkerung des Silicon Valley und andere technologieaffine Gesellschaften sind demnach zum Aussterben verurteilt – Smartphone statt Sex.

An dieser Stelle mögen diese Überlegungen und Schlussfolgerungen nicht mehr sein als etwas, das englischsprachige Autoren einen „anectdotal evidence", eine zum Beweis einer These herangezogene, singuläre, anekdotische Erfahrung nennen. Dennoch gibt es jenseits dieser nicht unbedingt verallgemeinerbaren Beobachtungen Studien und Zahlenwerte, die als Beweis für die bereits stattfindenden gesamtgesellschaftlichen Veränderungen taugen und die tatsächlich eine Beschleunigung belegen:

So geht die typische Länge von Filmschnitten seit Beginn des kinematographischen Zeitalters beinahe kontinuierlich zurück. Die Website Cinemetrics liefert hier interessante Vergleiche. Heutige Filme haben demnach bereits circa alle zwei Sekunden einen Perspektivenwechsel und sind damit in der Geschwindigkeit vergleichbar mit den schnellen Schnitten von Musikvideos auf Viva und YouTube.[73] Der Betrachter wird mit einem Stakkato ständiger neuer visueller Reize bombardiert, bis zur vollständigen Reizüberflutung.

1. Digitale Eingeborene – Gibt es sie?

Soziologen sprechen bei den nach 1980 Geborenen auch von den Millenials („Jahrtausender") und meinen damit die erste Generation, die mit weithin verfügbaren PCs, Internetzugängen und Smartphones aufwächst.

68

Ebenfalls gebräuchlich für diese Gruppe ist der Begriff der Digital Natives (Digitale Eingeborene), wie er bereits 2001 von Marc Prensky geprägt wurde (Prensky, M. „Digital Natives, Digital Immigrants". In: „On the Horizon" (MCB University Press, 9 (5)) 2001).[74]

Eine Studie des Netzwerkausrüsters Ericsson charakterisiert einen typischen 21-jährigen Vertreter dieser Generation mit folgenden Durchschnittswerten:

• Hat 250.000 E-Mails, Instant Messages und SMS (short message service) Textnachrichten gesendet und empfangen,

• hat ein Mobiltelefon für mehr als 10.000 Stunden benutzt,

• hat mehr als 5.000 Stunden mit Videospielen verbracht,

• hat sich mehr als 3.500 Stunden mit Sozialen Netzwerken beschäftigt.[75]

…und das alles im Wesentlichen in einer das Gehirn noch stark prägenden Lebensphase. Kaum vorstellbar, dass das ohne weitere Auswirkungen auf die persönliche Entwicklung bleibt. Der Umgang mit Internet und Smartphone ist für große Teile dieser Generation eine Selbstverständlichkeit. Der Zugang zu Sozialen Netzwerken wie Facebook gilt weithin als unverzichtbar. Nicht selten wird dann auch „irgendwas mit Medien" zum Berufswunsch derartig vorgeprägter Jugendlicher.

Es wäre jedoch verfehlt zu glauben, es handele sich bei der auch Generation Y oder Digital Natives genannten Altersklasse um eine einheitliche Gruppe. Die Shell Jugendstudie unterscheidet in der bisher letzten Auflage (2010) bei Heranwachsenden, die das Internet nutzen, folgende Typologien:

Der als **Multi-User** charakterisierte Anwender verfügt über eine hohe Internet-Kompetenz. Es handelt sich um primär ältere und häufiger männliche Jugendliche aus den oberen Herkunftsschichten. Diese Gruppe stellt 34 Prozent der Befragten.

Digitale Netzwerker charakterisieren sich durch ihre hohe Affinität für das „Social Web". Zu dieser Gruppe zählen primär jüngere und häufiger weibliche Jugendliche aus allen gesellschaftlichen Schichten. In Summe sind dies rund 25 Prozent.

Daneben existiert die Gruppe der **Gamer**, die sich primär am Medienkonsum orientieren. Dazu zählen eher jüngere und häufiger männliche Jugendliche aus sozial benachteiligten Schichten, die rund 24 Prozent der Befragten ausmachen.

Die **Funktions-User** sehen im Internet schließlich nur ein „Mittel zum Zweck". Diese Gruppe, die einen rein pragmatischen Umgang mit den neuen Technologien pflegt, umfasst ältere, häufiger weibliche Jugendliche aus allen Schichten und belegt 17 Prozent der Untersuchungsergebnisse.

In Summe lässt sich festhalten, dass die in vielen Debatten rund um Digital Natives mitschwingende Erwartung, man hätte nun eine Generation vor sich, die – geprägt von allgegenwärtigen Technologien – mehr oder weniger gleichförmige Vorstellungen und Nutzungsmuster entwickelt hat, in die Irre führt. Vielfalt existiert auch und gerade im Umgang mit den – je nach individueller Perspektive – neuen Werkzeugen und Unterhaltungsmöglichkeiten.

2. Die Do-it-yourself-Gesellschaft

Der Kunde bedient sich selbst und erledigt Dinge immer häufiger allein – in stiller Zwiesprache mit der Maschine. Das wird immer mehr zur festen Regel. In den einzelnen vorangehenden Kapiteln ist diese zunehmende Autonomie bereits angeklungen. Die Interaktion des Nutzers mit der Technik beschränkt sich aber nicht auf das Internet und Smartphone. Auch beim Geldinstitut des Vertrauens regiert beispielsweise längst der Automat. Nicht nur die Geldausgabe, sondern auch Überweisungen und Kontoauszüge muss der Kunde selbst – am „Self Service Terminal" – in die Hand nehmen, wenn er nicht gleich auf die Sicherheitsstandards des Onlinebankings vertraut und dafür den heimischen Rechner nutzt. Geht er dennoch zum Schalter, drohen ihm saftige Gebühren für alles, was der Banker als „beleghafte Transaktionen" bezeichnet.

Statt im Reisebüro den Flug in den Urlaub zu buchen, sucht er sich selbst online eine passende Verbindung, gibt die Daten ein und druckt sich selbst die Bordkarte aus. Bei der Autovermietung bucht er ebenso online und erhält den Schlüssel zum Fahrzeug aus dem Automat, den er – anhand kryptischer Hinweise auf einem selbstausgedruckten Zettel – im Parkhaus selbst suchen muss, nur um im Hotel festzustellen, dass die Rezeption geschlossen und eine Schlüsselkarte mit viel Geschick und dem richtigen Code einem weiteren Automaten zu entlocken ist. Statt Zimmerservice oder Minibar steht dann oftmals nur noch ein Getränkeautomat in der Lobby.

Je nach Perspektive ist dies Fortschritt, da derartige Services plötzlich rund um die Uhr verfügbar sind. Man mag jedoch auch die Entmenschlichung der Transaktionen beklagen. Spätestens wenn eine elektronische Transaktion nicht das gewünschte Ergebnis erzielt – im

Fehlerfall –, wünscht man sich schnell den persönlichen Ansprechpartner zurück.

Auch im Möbelmarkt wird der Kunde zum Verkäufer seiner selbst. Nicht nur wuchtet er die Kartons aus dem Regal, auch an der Kasse muss er inzwischen vielfach Hand anlegen, Artikel selbst in das Kassensystem eingeben und die Bezahlung ebenso allein regeln – ohne Karte und Pin kein Konsum. Ist nach dem Kauf etwas nicht so, wie es soll, so hat der Kunde meist noch die Wahl zwischen teurer Hotline und Kundenselbstservice per FAQ-Liste oder Kunden-helfen-Kunden im Onlineforum. Die Softwarefirma Lithium verspricht ihren Kunden beispielsweise massive Supportkosten-Ersparnis durch deren Forensoftware, die „Kunden helfen Kunden" ermöglicht.[76] Vom Amazon Gründer Jeff Bezos (beziehungsweise dessen langjährigem Kundenservicebeauftragten Bill Price) wird das Zitat kolportiert, dass der beste Kundenservice kein Kundenservice ist.

Selbst in der Gastronomie – dem vermeintlich letzten Refugium des Service am Menschen – ist der Selbstservice per Technologie auf dem Vormarsch: Die Order – früher per Zettelblock notiert – findet nach einem kleinen Zwischenspiel mit Orderterminals, die die Bestellung direkt in die Küche funken, erst in der Abschaffung der Dame oder des Herren, der die Bestellung aufgenommen hat, ihr Ende – zum Beispiel per Touchscreen-Bestellung am Tisch (La Baracca, München) oder via iPhone-App.

Die traditionelle Fast-Food-Gastronomie steht da hinten an und verspricht dem Kunden immerhin durch Benutzung neuartiger Orderterminals, die ähnlich einem Fahrkartenautomaten der Bahn einen Touchscreen und eine Kartenzahlungsterminal kombinieren, einen schnelleren Zugriff auf Burger und Co. – garantiert ohne Anstehen.

Auch bei der Lieferung an den Tisch ist der Fortschritt unverkennbar. Zwar ist die vollautomatische Lieferung bisher über Versuchsprojekte kaum hinausgekommen, wie etwa in einem Restaurant in Nürnberg, bei dem die Speisen und Getränke über ein Schienensystem zielgenau zum richtigen Tisch transportiert werden,[77] der Kunde muss aber immer noch oft genug selbst ran, wenn er etwa bei der Restaurantkette „Vapiano" Pizza bestellt. Statt Pizza bekommt er zunächst einen Funkempfänger. Wen der blinkt und vibriert, darf er loslaufen und die Pizza selbst abholen.

Wo man auch hinsieht, sind umfassende Vernetzung, E-Commerce und Apps dabei, unsere Gesellschaft zu einer Gesellschaft der Selbst-Macher zu verwandeln – und die Menschen fügen sich, mehr oder weniger begeistert, ihrem Schicksal.

3. Das Märchen vom Multitasking

Kennen Sie das auch? Sie fragen sich am Ende eines langen Arbeitstages, was Sie eigentlich außer Telefonieren und E-Mail schreiben beziehungsweise beantworten zustande gebracht haben? Womöglich gehören Sie dann zu den „Multitaskern". Multitasking – ein Begriff aus der Computerwelt – bedeutet, mehrere Aufgaben gleichzeitig auszuführen, und wird oft als wesentliche Fertigkeit zur Bewältigung der Herausforderungen der Informationsgesellschaft umschrieben. Insbesondere den Angehörigen der Internetgeneration sagt man nach, sie wären besonders gut darin.

Doch was steckt wirklich dahinter? Welche Konsequenzen hat das gleichzeitige Erledigen von Aufgaben? Sehr schön beobachten lässt sich Multitasking bei Autofahrern, die während des Fahrens gleichzeitig telefonieren oder sogar Kurznachrichten versenden. Erratische Spurwechsel, Mittelspurschleichen oder spätes bis zu spätes Bremsverhalten lassen sich häufig bei Zeitgenossen beobachten, die gesetzeswidrig mit dem Smartphone im Auto hantieren.

Tatsächlich gibt es zur Mobiltelefonnutzung beim Autofahren eine wahre Flut von Studien, wie etwa die originellen Erkenntnisse der Universität von Utah[78] beweisen: Diese erkennt im Rahmen der Studie bei Autofahrern, die während der Autofahrt telefonieren, ein ähnliches problematisches Verhalten wie bei Autofahrern, die einen Blutalkoholgehalt von 0,8 Prozent Promille aufweisen. Die Forscher stellen entsprechend ein insgesamt langsameres, unsichereres Fahrverhalten fest, dadurch, dass die Teilnehmer laufend ihre Aufmerksamkeit zwischen Telefon und Autofahren hin und her schalten. Dabei sind sich die meisten Autofahrer durchaus der Gefahren bewusst: Bereits 2010 ermittelte eine Umfrage der Dekra, dass mehr als 90 Prozent der interviewten KFZ-Lenker Telefonieren im Fahrzeug als gefährlich erachten, aber dennoch 22 Prozent der Befragten zugeben, auch ohne Freisprecheinrichtung im Fahrzeug zu telefonieren.[79]

Letztendlich steckt in dieser Erkenntnis allein auch schon der Grund dafür, dass es so etwas wie sinnvolles beziehungsweise effektives Multitasking nicht geben kann – man ist gezwungen, immer wieder zwischen verschiedenen Aufgaben gedanklich zu wechseln. Wem das Autofahren nach jahrelanger Fahrpraxis aber „in Fleisch und Blut übergegangen" ist, mag vielleicht etwas besser abschneiden als ein Fahranfänger, es ist dennoch nicht zur Nachahmung empfohlen.

Aber zurück zum Kern der Informationsgesellschaft und dessen Mühen mit dem Multitasking. Amüsant mutet etwa die zentrale Erkenntnis einer Studie aus Großbritannien an. Demnach führt die Ablenkung durch eingehende E-Mails zu einem um zehn Punkte niedriger gemessenen IQ (Institut für Psychiatrie am King's College London). Dies bedeutet: einen mehr als doppelt so hohen Rückgang der messbaren Intelligenz wie durch Marihuana-Konsum.

Aber hat man als Angestellter in einem modernen Büroalltag überhaupt eine Wahl? Nach einer viel zitierten Studie der University of California wird der sogenannte Informationsarbeiter alle elf Minuten durch zum Beispiel E-Mails, Anrufe und Twitter-Nachrichten in seiner Arbeit unterbrochen. Microsoft-Forscher Eric Horvitz, kam zu ähnlichen Ergebnissen bei einer Untersuchung im Unternehmen. Nach seinen Erkenntnissen dauert es im Schnitt nach einer Unterbrechung durch einen Telefonanruf, eine E-Mail oder eine Instant-Messaging-Nachricht 15 Minuten, um wieder an der ursprünglichen Aufgabe konzentriert weiterarbeiten zu können.

Die Anzahl der zu bearbeitenden Aufgaben wächst stetig, gleichzeitig steigt der Erwartungsdruck an die Aufgabenerfüllung, etwa bei der Zeitspanne, die als angemessen für die Beantwortung einer E-Mail gilt. Diese kann je nach Organisation und Hierarchieverhältnis zwischen wenigen Minuten und mehreren Tagen liegen. Mitarbeiter im Unternehmen fühlen sich so zu Multitasking genötigt. Ergebnisse der Forschungsarbeiten belegen jedoch, dass der Mensch die besten Arbeitsergebnisse durch „Singletasking" – also ganz altmodisch durch Konzentration auf eine Sache – erzielt.

Das gilt auch und gerade jenseits des Büros. Hier kann Ablenkung – wie beim Autofahren – tödlich sein. Dem Autor ist beispielsweise ein Fall bekannt, bei der ein erfahrener Kranfahrer in einem Weltkonzern beim Bewegen von Metallteilen und dem Versuch gleichzeitig seinen Facebook-Status zu aktualisieren, einen schweren Unfall verursacht hat, der für einen Betroffenen beinahe tödlich geendet hätte.

Im Büro mögen die Gefahren für Leib und Leben Dritter oder die eigene Gesundheit zwar geringer sein, dennoch können Fehler, etwa bei Bestellungen, erheblichen finanziellen Schaden anrichten.

Die Folgen des permanenten Multitasking will auch die Beratungsfirma Hirschtec in ihrer Studie „Information Worker in der Praxis" nachgewiesen haben:

• Die Fehleranfälligkeit der Arbeit steigt.

• Die immer wieder nötigen Einarbeitungszeiten verlängern die Bearbeitung.

• Es wird immer schwieriger, wichtige von unwichtigen Informationen zu unterscheiden.[80]

Ob selbst gemacht oder extern generiert – Unterbrechungen der eigenen Tätigkeit führen zu Problemen.

Wie stark genau diese Unterbrechungen zu Buche schlagen, belegen weitere Studien: Bei durchschnittlich 2,1 Stunden pro Tag Zeitverlust entsteht ein gewaltiger Schaden für die Arbeitsproduktivität, oder anders gesagt: Bei einer 40-Stunden-Woche könnte man bequem nach vier statt nach fünf Tagen Arbeit nach Hause gehen, wenn man das Problem Unterbrechung beseitigen könnte.[81] In diesem Zusammenhang wirken sich bereits mehrere Aufgaben negativ aus. Eine Studie von Gerald Weinberg Research kommt zu der Erkenntnis, dass bereits eine zweite Aufgabe zu rund 20 Prozent Zeitverlust führt. Bei drei Projekten verliert man demnach beinahe die Hälfte der Produktivität durch das wiederholte Wechseln von Aufgabe zu Aufgabe.

Zu ähnlichen Erkenntnissen gelangt auch McKinsey: Parallele Aufgabenbewältigung dauert – nach deren Erhebungen – rund 30 Prozent länger als einzeln (addiert) und bedeutet eine Verdopplung der Fehlerrate.

Clifford Nass (Stanford), Dr. John Medina (Direktor des „Brain Center for Applied Learning Research" und Autor: „Brain Rules") und Diana Beck (University von Illinois) kommen im Rahmen ihrer Untersuchungen zu folgendem Ergebnis:

- Menschen sind fest verdrahtet für selektive Aufmerksamkeit.

- Das menschliche Gehirn arbeitet sequentiell und ist nicht fähig, zwei Dinge gleichzeitig zu machen.

- Es gibt keinen Autopilot.

Diese Ergebnisse tauchen auch immer wieder in anderen Forschungsarbeiten auf, so dass man behaupten kann, dass ein gewisser Konsens in der Fachwelt darüber besteht, dass Multitasking nicht sinnvoll möglich ist. Hoffnung gibt es nur für einen kleinen Teil der Bevölkerung. Nach Forschungsergebnissen der University of Utah können nur 2,5 Prozent der Menschen mit einem Mindestmaß an Effizienz multitasken. Für alle anderen bleibt erfolgreiches Multitasking ein unerfüllbarer Wunschtraum.

Erschreckend ist auch der Blick auf das Verhalten von intensiven Internet- und Smartphone-Nutzern in der Freizeit: Nach Daten von TimeInc wechseln Digital Natives ihre Aufmerksamkeit 27 Mal pro Stunde zwischen Medienplattformen – beinahe jede zweite Minute. Studien zu diesen Auswirkungen stehen noch aus, aber es darf durchaus angenommen werden, dass intensives Multitasking auch im Freizeitumfeld nicht sinnvoll ist.

4. Die Änderung der Lesegewohnheiten

Wir lesen nicht mehr ganze Zeitungen oder Zeitschriften. Wir suchen im World Wide Web gezielt, was uns interessiert, und lesen nur das. Vielleicht überfliegen wir auch das, was uns unsere „Online-Freunde" empfehlen. Wir greifen zum Tablet oder E-Book-Reader, um auf unsere bevorzugten Nachrichtenquellen zuzugreifen. Wie weit diese Entwicklung schon fortgeschritten ist, lässt sich an den Orten des öffentlichen Lesens wie zum Beispiel in Pendlerzügen oder Frühstücksräumen in Hotels längst beobachten.

Aber nicht nur der Zugriffsweg auf den Text ändert sich. Seit den Kindertagen des Webs wird ein Trend zu verkürztem Lesen festgestellt und mit kurzen Texten quasi belohnt. Unzählige Seminare und ganze Bücher widmen sich dem „Texten für das Internet" und scheitern dennoch, da die Entwicklung laufend weitergeht. Aus langen Artikeln werden kurze Texte, Blogbeiträge und schließlich Twitter-Nachrichten. 140 Zeichen, mehr sind in einem Tweet nicht möglich. Eine formalisierte verkürzte Sprache ist die Folge.

Auch Wissenschaftler sind vor Änderungen des Kommunikations- und insbesondere des Leseverhaltens nicht gefeit. Universitäten produzieren Jahr für Jahr enorme Mengen an Wissen. Das meiste davon in Form von Forschungsberichten, die in renommierten Fachzeitschriften veröffentlicht werden. Für Forscher gilt immer noch: Die Chancen auf eine Karriere im Wissenschaftsbetrieb steigen mit der Zahl der Publikationen in den „richtigen" Zeitschriften an. Da diese gleichzeitig sehr teuer sind, stoßen Hochschulen inzwischen vielfach an ihre finanziellen Grenzen. Die Bibliothek des KIT – Karlsruher Institut für Technologie – listet praktisch in einer Art Top-10-Liste die zehn teuersten Zeitschriftenabos des dortigen Bestands auf[82] – jede der Fachzeitschriften, die es auf die Liste geschafft hat, kommt auf einen Abopreis von über 10.000 Euro. Das ist jedoch kein Einzelfall. Landauf landab haben Fachbibliotheken mit derartiger Preisgestaltung zu ringen.

Das Magazin „The Atlantic" berichtet nun in diesem Kontext der weltweit von Forschern und Bibliotheken betrachteten Kostenexplosion von einer Veränderung des Verhaltens der Forscher bei der Lektüre von Forschungspapieren. Es werden immer weniger die klassischen (teuren) Journale gelesen. Forschungsinformationen werden zunehmend auch aus dem Web bezogen,[83] es geht wieder mehr um die Inhalte.

Dieser Trend kann auch durch die schnelle Veröffentlichungsfrequenz in manchen Fachbereichen gefördert sein, der die relativ langsamen Publikationszyklen der Fachzeitschriften nicht folgen können. Auch wenn das wissenschaftliche Renommee in verschiedenen Fachgebieten noch vielfach daran hängt, in den „richtigen", weil anerkannten Zeitschriften publiziert zu haben, ist dennoch eine Abwanderung weiter Teile der Welt der wissenschaftlichen Publikationen ins Web zu erwarten.

5. Die Verschriftlichung der Kommunikation und die Folgen

Wie im Kapitel „Neuerfindung der Kommunikation" bereits angedeutet, erleben wir in Zeiten umfassender Kommunikationsmöglichkeiten eine Tendenz zur Verschriftlichung. SMS, Instant Messaging und Twitter sind die dominierenden Formen – in möglichem Umfang und Ausdrucksmöglichkeiten begrenzt, aber von den Nutzern heiß geliebt. Eine Art elektronische Kurzschrift als Basis der Kommunikation von Mensch zu Mensch. Kann das gut gehen?

Wie zuvor bereits im Kontext mit der Verbindlichkeit zwischenmenschlicher Beziehungen angesprochen, kann ein mögliches Motiv des Schreibens einer Kurznachricht anstelle eines Anrufs in der gewünschten Vermeidung von Konfrontationen liegen. Indem man eine Kurznachricht absetzt statt anzurufen, kann man einer möglichen Reaktion aus dem Weg gehen. Zumindest im ersten Augenblick. Auch das zunehmende Bedürfnis, Erlebtes sofort mitzuteilen, führt eher zu einer schriftlichen Kommunikation oder einer Kommunikation über soziale Netzwerke. Dass schriftliche Kommunikation jedoch auch häufiger zu Missverständnissen führt und so oft Konfrontationen entstehen oder gar eskalieren, die man ja eigentlich mit der textuellen Übermittlung vermeiden wollte, ist die Ironie der Sache. Tatsache ist: Es liegt an der fehlenden Übermittlung begleitender Emotionen in Textnachrichten, die zu Missverständnissen führt, da die im persönlichen Gespräch durch Mimik und Tonlage übermittelten Emotionen fehlen. Für E-Mails ist dieser Sachverhalt längst wissenschaftlich belegt. So berichtet der Christian Science Monitor im Mai 2006 von Forschungsergebnissen in diesem Bereich.[84] Letztendlich – so das bittere Fazit der Forscher – ist es reiner Zufall, ob eine E-Mail (oder Textnachricht) richtig verstanden wird. Naheliegender Weise empfehlen die Wissenschaftler, mehr zu telefonieren oder besser noch von Angesicht zu Angesicht miteinander zu sprechen. Dies möchte man auch den SMS-Schreibern raten.

Mehr zu schreiben fördert zudem nicht notwendigerweise die sprachliche Ausdrucksfähigkeit. Wertfrei betrachtet lässt sich festhalten, dass neue Ausdrucksformen entstehen, während andere verkümmern. Dass die sprachlichen Fähigkeiten – insbesondere der Generation Y – von den veränderten Rahmenbedingungen der Kommunikation nicht etwa profitieren, sondern darunter leiden, wird vielfach diskutiert und mancherorts beklagt.

Das Kölner Institut der Deutschen Wirtschaft befragte dazu 1.435 Hochschullehrer nach ihrer Einschätzung der Studienanfänger. Das Ergebnis dieser Untersuchung fiel verheerend aus: Die Hälfte der Professoren hält die sprachliche Ausdrucksfähigkeit der Studenten für schlecht, jeder dritte Studienanfänger sei sogar schlicht „studierunfähig". Dies berichtete die Zeitschrift Focus bereits im August 2001[85] – also zu einem Zeitpunkt, zu dem von einer großen Verbreitung von Onlineplattformen noch nicht wirklich die Rede sein konnte. Zehn Jahre später beklagte eine Studie des Centrums für Hochschulentwicklung,[86] dass sogar nur noch 13 Prozent der Studenten den Vorstellungen ihrer Professoren hinsichtlich Studierfähigkeit, die unter anderem auch die eigene sprachliche Ausdrucksfähigkeit umfasst, entsprechen.

Wie dies nun im Detail zu werten ist, ob etwa die Situation der zu intensiven Beschäftigung mit Informationstechnologie Schuld daran trägt, ist unklar. Schließlich lag zwischen beiden Studien die Verkürzung der Schulzeit bis zum Abitur von 13 auf 12 Jahre und die Umsetzung der als „Bologna-Prozess" bezeichneten Hochschulreform.[87] Es ist daher gar nicht so einfach, einen schlüssigen Beweis zu führen, inwieweit Informationstechnologie die sprachlichen Fähigkeiten negativ tangiert. Ob man die nun allgemein verwendeten Emoticons wie beispielsweise das zwinkernde Smiley – ;-) – als Beschränkung oder eher als Bereicherung der Schriftsprache sehen will, ist ebenfalls noch offen.

Interessant ist es dennoch, diesem Zusammenhang auch im Berufsleben nachzuspüren. Das Wallstreet Journal berichtet im Juni 2012 in einem viel kommentierten Artikel unter dem bezeichnenden Titel „This Embarrasses You and I" von den weit verbreiteten negativen Auswirkungen der mit Sozialen Medien erlernten Kurzkommunikation auf Grammatik und sprachliche Ausdrucksformen und die Folgen für die Unternehmen. Jeder, der das eigene Umfeld mit kritischen Augen betrachtet, wird ähnliche Effekte entdecken.[88]

Auch die Änderungen in der Unternehmensorganisation führen dazu, dass beispielsweise Pressemeldungen oder andere Veröffentlichungen – anders als noch vor Jahren – häufig nicht mehr auf sprachlichen Ausdruck und Grammatik korrekturgelesen werden. Ein Teil der beanstandeten Fehler mag darauf zurückgehen. Es gilt also: Je unmittelbarer das Medium, umso größer auch die Gefahr von nicht nur sprachlich, sondern auch inhaltlich verheerenden Fehlern. So twitterte zum Beispiel der Regierungssprecher Steffen Seibert anlässlich des Todes von Terroristenführer Osama bin Laden: „Obama verantwortlich für den

Tod tausender Unschuldiger ...“[89] Die Nachricht war trotz sofortiger Korrektur in der Welt und dient seither vielfach als Beispiel für misslungene Kommunikation.

Änderungen im Gehirn

In der durchweg technikkritisch geführten Debatte rund um die Auswirkungen der allumfassenden Vernetzung, liegt die Vermutung nahe, auch das menschliche Gehirn würde durch derartige Einflüsse in Mitleidenschaft gezogen oder – neutral gesprochen – zumindest verändert.

Der amerikanische Autor und Technologiekritiker Nicholas Carr brachte 2008 in einem mit „Is Google making us stupid? What the Internet is doing to our brains" betitelten Beitrag für das Magazin „The Atlantic" die schwellenden Bedenken auf den Punkt und löste damit eine Diskussion aus, die in Folge auch zu seinem Buch „The Shallows. What the Internet is doing to our brains" (Deutscher Titel: „Wer bin ich, wenn ich online bin ... Wie das Internet unser Denken verändert") führte. Carr beschreibt die an ihm selbst wahrgenommenen Wirkungen der Internetnutzung wie folgt:

„Meine eigenen Lese- und Denkgewohnheiten haben sich dramatisch verändert, seit ich mich vor fünf Jahren das erste Mal ins Web einwählte. Heute lese und recherchiere ich hauptsächlich online. Und dies hat mein Gehirn verändert. Zwar bin ich geübter darin geworden, mich im Netz zurechtzufinden, aber ich kann mich nur noch schwer über längere Zeit auf eine bestimmte Sache konzentrieren. Nachdem die Tiefe unserer Überlegungen aber direkt mit dem Grad unserer Aufmerksamkeit zusammenhängt, fällt es schwer, den Schluss zu vermeiden, dass unser Denken seichter wird, während wir uns an die geistige Umwelt des Netzes anpassen."[90]

Man könnte nun ketzerisch fragen, wie es denn sein könne, dass Herr Carr sein Buch zum Thema trotz dieser für die Autorentätigkeit doch eher hinderlich wirkenden Befindlichkeiten zu Ende schreiben konnte, aber man kann seinen Argumenten auch nachgehen und hinterfragen, was etwa die inzwischen ungemein populäre Neurowissenschaft zu diesen Thesen beizutragen hat: Dass sich das Gehirn von Kindern in den ersten Lebensjahren fortentwickelt, ist Allgemeinwissen. Der „Sturm im Kopf" bei Teenagern in der Pubertät ist unter Eltern und Erziehern eines der wesentlichen Themen. Aber kann sich das Gehirn eines erwachsenen Menschen noch ändern? Die Antwort der Hirnforscher ist ein klares Ja: So belegen Tests an Londoner Taxifahrern ebensolche Veränderungen in den Gehirnstrukturen. Dies berichtet die BBC unter Berufung auf eine Studie des University College London.[91] In dieser Untersuchung wurden die Gehirne von 79 Männern und Frauen, die die Taxifahrer-Ausbildung in London durchlaufen haben, per MRT gescannt – sowohl vor als auch nach der mehrjährigen Ausbildung. MRT steht für Magnetresonanztomographie und ist ein medizinisches Diagnoseverfahren, das als sogenanntes bildgebendes Verfahren zur Darstellung von Struktur und Funktion der Gewebe und Organe im menschlichen Körper eingesetzt wird. Das Verfahren erzeugt Schnittbilder, und so lassen sich im Gehirn Durchblutungsänderungen sichtbar machen, die auf neuronale Aktivitäten hindeuten. Im Falle der Londoner Taxifahrer in der von BBC bekannt gemachten Untersuchung wurden die Scans vor Antritt der Ausbildung mit den Scans nach erfolgreichem Bestehen des Taxischeins verglichen. Dabei wurden signifikante Unterschiede festgestellt.

Zur Erinnerung: Zum Ausbildungsziel gehören bei Londoner Taxifahrern die Kenntnis von rund 25.000 Straßen, 20.000 besonderen Orten (Sehenswürdigkeiten, Hotels ...) und den Routen dazwischen. Zweifellos eine erhebliche mentale Leistung, sich all dies einzuprägen. Nach Ansicht der Forscher zeigt die Studie, dass sich auch die Gehirne von Erwachsenen durch das Einstellen auf neue Aufgaben plastisch verändern. Ein kleiner Trost für alle, die sich derartige Merkleistungen nicht für sich selbst vorstellen können. Im Falle der Taxifahrer führt das intensive Training, der für die Erfüllung der Taxifahreraufgaben notwendigen Fähigkeiten, nach Ansicht der Studie auch dazu, dass – nach Vergleich mit einer Kontrollgruppe – andere Fähigkeiten geschwächt werden.

Glaubt man nun dieser vielzitierten, aber in der Fachwelt wegen der geringen Probandenzahl und den getroffenen Schlussfolgerungen auch heftig umstrittenen Studie, kommt man zu der Frage: Warum sollte die intensive Beschäftigung mit Internet und Smartphone nicht auch signifikante Rückwirkungen auf das Gehirn haben?

Weiterführende Experimente sind durchaus vorstellbar. Als Vergleichsgruppe zu Internet- und Smartphone-Vielnutzern könnten etwa Mitglieder der religiösen Vereinigung der Amischen (engl.: Amish) dienen, die weite Teile der heute verfügbaren Technologien ablehnen. Da dies bisher noch nicht in Angriff genommen wurde, muss man sich mit anderweitig gewonnenen Erkenntnissen begnügen. Dabei fällt insbesondere eine Studie mit chinesischen Teenagern ins Auge, über die im Fachmagazin Scientific American berichtet wurde.[92]

Das Scientific American bezieht sich auf eine ursprünglich von PLoS ONE publizierte Studie, die in China durchgeführt wurde. [93] Probanden waren Heranwachsende, die wegen der sogenannten „Internet

Addiction Disorder" behandelt wurden. Man kann gegenüber der Frage, wann so etwas wie eine Internetabhängigkeit gegeben ist, allerdings geteilter Meinung sein. Untersucht wurden jedenfalls junge Leute, die acht bis zwölf Stunden täglich online sind. Verglichen wurden deren Gehirnaktivitäten mit einer Vergleichsgruppe von 18 Personen im gleichen Alter, die allesamt weniger als zwei Stunden am Tag online verbringen. Die Vielnutzer leiden – laut der Studienergebnisse – an „Schrumpfung" der grauen Masse und anderen „Anomalitäten" des Gehirns. Die Änderungen sind außerdem umso stärker, je länger die intensive Nutzungsphase bereits andauert.

Nun war diese Gruppe – anders als die durchwegs zu Ausbildungsbeginn schon erwachsenen Taxifahrer – noch jugendlich. Insofern ist eine höhere Formbarkeit beziehungsweise Veränderung des Gehirns durchaus nachvollziehbar und plausibel. In eben dieser Altersklasse werden jedoch die medialen Erfahrungen im 21. Jahrhundert gemacht. Auch wenn weitergehende Untersuchungen noch ausstehen, könnte man schlussfolgern, dass sich das Gehirn eines Digital Natives ab einer aktiven Nutzung digitaler Medien anders entwickelt als die weniger technikbeeinflussten Generationen zuvor und sich damit – analog zur Taxifahrerstudie – andere Hirnregionen und Fähigkeiten unterschiedlich entwickeln.

Wenn man nun der eingangs dargestellten Argumentation von Nicholas Carr folgt, so muss man davon ausgehen, dass die Fähigkeit, sich länger mit einem einzelnen Sachverhalt zu beschäftigen, also sich etwa in das Lesen eines Buches zu versenken, durch intensive Beschäftigung mit elektronischen Medien verlorengeht und insbesondere in der Gruppe der Millenials beeinträchtigt wird.

Bei Ihnen als geschätzten Lesern ist diese Veränderung augenscheinlich noch nicht so weit fortgeschritten, sonst wären Sie kaum bis an diese Stelle vorgedrungen, Sie hätten das Buch längst zur Seite gelegt.

Dabei mutet es beinahe trivial an, festzuhalten, dass das Gehirn auf einer tieferen Ebene durchaus von wiederholten Handlungen beeinflusst wird. Ob es dabei um Autofahren, häufige Internetnutzung oder – ganz „Retro" – eventuell sogar intensives Bücherlesen geht, scheint letztendlich unerheblich.

Ist das starke Verlangen, zum Smartphone zu greifen und sich beispielsweise bei Facebook einzuloggen, am Ende fortgeschrittenen Veränderungen im Gehirn zu verdanken? Kann man bei dem beschriebenen Verhalten von einer Sucht ausgehen, wie sie vor einigen Jahren schon mit dem „MAIDS"-Syndrom („Mobile and Internet Dependency Syndrome") postuliert wurde?[94]

Werden wir von Internet und Smartphone so manipuliert, dass wichtige Schlüsselfähigkeiten als Folge der Anpassung an die neuen Technologien verkümmern? Oder droht uns sogar die „Digitale Demenz", wie sie der Psychiater Manfred Spitzer in seinem gleichnamigen Buch beschwört?

Phantom-Klingeln

Die kritische Selbstreflektion bringt es an den Tag: Spricht man im eigenen Bekanntenkreis über die Erfahrungen mit jahrelanger Mobilfunknutzung, so kommt immer wieder ein Phänomen zur Sprache, das man am besten mit „Phantom-Klingeln" beschreiben kann: Der Nutzer greift nach seinem Mobiltelefon, weil er den Eindruck hat, der Vibrationsalarm würde einen eingehenden Anruf oder eine Nachricht signalisieren, und stellt dann fest, dass er sich getäuscht hat. Keine Nachricht, manchmal ist nicht einmal das Mobiltelefon in der Nähe.

Eine neue Studie der Indiana University (Purdue-University Fort Wayne), erschienen im „Journal of Computers in Human Behaviour" (zitiert nach „The Atlantic" 10. 07. 2012), liefert einen aktuellen Wissensstand zum Thema: Demnach haben viele Menschen die Erfahrung des Phantomklingelns gemacht, darunter 89 Prozent der Befragten (Studierende im Grundstudium), die selbst Phantomvibrationen erlebt hatten. Dies deckt sich weitgehend mit früheren Studien und anderen Demografien. In jedem Fall berichtet eine Mehrheit der Befragten von ähnlichen Erlebnissen. 10 Prozent der Befragten erlebten es täglich. Dabei gilt augenscheinlich der Zusammenhang: Je häufiger ein Nutzer sein Telefon benutzt, umso öfter tritt das Erlebnis auf. Erfreulicherweise sieht ein Großteil der Befragten darin kein Problem (91 Prozent), sondern betrachtet es als eine mehr oder weniger typische Begleiterscheinung der Mobiltelefonnutzung.

Letztendlich bleibt die Frage offen, ob und inwieweit man dem Phänomen „taktile Halluzinationen" eine eigene Bedeutung beimisst oder gar als Krankheit sieht, offen. Klar ist aber, dass der Gebrauch von Mobiltelefonen nicht ohne Rückwirkungen auf unser Leben bleibt.

Neil Postmans Erbe

In „Wir amüsieren uns zu Tode" beschrieb der bekannte Medienkritiker Neil Postman den kulturellen Bezug dessen, was man unter „Klugheit" versteht. Die Einschätzung dessen, was „Intelligenz" ausmacht, wird seiner Ansicht nach immer von der jeweils dominierenden Form der Kommunikation geprägt.

Für eine orale Kultur waren deshalb besonders tradierte Weisheiten relevant. Für eine Schriftkultur wird tiefgehendes logisches Denken seitens der Autoren und Leser zum bestimmenden Merkmal, während – so Postmans pessimistische Aussichten– für das Fernsehen, die Fähigkeit vor der Kamera „glaubwürdig" zu erscheinen, am relevantesten ist. Zur Internetkultur hat Postman leider nichts gesagt. Sein Buch erschien 1985 – viel zu früh für die Generation der „Digital Natives". Nach Erfahrung des Autors dieses Buches, der sich – geprägt von der Schriftkultur – gegen Ende des Studiums dem damals fremdartigen, neuen Internet ausgesetzt sah, sind die Unterschiede beträchtlich: In einer Internetkultur ist der Informationszugang eine unmittelbare Erfahrung, nicht vergleichbar mit der Suche nach Informationen in einer Bibliothek oder gar der Order per Fernleihe. Die gefundenen Informationen sind vielfach kleinere Informationsschnipsel, angepasst an das Medium und seine technischen Begrenzungen, wie etwa der mangelnden Eignung von Bildschirmen für intensives Lesen. In einer Internetkultur kommt es dagegen mehr darauf an, zu wissen, wo die Fakten herstammen beziehungsweise gefunden werden können, und sich ein Bild aus verschiedenen Quellen zusammenzupuzzeln. Dahinter tritt die Fähigkeit, sich ausdauernd auf einen Text konzentrieren zu können, zurück, wie unter Bezug auf die Arbeiten von Carr zuvor schon dargelegt wurde (vgl. S. 78 ff.).

Wie sich derartige beobachtete Änderungen jedoch auf die Rezeption klassischer Bücher auswirken, ist weithin unerforscht. Im Bereich der E-Books gibt es jedoch bereits Versuche, Leseverhalten auszuwerten und sogar erste Tests der Akzeptanz von bestimmten Formaten und Geschichten durch Auswertung der Leseaktivitäten.

III Unsichtbare Fesseln –
Dem Manipulationspotential von Internet
und Smartphone auf der Spur

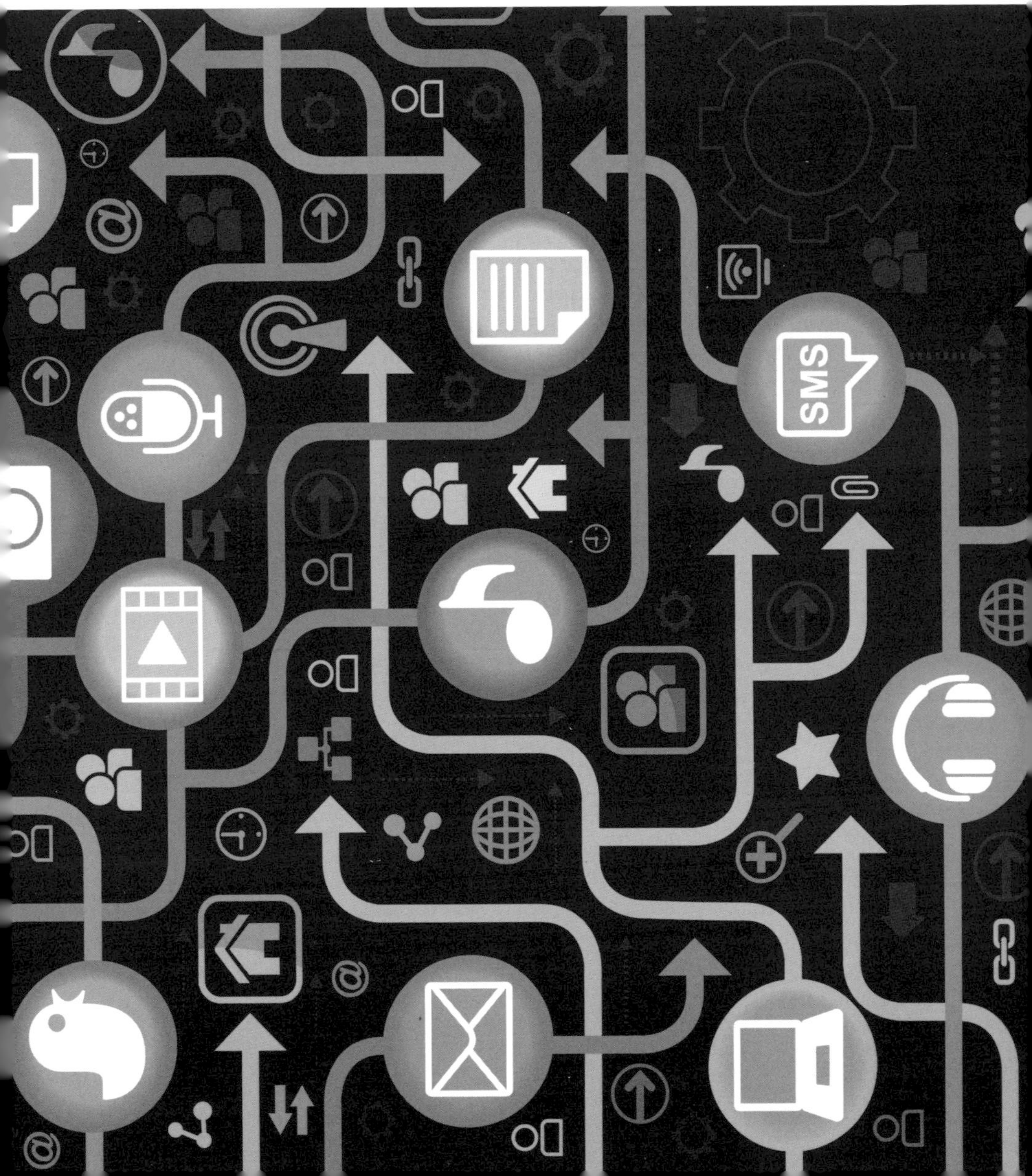

III Unsichtbare Fesseln –
Dem Manipulationspotential von Internet
und Smartphone auf der Spur

Internet und Smartphone haben unser Leben signifikant verändert und sind munter dabei, es weiter zu tun. Die zuvor skizzierten Auswirkungen auf praktisch jeden Bereich unseres Arbeits- und Privatlebens, bis hin zur Veränderung von Informationsaufnahme und Kommunikationsverhalten, sind längst erlebte Realität – für jeden von uns.

Es gibt jedoch Indizien, dass die bisher erlebten Veränderungen nur der Anfang viel tiefgreifender Umwälzungen sind. Insbesondere das Smartphone, als täglicher intimer Begleiter unseres Selbst, ist geeignet, menschliche Verhaltensweisen nicht nur zu dokumentieren, sondern aktiv zu steuern – hin zu einem vielleicht besseren, aber in jedem Fall anderen Ich.

Hintergrund sind jüngste Entwicklungen die unter den Schlagworten „Selbstvermessung" beziehungsweise Quantified Self und Gamification diskutiert werden. Quantified Self bezeichnet die Vermessung und Steuerung des eigenen Ich durch den Nutzer selbst, während Gamification die Manipulation des Anwenders durch Dritte mit Hilfe gezielt eingesetzter Spielelemente meint. Letztendlich sind diese folgend diskutierten neuen Konzepte nur die zwei Seiten derselben Medaille.

Um die dahinterliegenden Mechanismen, deren Tragweite und möglichen Anwendungen bis hin zur gezielten Manipulation menschlichen Verhaltens zu verstehen, muss man jedoch etwas früher ansetzen – bei dem, was Menschen motiviert, und in Folge die Frage klären, welche Wirkungen Spiele und deren Kernmerkmale auf menschliches Verhalten haben.

1. Was uns motiviert

Um zu verstehen, wie Internet und Smartphone zum Steuerungsinstrument des „Ich" werden können, gilt es zunächst, ein grundlegendes Verständnis zu entwickeln, wie menschliche Bedürfnisse und Motivationen funktionieren.

Die wohl bekannteste Beschreibung der Funktionsweise menschlicher Bedürfnisse stammt vom US-amerikanischen Psychologen Abraham H. Maslow. Weit über die Psychologie hinaus – etwa auch in den Wirtschaftswissenschaften – wird dieses anschauliche, meist in

Maslowsche Bedürfnishierarchie

Abbildung 3: Abraham H. Maslows Bedürfnisspyramide

Form einer Pyramide dargestellte Modell verwendet.

Nach der Theorie der Maslowschen Bedürfnishierarchie versucht der Mensch zunächst, die Bedürfnisse der niedrigen Stufen zu befriedigen, bevor für ihn die höheren Stufen Bedeutung erlangen.

Obwohl diese Klassifikation empirisch kaum belegt ist, ist sie – wohl auch aufgrund ihrer Eingängigkeit und Allgemeinverständlichkeit – weithin akzeptiert.

Die beinhalteten Elemente sind (in der Pyramide von unten nach oben):

• Physiologische Bedürfnisse (Essen, Trinken, Körperbedeckung),

• Sicherheitsbedürfnisse (Schutz, Vorsorge, Angstfreiheit),

• Soziale Motive,

• Ich-Motive,

• Selbstverwirklichung.

Wesentlich ist das oben schon angedeutete Hierarchieprinzip: Das nächsthöhere Motiv wird nur dann bedeutsam, wenn das darunterliegende befriedigt ist. Jenseits der Frage nach der empirischen Belegbarkeit dieser Darstellung, wird Maslow in der Fachwelt vielfach kritisiert.

So wird seinem Modell vorgeworfen, es würde nur in Wohlstandsgesellschaften greifen. Sehr arme Länder, in denen weite Teile der Bevölkerung nie die ersten beiden Bedürfnisebenen vollständig abdecken können, kämen so nie in Reichweite der Bedeutung sozialer Bindung. Dies ist – auch ohne dazu Studien anzustellen – eine auffällige Besonderheit, denn tatsächlich darf man davon ausgehen, dass es soziale Bindungen in Familien und anderen Gruppierungen natürlich auch in krisengeschüttelten Umgebungen gibt, möglicherweise sogar in stärkerer Form als in der „durchschnittlichen Wohlstandsgesellschaft". Sorgt doch der Zusammenhalt in der Familie oder Gruppe wiederum indirekt für die bessere Erfüllung der ersten beiden Maslowschen Bedürfnisebenen.

Maslow selbst weist auf Schwächen seines Modellansatzes hin, in dem er einräumt, dass das Bedürfnis nach Sicherheit durchaus bereits auftaucht, auch wenn die physiologischen Grundbedürfnisse nicht oder noch nicht vollständig erfüllt sind.

Kritisch diskutiert wird auch die Frage, ob und inwieweit das Modell sich für die Vorhersage von Verhalten eignet. Dennoch, die Grundlage für ein – im Weiteren diskutiertes – Verständnis der menschlichen Motive ist gelegt.

Ganze Bibliotheken lassen sich mittlerweile mit Fach- und Sachliteratur zum Thema menschliches Verhalten füllen, die Diskussion darüber ist bei weitem nicht abgeschlossen. Im Rahmen dieses Buches – das nicht den Anspruch erhebt, eine umfassende Darstellung der verschiedenen Denkschulen zum menschlichen Verhalten zu sein – finden entsprechend nur einige wenige grundlegende Modelle Erwähnung. Die Diskussion möglicher Alternativmodelle wird fürderhin getrost den Fachzeitschriften und Fachbüchern aus Psychologie, Neurologie, Soziologie und Ökonomie überlassen.

2. Mein innerer Schweinehund und ich

Das im vorangehenden Kapitel dargelegte Pyramidenmodell von Maslow hilft grundlegend dabei, menschliche Motivationen zu verstehen. Aber was bedeutet diese Pyramide nun konkret für das eigene Verhalten? Warum haben so viele Menschen – wenn man sie fragt – ambitionierte Ziele und Vorstellungen wie: den Mount Everest besteigen, einen Marathon laufen, ein Haus am See kaufen ... und tun dann augenscheinlich wenig oder nichts dafür, dieses Ziel zu erreichen, selbst wenn es – von außen betrachtet – im Bereich des „Erreichbaren" liegt?

Lassen wir mal außen vor, dass ein „Über-40-Jähriger" wie der Autor dieses Buches wohl kein erfolgreicher Formel-1-Rennfahrer oder Fußballprofi mehr werden kann. Die biologische Altersuhr ist für manche Aktivitäten schlicht zu weit fortgeschritten. Andere Ziele lassen sich durchaus noch im fortgeschrittenen Alter erreichen, man denke etwa an das „Traumziel" vieler Hobby-Bergsteiger, „einmal auf den Mount Everest" zu steigen. So war 2003 der erste 70-Jährige (der Japaner Yuichiro Miura) auf dem Berg der Berge. 2012 lag der Altersrekord nach verschiedenen Medienberichten bei 75 (Mann) und 73 (Frau) Jahren. Seit der Erstbesteigung 1953 schafften es mehr als 3000 Menschen auf den Gipfel. Wenn man davon absieht, dass mehrere Hundert beim Versuch zu Tode kamen und die fünfstelligen Nebenkosten nicht jeder aufbringen kann, ist eine Everest-Besteigung ein erreichbares Ziel für die meisten Menschen.

Noch mehr trifft das etwa auf den Marathonlauf zu, da unter anderem auch die Einstiegskosten hier erheblich niedriger sind. Schlagzeilen machen auch hier immer wieder Altersrekordler, wie ein über 100(!)-jähriger, aus Indien stammender Läufer, der erst im Alter von 89 überhaupt mit dem Marathonlaufen begonnen und dennoch erfolgreich verschiedene Läufe abgeschlossen hat.[95]

Aber was erklärt nun die offensichtlich bei den meisten Menschen vorhandenen Unterschiede zwischen Motivation und tatsächlichem Verhalten? Psychologen würden hier einwenden, dass Verhalten fast immer von Motivationen getragen, aber ebenso fast immer durch biologische Faktoren, kulturell und situationsbezogen beeinflusst ist. Möglicherweise denkt man hier an den Steinzeitmensch und seine Urinstinkte, die auch heute noch unser Verhalten prägen, aber vielleicht auch an das eigene Scheitern beim Erfüllen guter Vorsätze und dem Erreichen selbstgesteckter Ziele.

Generationen von Ratgeberbüchern und Vortragsrednern haben von dieser Diskrepanz profitiert. Sie versprechen unter einer Vielzahl von Etiketten eine mehr oder weniger sofortige Befreiung von bremsenden Einflüssen und Instant-Erfolg: „Du kannst alles erreichen, was Du willst". Die Ratschläge sind dabei manchmal von ergreifender Schlichtheit: „Wenn Du hinfällst, steh auf und geh weiter" (Jürgen Höller im Focus 12/2000). Der Zulauf, den die teils schillernden Trainergestalten erhalten, ist ungebrochen, auch wenn der oben zitierte Jürgen Höller selbst unternehmerisch Schiffbruch erlitt.[96] Nach einem Gefängnisaufenthalt ist er wieder da, die eigene Website kündet erwartungsgemäß von ausgebuchten Seminaren und tut so, als wäre es nie anders gewesen.[97] Höller ist quasi der Archetyp einer Branche von Motivationsgurus, die versprechen, den Teilnehmern im Seminar ihre „Erfolgsgeheimnisse" zugänglich zu machen, die dabei helfen sollen, den berühmten inneren Schweinehund zu überwinden.

Doch was bleibt übrig von der eigenen Begeisterung nach dem Besuch eines perfekt choreographierten Seminars voll gruppendynamikbefeuerten Überschwangs? Einige Tage später bestenfalls die Erkenntnis, dass über glühende Kohlen laufen nicht notwendigerweise mit den besonderen „mentalen Zuständen" des Seminars in Verbindung steht, sondern sich auch im Alltag ohne Motivationsguru bewältigen lässt. Eine geeignete Temperatur der Kohle sowie ausreichende Durchblutung der äußeren unteren Extremitäten beim Probanden sind natürlich Voraussetzung, wie man etwa im Skeptic's Dictionary unter Feuerlauf nachlesen kann.[98]

Kein Wunder, dass sich nachhaltiger Erfolg bei derartigem Hokuspokus nur selten einstellt. Der selbsternannte „Erfolgstrainer" ist natürlich schon lange über alle Berge, wenn die Euphorie verflogen ist.

Natürlich soll hier nicht bestritten werden, dass einige der dargebrachten „Erfolgsrezepte" durchaus Potential haben und bei dem einen oder anderen Menschen auch ein Umdenken auslösen können. Aber sollte man ein teures Seminar buchen, nur um Weisheiten wie „Schreiben Sie Ihre Ziele auf einen Zettel ..." mitzunehmen? Die grundsätzliche Erkenntnis, dass frühzeitiges Aufgeben die Erfolgsaussichten massiv beeinträchtigt, sollte schon allein durch den gesunden Menschenverstand gegeben sein.

Bei aller berechtigten Kritik an den Maschen der „Motivationskünstler": Wer selbst wie der Autor und vielleicht sogar der eine oder andere Leser zur Prokrastination unangenehmer Aufgaben – man denke nur an die anstehende Steuererklärung – neigt, profitiert unter Umständen eben doch, wenn er sich vorab einen klaren Plan macht, diesen schriftlich verfolgt und sich bei Einhalten auch selbst belohnt, wenn er sich selbst Regeln – analog zu den Regeln eines Spiels – gibt, deren Einhaltung er incentiviert und damit eine Belohnung einstreicht, wie der Gewinner eines Spiels, wenn er Erfolg hat.

Die spannende Frage für dieses Buch muss in diesem Zusammenhang also lauten: Wie beeinflusst die allumfassende Vernetzung diese Ausgangssituation und unseren inneren Schweinehund?

3. Der Schubs in die „richtige" Richtung?

Eine Vielzahl von Büchern, die in den letzten Jahren erschienen sind, widmet sich menschlichem Verhalten – auch jenseits der gefühlt die Regale viele Buchhändler dominierenden Selbstmanagement- und Erfolgsratgeber. Eine der meistdiskutierten Veröffentlichungen in diesem Bereich kommt aber gar nicht, wie man vielleicht erwarten würde, von Psychologen oder der gerade in den Medien besonders häufig zitierten Gehirnforschung, sondern von zwei Professoren der Wirtschafts- beziehungsweise Rechtswissenschaften.

Richard Thaler und Cass Sunstein diskutieren in ihrem 2008 erschienen Buch „Nudge. Improving Decisions About Health, Wealth, and Happiness" (deutscher Titel: „Nudge: Wie man kluge Entscheidungen anstößt"), wie kleine Veränderungen einer Situation, mit der ein Mensch konfrontiert wird, große Auswirkungen auf dessen Verhalten haben können. Ergänzt zu den von Cialdini zusammengefassten Prinzipien, wie etwa das Konformitätsstreben, stützen sie sich noch auf weitere als menschlich erkannte Verhaltensmuster:

- Voreingenommenheit bezüglich Status quo,

- Endowment-Effekt (Besitztumseffekt).

Beide sind Ausprägungen des Strebens vieler Menschen nach Verlustvermeidung. So lässt sich experimentell nachweisen, dass einen bestimmten Geldbetrag zu verlieren unglücklicher macht, als den gleichen Betrag zu gewinnen glücklicher macht.

Diese Voreingenommenheit führt unter anderem dazu, dass Menschen wollen, dass alles so bleibt, wie es ist – der „Status quo" soll erhalten bleiben. Man denke etwa an die Einführung von neuen IT-Systemen in Unternehmen, hier schlägt – beinahe unabhängig von der Unternehmensgröße – der Status-quo-Effekt zu, wenn es da heißt: „Das haben wir aber immer schon so (oder anders) gemacht …"

Im selben Zusammenhang damit steht der sogenannte Besitztumseffekt, nach dem die Menschen das, was sie bereits besitzen, tendenziell im Wert höher einschätzen, als dessen realer Wert rechtfertigt. Börsianer wissen längst um diese „menschliche Schwäche" und nutzen die Erkenntnis – nicht immer im Sinne ihrer Kunden.

Natürlich können und sollen diese Zusammenhänge im Kontext dieses Buches nur kurz angerissen werden, soweit sie als Grundlage für die weiteren Überlegungen dienen. Bei tiefergehendem Interesse sei auf die – dank Internet gut auffindbare – Fachliteratur verwiesen. Einen gut verständlichen, intensiveren Einblick in die Materie liefert beispielsweise der Beitrag „Anomalies: The Endowment Effect, Loss Aversion, and Status Quo Bias" von Daniel Kahneman, Jack L. Knetsch und Richard H. Thaler („Anomalies: The Endowment Effect, Loss Aversion, and Status Quo Bias" von Daniel Kahneman; Jack L. Knetsch; Richard H. Thaler, veröffentlicht in: The Journal of Economic Perspectives, Vol. 5, No. 1. Winter 1991, S. 193–206).[99]

Es mag in einem Buch über die Risiken von Internetnutzung und Smartphones vielleicht befremdlich erscheinen, beinahe ausschließlich auf Internetquellen verwiesen zu werden. Dennoch ist das Internet bei aktuellen Themen unbestreitbar nicht nur eine nicht wegzudenkende Quelle, sondern sogar die Fundstelle für einen großen Teil der relevanten Informationen – entscheidend ist die richtige Selektion der Inhalte.

Aber zurück zum Thema: Arbeitet man bewusst mit den zuvor genannten verhaltensbeeinflussenden Effekten, wie von Thaler und Sunstein beschrieben, so sind die möglichen Auswirkungen beachtenswert. Demnach ändert – nach einem Bericht des US-Senders ABC – allein die Platzierung von Nahrungsmitteln auf einer Kantinentheke das Essverhalten der Kantinenbesucher.[100] Der Kantinenbetreiber oder dessen Auftraggeber kann also allein dadurch, dass er Obst prominenter präsentiert als etwa Donuts und anderes Gebäck, etwas für die Gesundheit der Mitarbeiter tun.

Was ABC hier im Experiment belegt, ist keine wirklich neue Erkenntnis. Der Einzelhandel, insbesondere im hart umkämpften Sektor des Lebensmittelhandels, arbeitet längst mit solchen Forschungsergebnissen. Einen guten ersten Überblick zum Thema bieten Präsentationen von Beratungsunternehmen, die im Bereich des „PoS" (Point of Sale, also im direkten Kontakt mit Kunden) tätig sind. Diese bringen die Ergebnisse nicht selten sehr deutlich auf den Punkt. So werden beispielsweise in aller Deutlichkeit Empfehlungen zur Ladengestaltung wie folgt beschrieben:

„Der Konsument: „bückt sich nicht gern, reckt sich nicht gern, ist bequem, greift dorthin, wo er gerade hinsieht, und nimmt vor allem in Augenhöhe [...] und in der Regalmitte [...] Waren wahr [...]."[101]

Natürlich sind derartige Nutzeraktivitäten steuernde Gestaltungsmöglichkeiten längst bei den Entwicklern von Internet- und E-Commerce-Anwendungen angekommen. Beispiele für die Kraft des Konzepts finden sich beispielsweise auf fast jeder Seite einer Fluglinie. Insbesondere die sogenannten Billigfluglinien nutzen gerne einzelne Hervorhebungen, um dem Kunden zur Buchung eines (vermeintlich) höherwertigen Tarifs oder kostenpflichtiger Serviceoptionen zu bewegen.

Das folgende Beispiel von Germanwings zeigt sehr deutlich eine eher harmlose Variante des Prinzips. Während auf der Startseite Flüge ab 29,90 Euro beworben werden, sind in der Auswahl zwar ebensolche zu finden, vorausgewählt und farblich hervorgehoben ist jedoch eine teurere Tarifvariante; die anderen sind „ausgegraut", was seit den Anfangstagen des World Wide Web bei der Gestaltung von Webangeboten als Metapher für „nicht verfügbar" gilt. Tatsächlich lässt sich

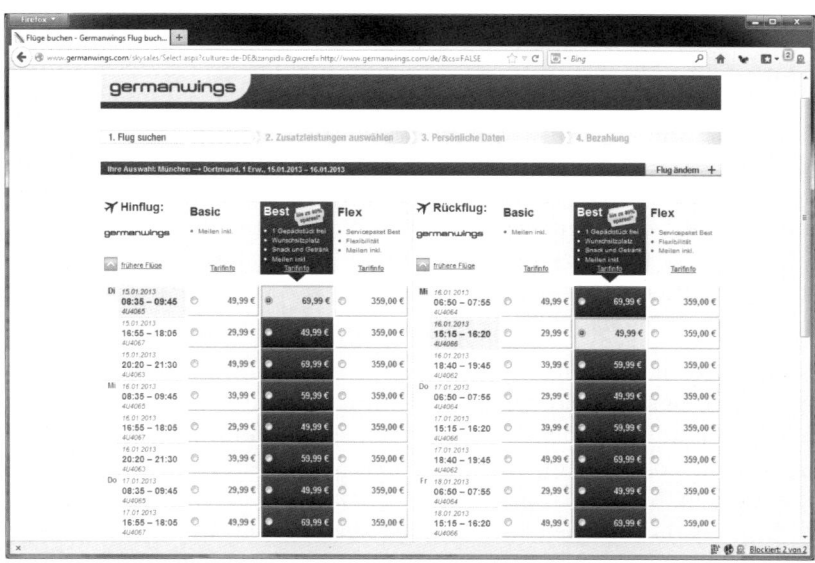

Abbildung 4: Germanwings

jedoch auch der Basistarif aus unserem Beispiel problemlos buchen. Wer im Falle von Germanwings nur Handgepäck mitbringt und auf die angebotenen Extras wie besondere Sitzplätze oder Snacks und Getränke verzichten kann, spart hier signifikant, so er denn die richtige Auswahl findet.

Derartige Lenkung von Nutzern oder Besuchern ist aber längst nicht auf das Internet oder öffentliche beziehungsweise halböffentliche Räumlichkeiten wie Supermärkte und Kantinen beschränkt. Das Prinzip findet sich auch bei Geräten und Maschinen wieder. So ist ein verbindendes Merkmal der aktuell verfügbaren Produkte im Bereich Elektromobilität eine gegenüber herkömmlichen, mit fossilen Brennstoffen betriebenen Kraftfahrzeugen geringe Reichweite. Mehrere Hersteller versuchen, den Fahrer eines Elektro- oder Hybridfahrzeugs entsprechend zu sparsamer Fahrweise zu überreden. Viel besser als eine auch bei herkömmlichen Kraftfahrzeugen vielfach vorhandene Verbrauchsanzeige taugen dazu zarte Pflänzchen oder grüne Blätter als Element der Anzeigentafel. Je nach Fahrweise sprießen die Blätter respektive gedeihen (oder verdorren) die Pflanzen.

In jedem Fall gilt: kleine Ursache – große Wirkung. Dass ein kleiner Schubs in die „richtige" Richtung unter Umständen eine signifikante Verhaltensänderung bewirken kann, bringt in jedem Fall wertvolle Erkenntnisse für die weitere Debatte rund um die technologiebasierte Verhaltensbeeinflussung in diesem Buch.

Problematisch an dem von den Autoren Richart Thaler und Cass Sunstein tatsächlich als „Nudge" („Schubs") bezeichneten Konzept ist, dass sie sich bei den Ausführungen in ihrem Buch nicht darauf beschränken, die Möglichkeiten zu beschreiben, sondern sich klar für eine staatliche Lenkung menschlichen Verhaltens aussprechen. Deren paternalistische Vorgehensweise geht davon aus, dass der Staat besser als seine Bürger weiß, was gut für diese ist. Der Argumentation mag man in gewissen Grenzen folgen, wenn es etwa um Anreize für gesunde Lebensführung oder Umweltschutz geht. An anderer Stelle mag man weniger an ein staatliches „gut gemeint" glauben, etwa wenn es sich um Fragen der Besteuerung handelt.

Im Kontext dieses Buches stehen jedoch andere Überlegungen im Vordergrund. Gerätehersteller, Internet- und App-Anbieter verhalten sich auch auf eine Art und Weise fürsorglich. Hier sind jedoch stets Zweifel angebracht, ob der Anbieter mehr den Kunden oder das eigene Fortkommen im Sinn hat. So ermöglicht beispielsweise ein neues Patent, dass dem Computerhersteller Apple zugesprochen wurde, dass dieser die eingebaute Kamera eines iPhones automatisch deaktiviert, wenn sich das Gerät an einem bestimmten Ort befindet.[102] Apple nennt im Patentantrag gleich noch einen möglichen Einsatzzweck, nämlich das Verhindern von Foto- oder Videoaufnahmen bei Konzertereignissen. Im Sinne des Anwenders, der sich auf sein Smartphone als Kamera verlässt, ist dies jedenfalls nicht.

4. Permanente Kontrolle – Die Vermessung des Selbst

„Wer bin ich und wenn ja wie viele" war der Titel eines der populärsten Bücher der letzten Jahre – eine Art „Einführung in die Philosophie für den Hausgebrauch" von Richard David Precht. Der Erfolg des 2007 erschienenen und mehr als eine Million Mal verkauften Werks zeigt, welches Potential auch nach Tausend Jahren der Philosophiegeschichte noch immer in der Grundsatzfrage der Menschheit nach dem Ich steckt.

Die Beschäftigung mit dem Ich ist ein Grundbedürfnis des Menschen. Gerade die Berücksichtigung von Erkenntnissen aus der Verhaltenswissenschaft und Hirnforschung haben der Debatte in den letzten Jahren neue Wege aufgezeigt und insbesondere deutlich gemacht, wie stark der „innere Höhlenmensch" noch immer unser Verhalten beeinflusst. Sie hat uns aber auch klar gemacht, dass wir bei der Erforschung unseres Gehirns, etwa hinsichtlich dessen Anpassungsfähigkeit an besondere Anforderungen der Umgebung, erst am Anfang stehen.

Heute befinden wir uns erneut vor einem solchen Umbruch. Wir sind auf dem Weg zur elektronischen Vermessung des Selbst und schaffen uns dabei einen neuen, elektronischen Weg zum eigenen Ich.

Da jede Beobachtung eine Rückwirkung auf den Beobachtungsgegenstand hat, und Beobachter sowie Beobachtungsgegenstand bei der Quantified Self genannten Bewegung zur Vermessung des Selbst ein und dasselbe sind, ist eine unmittelbare Rückwirkung auf das eigene Verhalten nicht nur nicht ausgeschlossen, sondern geradezu unvermeidbar.

Alles wird messbar

Durch die neuen Technologien, PC, Internet und Smartphone wird das eigene Ich plötzlich zum Gegenstand laufender Exploration und Vermessung. Damit ist zunächst nicht die – im vorherigen Buch dieses Autors „Die Internetfalle" beschriebene – allumfassende Überwachung und Protokollierung der Onlineaktivitäten der Internet- und App-Nutzung durch Suchanbieter wie Google und Social-Media-Plattform betreiber wie Facebook, Twitter und Google+ oder die Nutzertracking-Aktivitäten der zahllosen Werbenetzwerke gemeint. Für diese typisch ist, dass sie die erhobenen Daten über Nutzeraktivitäten für sich behalten und vielfach sogar die Datenerhebung verheimlichen. Denn der Nutzer soll möglichst nicht mitbekommen, dass sein Tun laufend überwacht wird. Dies wäre nicht nur theoretisch ein Problem, sondern könnte auch die Versuche stören, dem Nutzer auf Basis der erhobenen Daten die „passenden" Konsumentscheidungen schmackhaft zu machen.

Je nach Dienst kommt man jedoch nicht ohne Rückmeldung aus, beziehungsweise ist diese Teil des Systems. Hier kann man zu einer ersten „Selbstexploration" ansetzen: Die Vermessung und Dokumentation des persönlichen Verhaltens ist die Grundlage für die weitere Beschäftigung mit dem Ich im Sinne von Selbsterkenntnis und Selbstverbesserung, was auch die später detailliert beschriebene Quantified-Self-Bewegung zum zentralen Aspekt ihres Handelns macht.

Der „Bürgermeister" bei Foursquare

Ein interessantes Beispiel für die Potentiale zur Selbstvermessung, die durch eine Dienstnutzung praktisch nebenbei abfallen, liefern ortsbasierte Onlinedienste, insbesondere der weltweit populäre Dienst Foursquare.

Für die weiteren Überlegungen ist dieser Anbieter deshalb von Interesse, weil er praktisch als Prototyp der ortsbasierten Dienste die Grundlage für persönliche Ansprache bis hin zur Verhaltenslenkung durch den Dienstanbieter darstellt, andererseits aber auch Daten an den Anwender zurückliefert, die dieser für die Selbstexploration verwenden kann.

Kern des Dienstes ist eine Smartphone-Applikation, mit der man die aktuelle Position bezogen auf definierte Objekte wie Kneipen und öffentliche Plätze mitteilen kann. Dazu nutzt die Foursquare-App den GPS-Sensor des Handys und greift unter Umständen auf andere Geodaten zurück, die auf Basis von WLAN-Standorten ermitteln, wo der Nutzer sich aufhält. Dieser erhält wiederum Informationen zu Lokationen in der Nähe und Hinweise, wenn sich bestehende Kontakte in seinem aktuellen Umkreis aufhalten. Natürlich kann er auch selbst Lokationen anlegen und Kommentare hinterlassen. Foursquare hat so in gewisser Weise eine Art crowdgesourcte Fremdenführerfunktionalität „eingebaut".

Der eigentliche Reiz für viele Nutzer liegt jedoch in einer anderen Funktion: Foursquare-Lokationen erlauben einen Check-In, praktisch ein Signal – „ich bin dort" – und darüber das Sammeln von virtuellen Auszeichnungen. Derartige Badges werden für einen häufigen Besuch einer Lokation verliehen. Foursquare lädt damit zum „Jagen und Sammeln ein".

Es gibt ganz unterschiedliche Badges, wie zum Beispiel „Adventurer", die Auszeichnung für Check-Ins bei mehr als zehn verschiedenen Locations. Die über den Dienst hinaus bekannteste Auszeichnung ist jedoch „Bürgermeister" („Mayor"), die den häufigsten Check-In bei einem Ort bezeichnet und um den bei vielen In-Lokationen schon mal der eine oder andere Wettbewerb ausbrechen kann. Und das, obwohl es außer Ruhm und Ehre erst einmal nichts zu gewinnen gibt. Indirekt lohnt sich die Nutzung dieser App aber durchaus, da viele Lokationen, etwa wenn es sich um Kneipen oder Diskotheken handelt, dem per „Mayor-Badge" als Stammgast identifizierbaren Kunden Vergünstigungen wie zum Beispiel Freigetränke anbieten – nicht ohne Hintergedanken versteht sich. Ein „Mayor" ist vermutlich ein guter Multiplikator und er zieht ziemlich sicher andere Foursquare-Nutzer an, die ihm den Titel streitig machen wollen.

Aus Nutzersicht ist Foursquare eine Art Wettbewerb, möglicherweise auch mit Suchtpotential. Wer würde nicht seine mühsam erworbene „Bürgermeister"-Medaille verteidigen wollen? Die Selbsterkenntnis über das eigene Ich steht bei Foursquare zwar nicht im Mittelpunkt, der Nutzer gewinnt jedoch – ganz nebenbei – eine gewisse Art von

Transparenz über seine Aktivitäten, er macht sich etwa bewusst, wann er wo war. Die kritische Selbstreflexion, ob man etwa oft genug im Fitness-Center war, um die teure Mitgliedschaft zu rechtfertigen, lässt sich auf dieser Basis durchaus betreiben. Um weiter in die Tiefe zu gehen – am Beispiel Fitness etwa den Trainingserfolg zu dokumentieren –, ist Foursquare jedoch nicht die richtige Plattform. Hier bedarf es spezieller Apps und Dienste, von denen im Kapitel zu Quantified Self noch die Rede sein wird (vgl. S. 104).

Der Klout Score als Messgröße der eigenen Social-Media-Bedeutung

Um Auszeichnungen und Wettbewerb geht es auch in unserem nächsten Beispiel, viel mehr noch als bei Foursquare steht bei Klout das „Ich" und dessen Bewertung im Mittelpunkt.

Übrigens versteckt sich in der Schreibweise Klout das englische Clout, das für Einfluss, Macht und Schlagkraft steht. Diese Assoziationen dürften bei der Namensfindung durchaus gewollt gewesen sein. Denn der „Klout Score" der in San Francisco ansässigen Firma Klout[103] ist praktisch die Blaupause für die wachsende Messbarkeit des Selbst im Onlinezeitalter. Das 2008 gegründete Unternehmen analysiert Nutzerdaten aus Sozialen Netzwerken wie Facebook und Twitter und berechnet dadurch eine Art „Wichtigkeits-Index" zwischen 1 und 100. Je größer die Zahl, umso wichtiger und einflussreicher ist der damit ausgezeichnete Nutzer.

Klout sammelt Daten über alle möglichen in der Öffentlichkeit des Social Web aktiven Nutzer, eine Registrierung ist unnötig. Es ist jedoch möglich, sich anzumelden, um sicherzustellen, dass Klout auch die richtigen Dienstkonten der eigenen Person zuordnet. Im Detail wird für die Bewertung nicht nur die erzielbare Reichweite („True Reach") ermittelt, sondern es wird auch versucht, einen „Verstärkungsfaktor" („Amplification") zu ermitteln. Mit diesem wird wiederum bemessen, wie oft Reaktionen auf die Nachrichten des Nutzers erfolgen – ob beispielsweise Twitter-Nachrichten „retweetet" werden. Hinzu kommt der „Netzwerkeinfluss" („Network Impact"), der Aufschluss über die Qualität der eigenen Netzwerkkontakte geben soll: Wer mit Personen in Kontakt steht, die einen hohen Einfluss, also einen hohen Klout-Score, haben, hat wiederum selbst einen tendenziell höheren Klout-Score.

Diese drei sogenannten Sub-Scores tragen zum Klout-Wert bei. Zusammengefasst gehen mehrere Dutzend Variablen in den Klout-Score ein, ohne dass Klout diese Bewertungsmechanismen offenlegt.

Durch die Ausgestaltung der Sub-Scores und die Berücksichtigung der weiteren Variablen wird der Tatsache Rechnung getragen, dass eine hohe Zahl von Kontakten, bei Twitter sind das Follower, nicht automatisch auch für einen hohen Einfluss des Nutzers bürgt.

Ein weiteres spannendes Element bei Klout sind die „Topics". Der Anbieter versucht, zu verschiedenen Themen die jeweiligen Meinungsführer zu ermitteln, und berücksichtigt derartige Elemente wiederum bei der Bewertung. Ab einem bestimmten Punktwert hat man als Nutzer darüber hinaus weiteren Einfluss auf das Bewertungssystem und kann beispielsweise neue Topics definieren, um so seiner eigenen Expertise nach vorne zu verhelfen. Mit der themenorientierten Erweiterung trägt Klout der Einsicht Rechnung, dass Einfluss in den Social Media fast immer ein themenspezifischer ist, wenn es nicht etwa um die Deutungshoheit über Social Media selbst geht.

Mit dem Klout-Style wird ein Nutzer schließlich in eine 16-Felder (4x4) Matrix einsortiert, nach den Kriterien „listening ↔ participating", „casual ↔ consistent", „broad ↔ focused" und „sharing ↔ creating" positioniert sowie mit einem Titel wie „Specialist" oder „Networker" versehen.

All diese Features haben Klout zum Meinungsführer im Bereich Einflussmessung in Social Media gemacht. Es gibt daneben zwar noch weitere Dienste, aber diese haben längst nicht dieselbe Bekanntheit oder fokussieren nur auf einzelne Dienste, wie die Auswertung von Twitter.

Während in deutschsprachigen Ländern Klout bisher meist nur in Social-Media-Marketingkreisen ein Begriff ist, ist der Anbieter im Heimatland USA als Messgröße zu einer wichtigen Instanz geworden. So berichtet das Magazin Wired im April 2012 von einem im Bewerbungsgespräch wegen eines zu niedrigen Klout-Wertes abgelehnten Bewerbers.[105] Inwieweit derartige Quantifizierungsauswirkungen eine gute PR-Leistung von Klout sind oder tatsächlich reale Geschehnisse widerspiegeln, sei dahingestellt. Zumindest sind Zweifel erlaubt. Bedenklich wäre in jedem Fall, wenn sich Klout – oder ein ähnliches Bewertungssystem – als Maßstab für die Qualifikation eines Bewerbers durchsetzt. Die Bewerber würden forthin alles tun, um dem Bewertungssystem gerecht zu werden und ihre Bewertung zu erhöhen – mit welchen Mitteln auch immer. Man denke nur an „gekaufte" Follower und andere Möglichkeiten, das eigene Ranking zu beeinflussen.

Auch wenn der Klout-Score für das Fortkommen im Berufsleben nicht oder noch nicht zum Maßstab wird – die Anwendungen für die Allgemeinheit und damit die Auswirkungen der Quantifizierung auf das Privatleben sind bereits jetzt sehr real. Unternehmen nutzen beispielsweise den Klout-Wert um Social-Media-Monitoring zu optimieren, das heißt, um bei der Überwachung von Social Media, etwa hinsichtlich Kundenbeschwerden, bedeutende Influencer (Meinungsbildner) besser

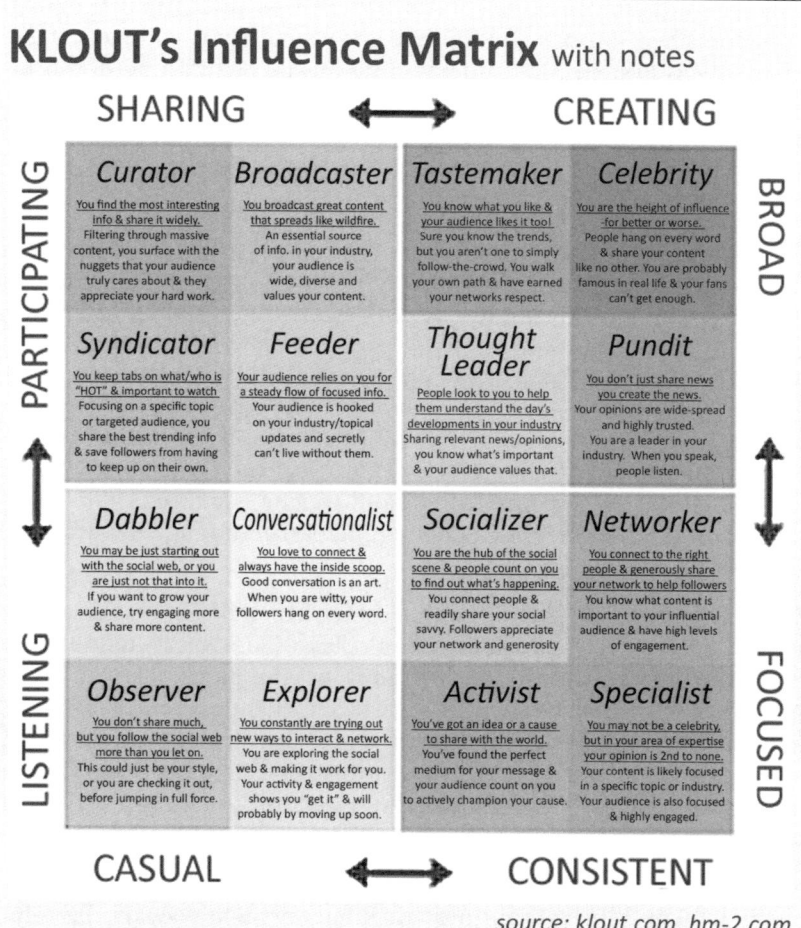

KLOUT's Influence Matrix with notes

SHARING ⟷ CREATING

Curator	**Broadcaster**	**Tastemaker**	**Celebrity**
You find the most interesting info & share it widely. Filtering through massive content, you surface with the nuggets that your audience truly cares about & they appreciate your hard work.	You broadcast great content that spreads like wildfire. An essential source of info. in your industry, your audience is wide, diverse and values your content.	You know what you like & your audience likes it too! Sure you know the trends, but you aren't one to simply follow-the-crowd. You walk your own path & have earned your networks respect.	You are the height of influence -for better or worse. People hang on every word & share your content like no other. You are probably famous in real life & your fans can't get enough.
Syndicator	**Feeder**	**Thought Leader**	**Pundit**
You keep tabs on what/who is "HOT" & important to watch Focusing on a specific topic or targeted audience, you share the best trending info & save followers from having to keep up on their own.	Your audience relies on you for a steady flow of focused info. Your audience is hooked on your industry/topical updates and secretly can't live without them.	People look to you to help them understand the day's developments in your industry Sharing relevant news/opinions, you know what's important & your audience values that.	You don't just share news you create the news. Your opinions are wide-spread and highly trusted. You are a leader in your industry. When you speak, people listen.
Dabbler	**Conversationalist**	**Socializer**	**Networker**
You may be just starting out with the social web, or you are just not that into it. If you want to grow your audience, try engaging more & share more content.	You love to connect & always have the inside scoop. Good conversation is an art. When you are witty, your followers hang on every word.	You are the hub of the social scene & people count on you to find out what's happening. You connect people & readily share your social savvy. Followers appreciate your network and generosity	You connect to the right people & generously share your network to help followers You know what content is important to your influential audience & have high levels of engagement.
Observer	**Explorer**	**Activist**	**Specialist**
You don't share much, but you follow the social web more than you let on. This could just be your style, or you are checking it out, before jumping in full force.	You constantly are trying out new ways to interact & network. You are exploring the social web & making it work for you. Your activity & engagement shows you "get it" & will probably by moving up soon.	You've got an idea or a cause to share with the world. You've found the perfect medium for your message & your audience count on you to actively champion your cause.	You may not be a celebrity, but in your area of expertise your opinion is 2nd to none. Your content is likely focused in a specific topic or industry. Your audience is also focused & highly engaged.

PARTICIPATING / LISTENING (left axis) — BROAD / FOCUSED (right axis)

CASUAL ⟷ CONSISTENT

source: klout.com, hm-2.com

Abbildung 5: KLOUT Influence Matrix[104]

zu erkennen und diese in Folge dessen besser bedienen zu können. Die Anbieter hoffen auf eine positive Reichweite oder fürchten negativen Einfluss, wenn sie Nutzer mit großem Einfluss und einem geäußerten Problem sich selbst überlassen. Das klingt zunächst gut ... Die Bevorzugung tatsächlicher oder vermeintlicher Meinungsbildner durch die Unternehmen diskriminiert aber Otto Normalnutzer, der sich damit praktisch hinten anstellen muss. Ähnlich wie beim Verteilungskampf im Vogelnest bekommt derjenige (oder diejenige), der am lautesten schreit, das meiste Futter.

Diese Selektion funktioniert natürlich vollautomatisch: Über die von Klout bereitgestellte API-Schnittstelle (API = Application Programming Interface) lassen sich Klout-Werte automatisiert abfragen. Dabei erinnert das System nicht nur zufällig an die Schufa und deren berühmten Scoring-Wert, der das Kreditausfallrisiko für eine Person bemessen soll. Auch hier ist das eigentliche Messverfahren eher diffus. Dennoch findet der Klout-Score international bereits rege Verwendung.

Besondere Aufmerksamkeit der Medien bekam Klout kürzlich dadurch, dass die Fluglinie Cathay Pacific ihre eigene Lounge am Flughafen San Francisco (SFO) nicht nur den eigenen Kunden mit „Business Class"- oder „First Class"-Flugticket zugänglich machte, sondern jeder Person Eintritt gewährte, die einen Klout Score von „40" oder besser nachweisen konnte.[106] Dies konnten die Gäste praktischerweise mit der Klout-iPhone-App auch direkt am Einlass belegen, anstatt erst ein Flugticket und gegebenenfalls eine Vielfliegerkarte vorzuzeigen. Dieses Beispiel zeigt sehr deutlich auf, welche Bedeutung den „digitalen Multiplikatoren" zumindest vereinzelt bereits zugemessen wird.

Besonders interessant ist auch der Vergleich mit dem herkömmlichen Zugangssystem. Eine Airline-Lounge ist im Regelfall Gästen mit einem relativ teuren Ticket („Business Class", „First Class") vorbehalten oder steht Vielfliegern alternativ auch mit einem preisgünstigen Flugschein offen. In Einzelfällen lässt sich der Zugang auch „erkaufen". Generell aber gilt in der Welt der Airlines: Bezahlt der Kunde mehr, erhält er mehr Service. Die Luftfahrtindustrie differenziert seit Jahren ihr System, um ihre guten Kunden zu hegen und zu pflegen, aber nun stellt Cathay Pacific dies – zumindest punktuell – auf den Kopf.

Noch kurioser mutet da die Innovation an, die der Onlinedating-Anbieter Tawkify[107] in Verbindung mit Klout versucht. Tawkify betreibt bisher Onlinedating, wie viele andere Seiten weltweit: Man stellt den Kunden eine Reihe von Fragen – bei diesem Anbieter sind das zehn – und sortiert danach potentiell sinnvolle Kombinationen. Diese bringt man dann zusammen. Bei Tawkify erfolgt dies durch telefonische Kontaktanbahnung. So weit, so bekannt. Das Unternehmen bringt nun aber auch Nutzer zusammen, die einen ähnlich hohen Klout-Score haben. Die Plattformbetreiber wollen mit Blindtests bei 30 Paaren ermittelt haben, dass sich der Klout-Score als Messgröße für den Dating-Erfolg eignet.[108]

Ob da mehr als ein Werbegag dahintersteckt, ist durchaus fraglich. Nüchtern betrachtet erfolgt das Zusammenführen wohl eher auf der Ebene eines vergleichbaren extrovertierten Verhaltens, das durch einen hohen Klout-Score zweifelsfrei gegeben sein dürfte.

In Summe erinnert das Vorgehen eher an die Motivation, die hinter der Vergabe von Journalistenrabatten steht oder die Prominenten wie Semiprominenten Zuwendungen wie kostenlose oder stark rabattierte Produkte gewährt. Immer in der Hoffnung, ein bisschen von dem Glanz des Prominenten würde auf das Produkt abfärben oder der Journalist würde wohlwollend darüber berichten. In gewisser Weise wird der Klout-Score damit zum Indikator des digitalen Promitums. Gleichzeitig stellt er aber auch eine Gefahr dar, wenn die Bewertung eines Menschen auf die Äußerlichkeit einer Messzahl verkürzt wird. Die Idee, etwa nur potentielle Partner mit einem vergleichbaren Klout-Score zu „daten" schließt möglicherweise die interessantesten Kontakte aus.

Mit diesem Gedankenuniversum ist Klout übrigens bei Weitem nicht allein. Auch andere Anbieter peilen eine ähnliche Strategie an, wie die App Social Ladder beweist. Diese verspricht – ohne Umwege über eine Wertung à la Klout – direkt Gratis-VIP-Tickets und Rabattgutscheine, aber nur für diejenigen APP-Nutzer, die im Social Web gut vernetzt sind.

Aber noch ist vollkommen offen, welche App oder welches Konzept sich durchsetzt, oder ob sich derartiges überhaupt außerhalb der Gruppe der Technologiebegeisterten halten kann. Schließlich wirkt diese neue Form von Öffentlichkeit auf nicht wenige Menschen mehr als gespenstisch.

Die App Highlight informiert ihre Nutzer beispielsweise, wenn sich in der Nähe Personen befinden, mit denen man gemeinsame Kontakte oder Interessen teilt. Via Facebook kann man festlegen, ob man nur über anwesende Facebook-Freunde oder auch Kontakte von Kontakten beziehungsweise über Fremde, die gemeinsame Interessen via Facebook artikuliert haben, informiert werden möchte. In der idealen Welt der Highlight-Macher kann man Gleichgesinnte treffen, ohne gleich in eine Bar zu gehen oder an einem speziell arrangiertem Meeting teilnehmen zu müssen. Highlight CEO Paul Davison sieht seine App – nach Medienberichten – als eine Art „Sechster Sinn", mit dessen Hilfe man alles über jeden erfährt, den man zufällig trifft.[109] Ob dieser Ausblick auf die Zukunft nun als besonders spannend oder eher erschreckend zu werten ist, liegt im Auge des Betrachters beziehungsweise des Nutzers selbst.

Unangenehm und auch unheimlich wird es jedoch in jedem Fall bei Apps wie „Girls around me". Diese Applikation nutzt Foursquare-Daten und gleicht diese mit öffentlich zugänglichen Facebook-Daten ab. Als Stalker-App gebrandmarkt, wurde die Software aus dem App-Store ausgeschlossen und damit praktisch unzugänglich. Nüchtern betrachtet, ist „Girls around me" jedoch nicht mehr als ein simpler Mashup, also eine automatisierte Kombination von freiwillig angegebenen Daten aus Facebook und Fousquare sowie Google Maps. Formulierungen wie „Browse photos of lovely local ladies" oder „In the mood for love or just a one-night-stand? Girls around me puts you in control" lassen jedoch an der Seriosität des Anbieters sowie der Klientel zweifeln. [110]

Zahlreiche andere Startups und Konzepte versuchen sich ebenfalls an dieser Form der Vermessung, an diesem neuen Kampf um eine scheinbare „Wichtigkeit" im Social Web. Dabei sind die Messwerte, wie sie Klout und andere offerieren, eine Sonderform der Reise ins Ich, mit denen wir uns Bewertungen unterwerfen, die andere über uns abgeben und uns so ein Stück vergleichbarer machen.

Die wichtigsten potentiellen Multiplikatoren und Meinungsbildner zu identifizieren, zusammenzubringen und den Wettbewerb unter diesen zu stimulieren, kann für Unternehmen wie für die beteiligten Nutzer gewinnbringend sein. Vergessen oder bewusst ausgespart wird bei den genannten Ansätzen oftmals aber die reale Welt. So dürfte der zuvor genannte Bestsellerautor Richard David Precht bei derartigen Wertungen, die sich allesamt rein auf die Onlinewelt beziehen, eher unterrepräsentiert sein. Tatsächlich erreicht er über Bücher, Talkshowauftritte, Vorträge und Zeitungsinterviews jedoch Millionen von Menschen.

Keines der hier beschriebenen Systeme zur Einflussmessung bildet diese Reichweite über das Internet hinaus mit ab. Es fehlt schlicht die einfache Messbarkeit, wie sie online möglich ist. Natürlich gibt es Bestsellerlisten und Ausschnittdienste, die Nachrichtenmedien bis hin zum Print detailliert auswerten. Aus Kosten- und/oder Praktikabilitätsgesichtspunkten ist aber kein Anbieter derzeit in der Lage, derartiges in die Bewertungsmechanismen einzubeziehen. Mit einer derzeit zu beobachtenden Abnabelung der Printmedien gegenüber dem Internet und dem zunehmenden Einsatz von sogenannten Paywalls wird die Chance auf eine Auswertung und Integration in eine Art universellen „Bedeutungswert" zudem eher geringer.

5. Auf dem Weg zur Selbstvermessung

Bei den zuvor genannten Orts- und Bewertungsdiensten ist es bereits angeklungen, dass sich deren Rückmeldungen auch dazu eignen, Erkenntnisse über sich selbst und die eignen Handlungen zu gewinnen. Diese sind aber quasi ein Nebenprodukt der Nutzung und nur ein erster Anfang, wenn es um die systematische Beschäftigung mit dem Ich und der Vermessung desselben geht.

Der Gedanke der Selbstvermessung mag dem einen oder anderen Leser seltsam vorkommen, tatsächlich existiert aber bereits eine weitreichende Bewegung von Menschen, die sich eben dieser Selbstvermessung mit technischen Mitteln widmen, mit dem Ziel, mehr über sich selbst zu erfahren und Kontrolle über das eigene Leben zu gewinnen beziehungsweise das eigene Verhalten meist mit dem Ziel einer besseren Gesundheit zu steuern.

Zunächst sind es ganz einfache Dinge, die uns eine erste aktive Rückmeldung über das eigene Selbst geben. Für die Frage nach der Länge der täglich zurückgelegten Wege gibt es beispielsweise einfache Schrittzähler für wenig Geld. Aber was bedeutet die Zahl 9.580 auf dem Display tatsächlich? Möglicherweise einen Fortschritt gegenüber den 6.730 Schritten von gestern ..., aber sonst? Ist das ein guter oder schlechter Wert? Und warum hat man keinen Schrittzähler im Mobiltelefon, man trägt es ohnehin mit sich herum? In der Tat gibt es eine Vielzahl von Apps, die einem nicht nur die zurückgelegte Schrittzahl, sondern eine Vielzahl von weiteren Informationen liefern:

„Mytracks" etwa zeigt die Geschwindigkeit, die zurückgelegte Entfernung, die Höhenmeter, Durchschnittsgeschwindigkeit und sogar ein Höhenprofil – bei jeder Art von Eigenbewegung, also auch beim Joggen oder Radfahren. Zusätzlich kann man die zurückgelegten Wege in einer Karte auf Google Maps ansehen, zu Vergleichszwecken ins Internet hochladen und über Tage oder Wochen auswerten. Natürlich kann man auch ganz ohne technische Hilfsmittel, mit Block, Landkarte und Stoppuhr seinen persönlichen Trainingsplan aufstellen und kontrollieren. Die einfache Verfügbarkeit und Bedienbarkeit sprechen jedoch für die Mobiltelefon-App – von der Bequemlichkeit der Selbstüberwachung einmal ganz abgesehen.

Anhand dieses Beispiels aus dem Gesundheitswesen sieht man, welche Rolle moderne Technologien bei der Selbstvermessung spielen können. Jenseits der Erfassung der Daten helfen sie bei der Auswertung und liefern den Bezugsrahmen beziehungsweise die Vergleichsbasis, unter Umständen sogar gleich die Plattform, auf der der Nutzer mit anderen Nutzern in einen Wettbewerb treten kann: Ein Rund-um-die-Uhr-Vergleich über eine Bestenliste im Internet. Smartphone-Nutzung und Internet erlauben in jedem Fall eine detaillierte Betrachtung des eigenen Handelns – geeignete Apps und Auswertung vorausgesetzt.

IV   Sich messen mit den Besten –
      Die Quantified-Self-Bewegung

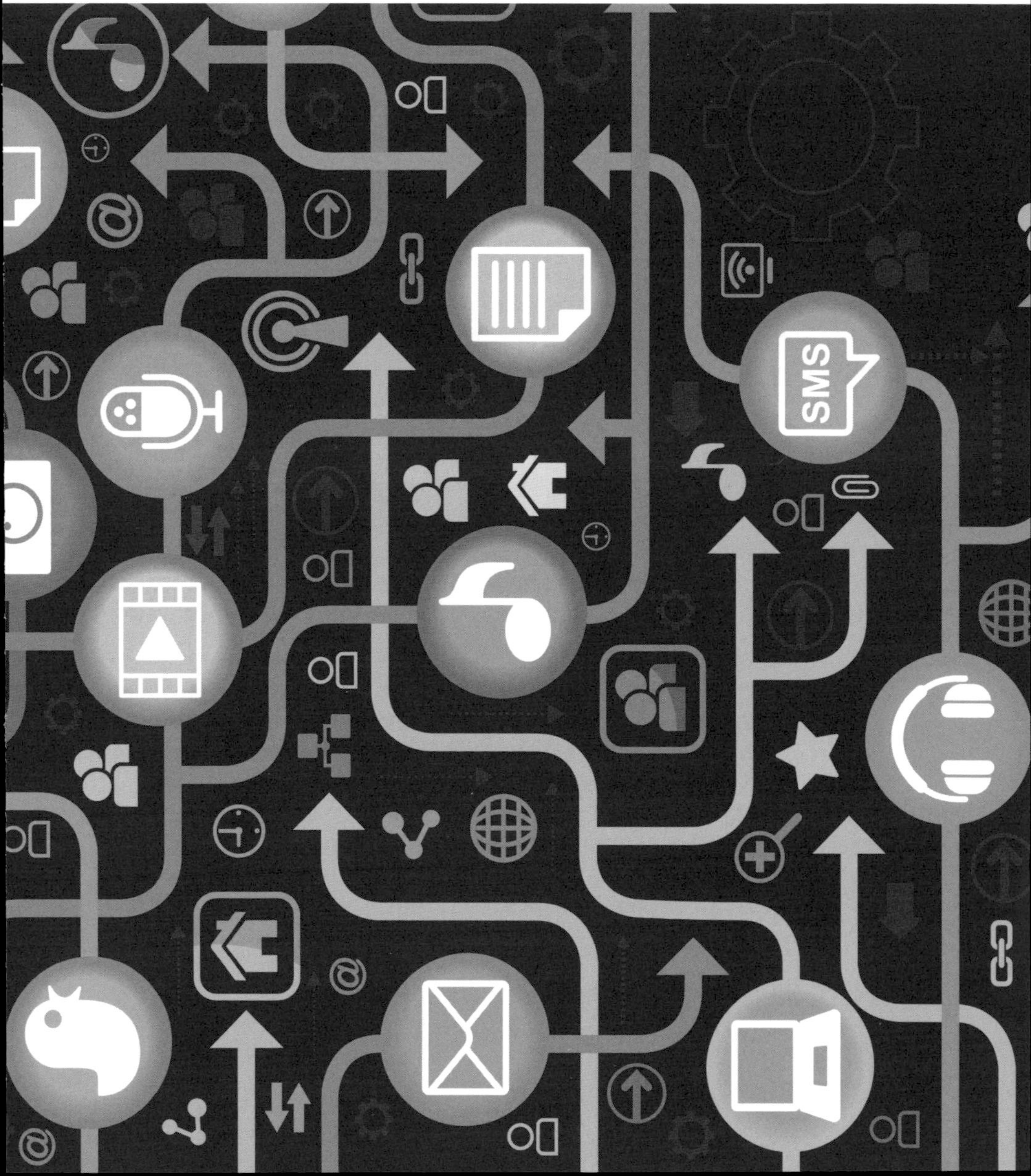

IV Sich messen mit den Besten – Die Quantified-Self-Bewegung

Geht man von den gerade genannten Beispielen aus, so ist die Beschäftigung mit der Vermessung des eigenen „Ich" eine durchaus ernst zu nehmende Tätigkeit. Dabei sind es Spitzensportler und chronisch Kranke, die die Selbstvermessung als reine Notwendigkeit, teilweise bereits seit Jahren, an sich praktizieren. Die Debatte darauf zu verkürzen, greift aber zu kurz.

Tatsächlich findet unter den Begriffen Quantified Self und Personal Analytics derzeit so etwas wie eine anwendergetriebene Revolution statt, die in ihren Auswüchsen sicher alle möglichen Klischees bedient, im Kern aber eine gesamtgesellschaftliche Bedeutung hat.

In der Eigendarstellung liest sich das dann wie folgt:

„The Quantified Self ist ein Netzwerk aus Anwendern und Herstellern von Tools und Methoden auf Basis personenbezogener Daten. In weltweit mehr als 50 Städten finden regelmäßige Meetups zur Förderung des Austauschs und zum Networking in den lokalen Quantified Self Gruppen statt. Kern dieser Treffen sind die Berichte von Anwendern über ihre persönlichen Erfahrungen mit Self Tracking Tools zu Fitness, Gesundheit und anderen Bereichen. Darüber hinaus präsentieren Startups und etablierte Unternehmen unseren Teilnehmern Produkte und Dienste aus den Bereichen Fitness, Gesundheit und anderen Anwendungsfällen personenbezogener Daten. Das Ziel unserer Treffen ist die Förderung des Austausches zwischen Anwendern und Herstellern, wodurch beide Seiten voneinander lernen können. Neben anwendungsbezogenen Aspekten setzen wir uns für die Diskussion über persönlichen und gesellschaftlichen Veränderungen durch das Aufkommen neuer Technologien auf Basis personenbezogener Daten ein."[111]

Quantified-Self-Anwender sammeln Daten wie Gesundheitsdaten, Daten zu emotionalen Zuständen, aber auch Finanzdaten und werten diese durch geeignete Werkzeuge aus. Neben verbessertem Wissen steht dahinter häufig eine Steigerung der Motivation, sich mit der Verbesserung bestimmter Parameter zu beschäftigen, also beispielsweise weniger Kalorien zu sich zu nehmen oder mehr Sport zu treiben. Eingesetzt werden dafür Smartphone-Apps und andere Sensoren wie Schrittzähler oder Personenwaagen mit Netzanbindung.

Ähnlich wie im Ursprungsland USA gibt es in Deutschland verschiedene Gruppen, die auf lokaler Ebene Entwicklungen austauschen und aus der eine Bewegung resultiert, die sich auf der zuvor genannten Website organisiert. Lokale Treffen, sogenannte „Meetups", gibt es derzeit in Deutschland (Stand 7/2012) in:

- Aachen,

- Berlin,

- Hamburg,

- Köln,

- München,

- Stuttgart.

Daneben gibt es natürlich Treffen in den nordamerikanischen Metropolen, aber auch weltweit, wie etwa in Kapstadt, Sydney, Tokyo, Rio de Janeiro, und natürlich vielfach in Europa (Amsterdam, Brüssel, Dublin, Genf, Helsinki, London, Mailand, Stockholm). Man kann daher durchaus von einer weltweiten Bewegung sprechen.

Verkürzt man die Quantified-Self-Bewegung auf die bereits zahlreich angebotenen Apps, die den Erfolg von Lauf-, Fahrrad- oder Fitness-Center-Trainings dokumentieren sollen, wird man der Entwicklung nicht gerecht. Will man aber Quantified Self tatsächlich verstehen, so kommt man nicht umhin, auch den experimentellen Charakter so mancher Vermessungsbemühungen zu betrachten. Nicht selten sind es gerade nicht ambitionierte Hobbysportler, sondern ambitionierte Computerfans, die die Entwicklung vorantreiben. Die Folge: Vielfach steht das explorative Element bei der Konzeption und Entwicklung der Datenerhebung im Vordergrund der Aktivitäten. Die Reise in die Selbstvermessung wird zur persönlichen Entdeckungsreise in weitgehend unerforschtes Terrain und tangiert alle möglichen Lebensfunktionen und -aktivitäten. Nachfolgende Beispiele belegen dies eindrucksvoll.

TV-Gewohnheiten im Visier

Für viele Menschen ist das Fernsehen nach wie vor der Zeitkiller Nummer eins. Aber wer weiß schon, wie lange er oder sie Zeit vor dem Bildschirm verbringt. Und wie misst man den eigenen TV-Konsum? Kein bekanntes Gerät liefert darüber Rückmeldung – es wäre ja auch nicht im Sinne von Programmmachern und Geräteherstellern, hier eine Art „Couchpotato-Highscore" zu erstellen.

Einen interessanten Ansatz zur Messbarkeit für diesen bei vielen Menschen dominierenden Zeitvertreib hat der Softwareentwickler Dale Lane gewählt.[112] Nach Beschreibungen auf seinem Blog kann er offensichtlich auch in seiner Freizeit nicht vom Programmieren lassen und analysiert nun seine eigenen TV-Gewohnheiten. Dabei hat er sich nach eigenem Bekunden durch eine Funktion von Last.fm inspirieren lassen. Der Onlinemusik-Streamingdienst speichert Detailinformationen über die Hörgewohnheiten und erlaubt nicht nur das Teilen des eigenen Musikgeschmacks (das sogenannte Social Radio), sondern auch eine eigene Analyse. Last.fm stellt die Daten über eine Programmierschnittstelle zur Verfügung. Anhand dieser Daten kann man mit eigenen Mitteln oder durch Nutzung eines Onlinedienstes wie „Lastgraph" seinen eigenen Musikgeschmack und dessen Wandel im Laufe der Zeit visualisieren.[113]

Dale Lane überträgt nun diese Auswertungsmöglichkeiten auf seinen gesamten Medienkonsum und erschließt so auch seine Fernsehgewohnheiten für eine eigene Analyse. Nur wie kommt man als Otto Normalkonsument an die Daten heran?

In Deutschland erhebt die Arbeitsgemeinschaft Fernsehforschung – ein Zusammenschluss von ARD, ZDF, ProSiebenSat.1 Media AG, Mediengruppe RTL Deutschland – die Einschaltquoten. Dazu werden repräsentativ ausgewählte Testhaushalte in ihrem TV-Konsum überwacht. Insgesamt 5.640 Haushalte mit etwa 13.000 Bewohnern ermitteln ein Abbild der 34 Millionen deutschen Fernsehhaushalte mit insgesamt circa 73 Millionen Zuschauern, repräsentativ gemessen, und zeigen auf, welche Teile der Bevölkerung welche Sendungen auf welchen Programmen sehen. Ein Panelhaushalt repräsentiert damit rund 6.000 tatsächliche Haushalte.

Im Detail ausgewertet werden folgende Daten:

• Sehdauer in Minuten/Sekunden,

• Sehbeteiligung in Prozent und Millionen,

• Marktanteile in Prozent,

• Seher in Prozent und Millionen,

• Verweildauer in Minuten.[114]

Hinzu kommen weitere, für werbetreibende Firmen interessante Daten wie etwa die per sogenannten Affinitätsindex ermittelte Eignung eines Programmangebots für eine bestimmte Zielgruppe. Vergleichbare Systeme existieren übrigens auch in anderen Ländern.

Aber selbst eine Zugehörigkeit zu einem Testhaushalt erlaubt etwa in Deutschland keinen Zugriff auf die selbstgenerierten Daten. Offensichtlich möchte man eine Feedback-Schleife zum einzelnen Zuschauer beziehungsweise Haushalt gerade nicht entstehen lassen. Das offizielle Argument ist hier natürlich die mögliche Verfälschung der Ergebnisse. Selbstreflexion unerwünscht.

Handelsübliche Fernsehgeräte bieten – zumindest bisher – keine Funktionen an, den TV-Konsum für den Eigenbedarf auszuwerten. Die Frage für interessierte Nutzer muss demnach lauten: Was tun?

Lane geht, vielleicht gerade deshalb, einen völlig anderen Weg. Als Computerexperte läuft sein gesamter Medienkonsum über einen zentralen Server, von dem aus er die Inhalte auf die einzelnen Bildschirme verteilt. Da alle Daten zentral erfasst und verwaltet werden, wird es dann plötzlich auch möglich, anders als bei der Nutzung von herkömmlichen TV-Geräten, den eigenen Fernsehkonsum auszuwerten:

- Welche Programme/Sendungen wurden gesehen?
- Zu welchen Tageszeiten wurde ferngesehen?
- An welchen Wochentagen wurde wann/wie lange ferngesehen?
- Wie lange ist die durchschnittliche Aufmerksamkeitsspanne (Zeitdauer bis zum Umschalten) bei welchem Programminhalt?

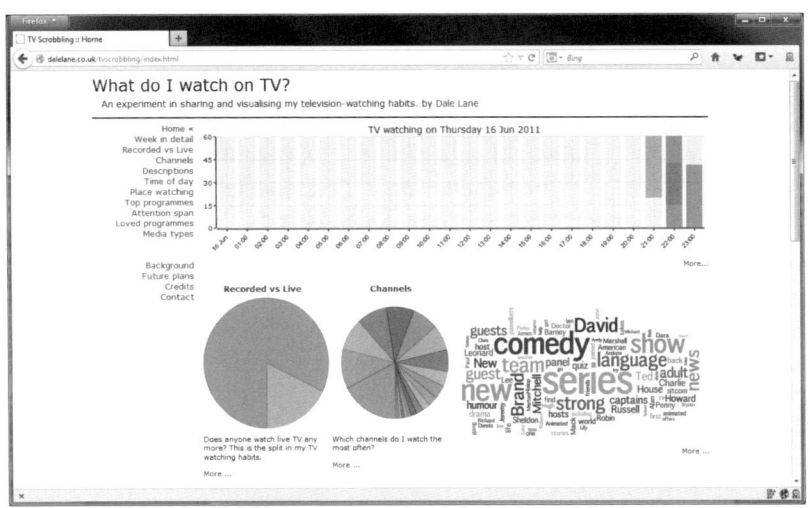

Abbildung 6: Beispiel für die Auswertung von TV-Gewohnheiten

Für sich selbst hat Lane ermittelt, dass er in der Regel zwischen 15 und 30 Minuten am Stück „dranbleibt" und dann gerne mal den Kanal wechselt. Auf seiner Website scheut er sich übrigens auch nicht davor, seine Daten zum privaten TV-Konsum allesamt öffentlich zu machen. Dem einen oder anderen wäre es vielleicht doch peinlich, sich als „Dr. House-TV-Serien-Junkie" im World Wide Web zu outen.

Aber wo steckt nun der Nutzen, mag sich mancher Leser fragen? Vielleicht liegt der in diesem Fall weniger im Detail als in der Art und Weise, wie einem Quantified Self hier den Spiegel vorhält und die eigenen Gewohnheiten vor Augen führt. Der erste Schritt, mit langfristig möglicherweise negativen Gewohnheiten aufzuräumen – zu viel Fernsehen führt zu Bewegungsmangel und gesundheitlichen Nachteilen –, ist, sich das eigene Verhalten selbst vor Augen zu führen. Im nächsten Schritt wird man vielleicht derartige Gewohnheiten hinterfragen und auf diese einwirken wollen. Wer also zu Prokrastination neigt, wird vielleicht versuchen, TV als „Fluchtmöglichkeit" nicht mehr zuzulassen oder sich im Gegenteil nur noch nach erzielten Erfolgen zu belohnen. Von der Selbstvermessung bis zur Selbstmanipulation ist es hier möglicherweise kein besonders weiter Weg.

Das Arbeitsleben unter der Lupe

Der britische Mathematiker und Physiker Stephen Wolfram ist Insidern als Entwickler eines der meistgenutzten Mathematik-Softwarepakete „Mathematica" und vielfach auch als Entwickler der seit 2009 verfügbaren „Wolfram Alpha"-Suchmaschine oder besser Wissensmaschine bekannt, die, anders als eine herkömmliche Suchmaschine, Antworten auf in natürlicher Sprache eingegebene Fragen liefern soll.[115] Da viele Leser vermutlich von „Wolfram Alpha" bisher noch nie etwas gehört haben, hier eine andere Angabe: Rund 25 Prozent der Abfragen von Wolframs Suchmaschine gehen – nach Presseberichten – auf die Nutzung durch Apples Sprachassistenten SIRI zurück.

Stephen Wolfram gilt somit als Vordenker einer Bewegung zum Erforschen des Selbst und analysiert sich sowie seine Technologienutzung intensiv selbst. So zeigt er auf seinem Weblog unter anderem interessante Muster in seinem E-Mail-Nutzungsverhalten seit 1989 auf und visualisiert diese grafisch. In einem umfangreichen Blog-Post im März 2012 diskutiert er diese Daten und zeigt die darin erkannten Muster auf:

Außer zur „Schlafenszeit", die bei Stephen Wolfram zwischen 3 Uhr und 11 Uhr morgens liegt, schreibt er über den ganzen Tag hinweg E-Mails. Auch ist – zugegebenermaßen wenig überraschend – festzustellen, dass die Zahl seiner Mails (eingehend wie ausgehend) Jahr für Jahr steigt.[116]

Darüber hinaus sind im Falle von Stephen Wolfram noch andere Trends ablesbar: Seiner eigenen Beschreibung nach ändern sich die Muster seines E-Mail-Schreibens in seinem Wechsel zwischen dem Management seines Unternehmens hin zur wissenschaftlichen Arbeit und zu einzelnen Großprojekten. Naheliegenderweise schreibt er mehr inner-organisatorische Mails während seiner Tätigkeit im Unternehmen, verglichen mit den Phasen der Forschungstätigkeit. Auch eine Auswertung nach den unterschiedlichen Empfängern einer Nachricht – wie sie Wolfram vornimmt – lässt Rückschlüsse auf die eigene Aufgabe zu, etwa auf den Stellenwert von Projektarbeit oder Kundenbeziehungen. Ebensolches gilt beispielsweise für die von ihm genutzte automatisierte Auswertung von Kalenderterminen (Anzahl der Kalendertermine pro Tag, Anzahl der Teilnehmer pro Termin...).

Doch Stephen Wolfram geht noch weiter. So hat er über Jahre hinweg auch Tastenanschläge protokolliert – mehr als 100 Millionen – und kommt zu überraschenden Erkenntnissen. Der Anteil der „Backspace"-Taste aller Tastenanschläge liegt bei ihm bei 7 Prozent. Dies sieht er als eher hohe Fehlerrate. Ebenso spiegelt sich natürlich seine wissenschaftliche Publikationsarbeit in dem Aufkommen an Tastenanschlägen mit verschiedenen Leistungsspitzen wieder.

Zusammenfassend bleibt die Frage, welche Schlussfolgerungen und Rückmeldungen sich nun aus den Aktivitäten dieses Pioniers der Bewegung generieren lassen. Während Wolfram bei der Analyse bleibt, ließen sich durchaus mit einer reinen Eigenüberwachung mögliche Ablenkungen erkennen und Prokrastination, etwa durch abschweifendes Internetsurfen, wenn schon nicht verhindern, so doch wenigstens begrenzen. Zugegebenermaßen fällt dies nicht leicht, weil entsprechende Werkzeuge zumindest derzeit nur in Teilbereichen zur Verfügung stehen und die Auswertung der gesammelten Daten nicht unerhebliche Eigenleistung erfordert.

Wechselt man die Perspektive von der Selbstbewertung hin zu der Sicht eines Unternehmens, das etwa die Tastenanschläge seiner Mitarbeiter überwacht, kann man durchaus massive Bedenken in Sachen Datenschutz vorbringen. Jenseits von spezieller Software zur Mitarbeiterüberwachung, oder der geheimnisvollen Software von Google zur Ermittlung der Kündigungswahrscheinlichkeit, schicken sich Startup-Firmen im sogenannten „Big Data"-Segment wie Splunk[117] gerade an, aus vorhandenen Rechnerprotokolldaten ähnliche Erkenntnisse zu ziehen. Ob diese immer im Sinne des betroffenen Anwenders sind, bleibt abzuwarten.

Aber zurück zu der Datenerfassung von Wolfram: Eine Vielzahl von Daten zieht dieser auch aus seinem Telefonverhalten. Nicht nur die Dauer der Telefonate und die Anzahl der Stunden, die er täglich am Telefon verbracht hat, wertet er aus, sondern auch Zusammenhänge zwischen den Datenbeständen, wie etwa die zeitliche Verzögerung bei Telefonkonferenzen zwischen dem eingetragenen Termin und dem tatsächlichen Start des Gesprächs. Hier hat er ermittelt, dass – in seinem Fall – bei Konferenzen mit externen Teilnehmern die Pünktlichkeit erheblich höher ist als bei rein internen Konferenzgesprächen.

Zusammen mit den ebenfalls von Wolfram dokumentierten, zu Fuß zurückgelegten Wegen (wie andere Protagonisten der Quanitified-Self-Bewegung nutzt er einen Schrittzähler) liefert er eine Art „Lebensmuster" ab. Auch wenn die Auswertung eigener Daten mühsam erscheint, macht die Sicht auf die Pioniere der Selbstvermessung durchaus Lust auf eigene Selbsterkenntnis durch Selbstvermessung.

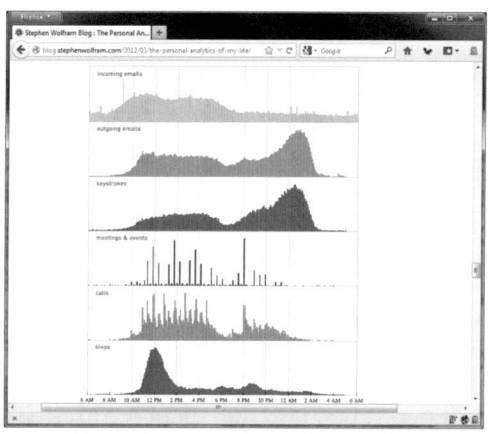

Abbildung 7: Beispielauswertung verschiedener Aktivitäten bei Stephen Wolfram

Wie bei anderen Wissensarbeitern ist Wolframs Erfolg abhängig von der Qualität seiner Ideen und deren Ausarbeitung. Aber wie können Personal Analytics uns allen dabei helfen, bessere Ideen zu haben?

Die Antwort auf die Frage lässt sich nicht allgemeingültig beantworten, aber mit Blick auf die Wissensarbeit kann die Selbstvermessung dabei helfen, die Bedingungen, bei denen in der Vergangenheit Kreativitätsschübe festgestellt wurden, wieder herzustellen – in der Hoffnung auf neue Geistesblitze.

Was sich sonst noch analysieren lässt

Die genannten Beispiele sollen nur bei einer ersten Annäherung an die Möglichkeiten der eigenen Selbstvermessung helfen. Weitere Hilfsmittel beziehungsweise Grundlagen und mögliche Analysenmechanismen, um die neuen Möglichkeiten auch positiv zu nutzen, könnten etwa sein:

- GPS-Daten (etwa vom eigenen Smartphone oder Pkw),
- Auswertung vorhandener Gesundheitsdatensensoren (zum Beispiel Pulsmesser),
- Auswertung der Daten von Raumsensoren,
- Webcams zur Auswertung von eigenen Emotionen per Bildverarbeitung,
- inhaltliche Auswertung der erstellten Dokumente (zum Beispiel Wortschatzumfang, Wiederholungsrate).

Insbesondere der letzte Punkt dürfte für Journalisten, Autoren und andere Berufsgruppen, die mit Text arbeiten, ein hochspannendes Feld sein.

Eine Reihe von bisher ungelösten Problemen bleiben jedoch: Was ist mit nicht digital erfassten Aktivitäten? Sollte man diese einscannen, per OCR bearbeiten oder sogar versuchen, eine Inhaltliche Auswertung der Dokumente vorzunehmen?

1. „Da gibt es eine App für…“ – Quantified Self vor dem Durchbruch

Längst ist Quantified Self nicht mehr nur die Domäne von Computerexperten und Bastlern. Zahlreiche Apps erlauben es, sich selbst zu vermessen. Die meisten Anwendungen befinden sich bisher im Bereich Sport und Gesundheit. Nicht wenige erlauben, wie bereits erwähnt, auch das Vergleichen der Ergebnisse mit anderen – via Internet. In den meisten Fällen hat das den häufig auch spielerischen Charakter eines Wettbewerbs, aber dazu später mehr – unter Gamification (siehe S. 142).

Die US-Website Quantified Self[118] listet unter „Guide“ mehr als 500 Tools auf. Die populärsten sind (Stand 7/2012):

- Digifit: eine Sammlung von Apps für das Tracking von Sportaktivitäten.[119]
- Fitbit: ein Gerät zum Tracken von Bewegungsaktivitäten oder Schlafverhalten.[120]
- Moodpanda: App und Website zum Tracken der eigenen Stimmung und zum Austausch in einer Community.[121]
- MoodScope: ähnlich wie Moodpanda.[122]
- Zeo Personal Sleep Coach: Gerät zum Tracken von Schlafmustern.[123]

- RunKeeper: wie der Name schon vermuten lässt, eine Anwendung zum Selbsttracken für Jogger.[124]

- Momento: App zur Erstellung eines Journals mit der Möglichkeit, selbst Daten einzugeben oder von externen Datenquellen einspeisen zu lassen.[125]

- Daily Mile: App, die zum Teilen sportlicher Aktivitäten mit anderen Nutzern und zur gegenseitigen Motivation einlädt.[126]

- Daytum: App, mit der man „alles" tracken kann.[127]

- CureTogether – Gesundheitsplattform zum Austausch von Kranken/chronisch Kranken untereinander. Die Idee dahinter: Die Datenerhebung soll auch die Forschung weiterbringen.[128]

Jenseits der fertigen Angebote gibt es natürlich – wie zuvor am Beispiel von Stephen Wolfram gezeigt wurde – eine Szene von Selbsterforschern, die neue Wege zur Auswertung ihres Selbst suchen. Wer selbst Hand an die Auswertung legen möchte und sich etwa für seine Arbeitsaktivitäten interessiert, findet bisher nur wenige Werkzeuge, aber etwa in Threadwatch zumindest eine Basis für eigene „erste Selbst-Versuche".[129] Die genannte Software erlaubt die Visualisierung der Aktivitäten auf einem Mac Computer. Zwar werden nur grundlegende Werte, wie Speicher- und Prozessor-Nutzung dokumentiert, aber diese können – richtig ausgewertet – die Basis für eigene Erhebungen liefern. Damit wird eine Erhebung, wie sie das oben genannte Unternehmen Splunk für ganze Unternehmen plant, auch auf dem Microlevel möglich.

Betrachtet man die Verbissenheit, mit der das Thema Selbstvermessung von vielen Anhängern der Bewegung vorangetrieben wird, so wird klar, dass die reine Dokumentation – etwa des Trainingsfortschritts – nicht das Endziel von allen Beteiligten ist. Vielfach steckt ein mehr oder weniger offen zur Schau gestellter Wunsch nach Selbstoptimierung hinter den Vermessungsbemühungen. Es ist unwahrscheinlich, anzunehmen, dass sich alle „Selbstvermesser" mit einem Mehr an Sport oder einem geänderten Ernährungsverhalten zur Selbstoptimierung zufriedengeben werden. Früher oder später wird der Wunsch nach technischen Maßnahmen zur Optimierung der eigenen Körperfunktionen hinzukommen. Was sich bis dato vorwiegend in der Science-Fiction-Welt abspielt – der Cyborg als Mischwesen aus Mensch und Maschine –, wird möglicherweise zum Endziel vieler Selbstoptimierer.

Zeit für einen Perspektivenwechsel, denn die neuen Möglichkeiten taugen nicht nur zur Selbstoptimierung, sondern auch zur Fremdsteuerung. Ein hierzu besonders gut geeignetes Mittel hat seine Wurzeln im Spiel und den dahinterliegenden Mechanismen. Diesen für die weitere Betrachtung wesentlichen Aspekten sind die nachfolgenden Kapitel gewidmet.

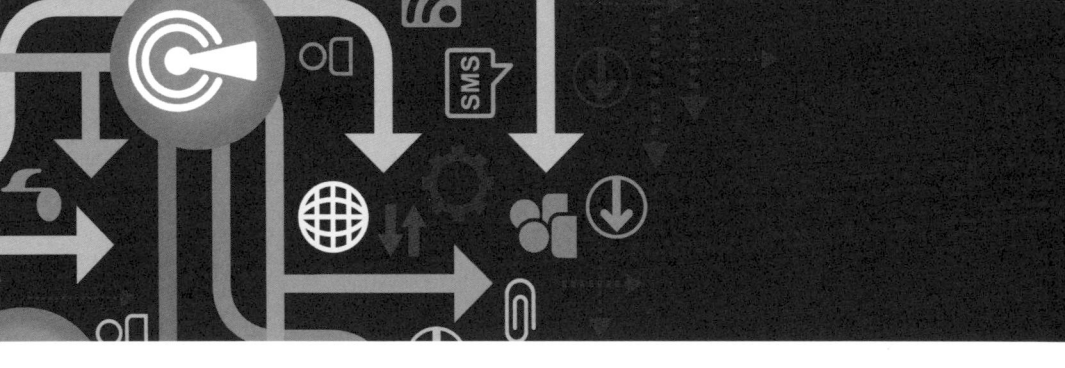

V Das Leben ist ein Spiel

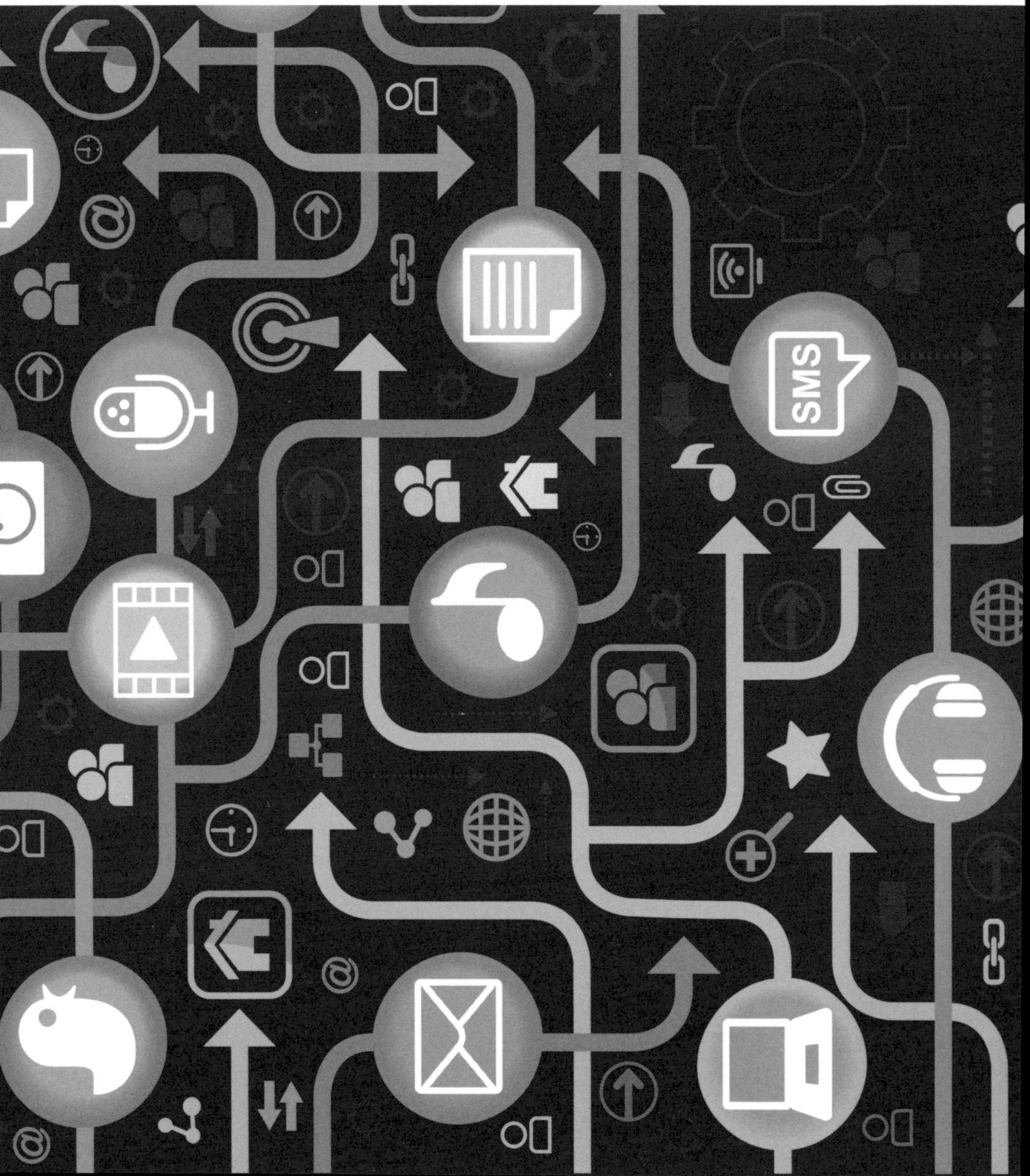

V   Das Leben ist ein Spiel

Vieles von dem, was bei der Betrachtung der Selbstvermessung im vorigen Abschnitt beschrieben wurde, hat einen spielerischen Charakter, wenngleich man nach eigenen, selbstgesetzten Regeln agiert. Aber wie ändert sich die Situation, wenn man die Hoheit über die Regeln abgibt, man freiwillig oder unfreiwillig zum Mitspieler wird, in einem Spiel, das sich andere ausgedacht haben? Eben diese andere Seite der Medaille soll nun nachfolgend erschlossen werden. Dabei lohnt es sich, zunächst einen Blick auf die zugrundeliegenden Mechanismen zu werfen:

Spielen liegt in der Natur des Menschen. Vielfach noch belächelt und als Beschäftigung für Kinder abgetan, hat das Spielen – speziell mit Hilfe von elektronischen Systemen – einen festen Platz in unserer Kultur gefunden. Die Wissenschaft unterscheidet daher zwischen Spiel im Sinne von „paidia" (engl. Play) und Spiel im Sinne von „ludus" (engl. Game): Paida steht dabei für Spielen im Sinne von Spielzeug und spontanem Spiel zum Zeitvertreib, während Ludus für ein Spiel steht, das nach festen Regeln geführt wird und einer bestimmten Spielmechanik gehorcht.

Alle Spiele – egal, ob Karten-, Brett- oder Videospiel – bestehen auf einer gewissen Abstraktionsebene aus einer Kombination ganz weniger Elemente. Man denke etwa an Würfel, Spielbretter und die „Straßen" bei Monopoly. Aus diesen recht einfachen Grundelementen ergeben sich unterschiedlichste Spielverläufe, die dieses Spiel auch mehr als 100 Jahre nach der ersten bekannten Vorläufervariante, „The Landlord's Game" von 1904, noch attraktiv machen. Entscheidend für den Erfolg dieses und anderer Spiele ist die richtige Kombination der einzelnen Spielelemente.

Der weltbekannte Spieldesigner Ralph Koster beschreibt in seinem Buch „A Theory of Fun", was den Reiz am Spiel ausmacht: „Freude am Spielen erwächst aus Meisterschaft, aus allmählichem Verstehen. Es ist das Bewältigen von Herausforderungen, das zu Spaß und Befriedigung führt."

Verkürzt man die Betrachtung des Spiels auf die – im Kontext dieses Buches – relevanten Spiele mit Bezug zu Informations- und Kommunikationstechnologie, auch verkürzend als „Videospiele" bezeichnet, so bekennen sich erstaunlich viele Menschen, die längst dem Kindesalter entwachsen sind, in dem Spielen die gesellschaftliche Norm ist, zur Freude am Spiel. 32 Prozent der Befragten gaben nach einer Studie (Meinungsforschungsinstitut Aris im Auftrag der Bitkom 2011, n>1000,

Teilnehmer ab 14 Jahren) an, Video- und Computerspiele zu spielen, fast zwei Drittel davon sogar täglich. Nach Angaben des BIU (Bundesverband Interaktive Unterhaltungssoftware e.V.) wurden 2011 dafür beinahe 2 Milliarden Euro nur für Computer- und Videospielsoftware ausgegeben. Im Einzelnen wurden darin erfasst:

• Datenträger und Downloads: Verkauf von PC- und Konsolenspielen sowie mobilen Games,

• Online- und Browserspiele: Ausgaben für Abonnements und Premium-Accounts,

• Virtuelle Zusatzinhalte: Ausgaben für zusätzliche Items, wie also bestimmte Waffen, Spielfiguren oder die Eigenschaften bestimmter Spielfiguren.

Die Anschaffungskosten für die für den Spielbetrieb notwendigen PCs und Spielkonsolen sind dabei nicht eingerechnet. Weltweit betrachtet hat allein das Computerspiel World of Warcraft 10,3 Millionen Abonnenten (Stand nach Unternehmensangaben Ende 2011).

Erstaunlich wenig davon ist außerhalb der relativ eng umrissenen Branche zu bemerken. Vergleicht man den „Output" der Spielebranche etwa mit dem der Filmbranche, so stellt man gravierende Unterschiede in der Öffentlichkeitswirksamkeit fest. Praktisch jeder neue Film wird in den Feuilletons vielfach diskutiert und besprochen, während es nur selten eine Videospiel-Neuerscheinung dorthin schafft. Außerhalb der typischen Gamer-Zeitschriften und Onlineforen findet die Berichterstattung über Videospiele kaum statt – und wenn, dann zumeist in Form von Horrorgeschichten über „Ballerspiele" und dadurch möglicherweise ausgelöste Gewalttaten.

Die Branche macht jedoch Milliardenumsätze und ist – sieht man von einigen branchentypischen Medien ab – in der Öffentlichkeit dennoch kaum präsent, verglichen mit dem breiten Raum, den etwa die Filmbranche durch die x-te Rezension des neuen Spielberg-Films in der Presse einnimmt.

Nach außen hin kursiert darüber hinaus durchaus das Vorurteil, dass das „Spielen am Computer" eine reine Männerdomäne sei, das lange Betätigen am Computer dick mache und zu mangelnder Hygiene beitrüge. Und tatsächlich gibt es einige Studien, die einen Zusammenhang zwischen Computerspielen und Gewicht sehen. Eine über drei Jahre durchgeführte Studie mit Teenagern (482 Jugendliche, Eintrittsalter zu Studienbeginn zwölf Jahre) der Michigan State University, über die im „Journal of Computers in Human Behaviour" berichtet wurde, kam jedoch Ende 2011 zu dem Ergebnis, dass Fettleibigkeit bei Heranwachsenden, die besonders häufig Videospiele spielen, nicht überproportional häufig vorkommt. Übrigens fand die Studie auch Belege für die These, dass Internetnutzung die Lesefertigkeit verbessert.

Aber zurück zum Klischee des männlichen „Gamers": Nach Zahlen des Branchenverbandes BIU (2011) machen Frauen mittlerweile rund 44 Prozent aller Gamer in Deutschland aus. Maßgeblich dazu beigetragen haben nach BIU-Angaben Bewegungs-, Musik- und Tanzspiele, die verstärkt auch weibliche Zielgruppen ansprechen. Darüber hinaus liegen vor allem Spiele, die direkt in Sozialen Netzwerken gespielt werden, im Trend bei den Frauen.

Der deutsche Videospieler ist demnach im Durchschnitt 32 (nach anderen Studien 34) Jahre alt und bringt schon mehr als zehn Jahre Spielerfahrung mit. Gespielt wird in jedem Alter, vor allem aber in der Gruppe der Teenager, in der drei Viertel und damit 5,5 Millionen Jugendliche regelmäßig spielen. Gamer in der Altersgruppe 50 plus, in der lediglich 15 Prozent angeben, mehrmals pro Monat zu spielen, stellen mit knapp 5 Millionen Gamern nach der Gruppe der Teenager in absoluten Zahlen die zweitgrößte Gruppe der Videospieler dar.

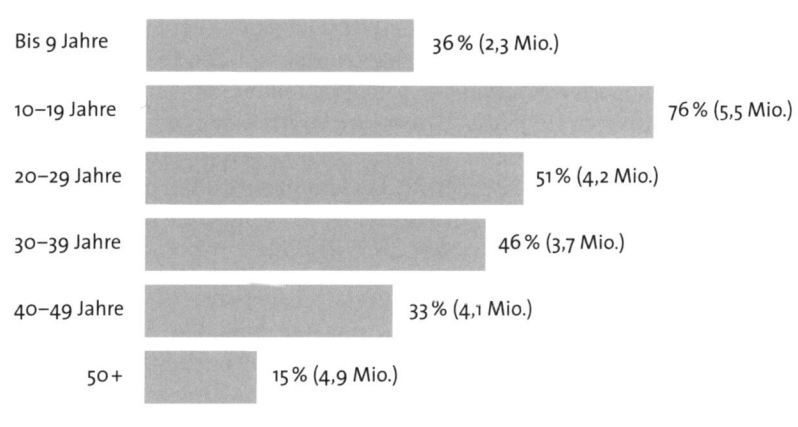

Abbildung 8: Altersstruktur der Videospieler nach BIU/GFK (2012)

International existieren ähnlich beeindruckende Zahlen. Demnach nutzen in den USA mehr als 174 Millionen Amerikaner Videospiele. Der durchschnittliche Heranwachsende hat rund 10.000 Stunden Spielerfahrung, wenn er seinen 21. Geburtstag feiert (Zahlenangaben zitiert nach Jane McGonigal: „Reality is broken", 2011).

Allein das wäre Grund genug, dem Phänomen Videospiel in einem eigenen Buch nachzuspüren. Für dieses Buch sind jedoch nur Teile der Entwicklung relevant, daher fokussiert sich die nachfolgende Darstellung auf ausgewählte Aspekte:

Wenn im Kontext dieses Buches von Computerspielen gesprochen wird, dann ist die Rede von: Telespiel, Videospiel, Handyspiel, Konsolenspiel und andere Varianten. Die Bedeutung der Begriffe ist tatsächlich fließend und war zumindest anfangs geprägt von den Telespiel-Konsolen, die Mitte bis Ende der 70er Jahre einfachste Spiele wie etwa „pong" auf die Bildröhren der heimischen Fernsehgeräte brachten. Der Name Atari ist untrennbar mit dieser frühen Generation der elektronischen Spiele verbunden und feierte 2012 sein 40-jähriges Gründungsjubiläum, auch wenn außer dem Namen und der Erinnerung an die Pionierleistung bei den am Fernseher anschließbaren Telespielen sowie den auf Steckmodulen gespeicherten Spielen kaum etwas geblieben ist. Inzwischen gibt es immer noch Spiele, die sich als Konsolen an den Fernseher anschließen lassen, mit DVDs oder Blu-Rays als Datenträger. Mit realitätsnaher Grafik und vielfach mit Onlinezugang haben diese kaum noch etwas mit ihren Urahnen zu tun. Allen Entwicklungen der Konsolen zum Trotz ist ein erheblicher Teil des Spielemarkts inzwischen zu PCs und zu leistungsstarken Mobiltelefonen abgewandert.

Besonders interessant ist die Entwicklung in diesem Zusammenhang tatsächlich auf dem PC-Markt. Waren vor Jahren noch Unternehmensanwendungen Treiber für die Weiterentwicklung der Systeme, so sind heute aktuelle Computerspiele der Ansporn für immer leistungsfähigere Systeme und insbesondere leistungsfähige Grafikkarten. Von besonderer Herausforderung für die Entwickler ist – neben der Piraterie – dabei die Vielfalt der Systemplattformen, da, anders als bei den Konsolen, keine einheitliche Umgebung vorhanden ist. Dies beklagen renommierte Spieleentwickler beinahe unisono.[130]

Einen Weg zurück zur grafischen Einfachheit bereiten derzeit browserbasierte Spiele, die sich ohne Softwareinstallation einfach mittels Webbrowser aufrufen lassen.

In Summe existieren Spielmöglichkeiten auf

- Videospielkonsolen,
- PCs (PC-Spiel, Browserspiel),
- Tablets (Spiele-App, Browserspiel),
- und Smartphones (Browser-Apps, eingebaute Spiele).

So manches elektronische Gerät bringt zudem Spiele als Zusatzfunktionen mit. Einfache Handys oder andere Elektronikgeräte wie DVD-Player haben häufig einen Spielemodus, in dem simple Games aufgerufen werden können. Sogar in mancher seriöser Anwendungssoftware versteckt sich eine Spielfunktion. Bereits von der Textverarbeitungssoftware Word 97 wurde etwa berichtet, dass sich ein verstecktes

„Flipper"-Spiel aktivieren lässt. Eine schöne Sammlung solcher als „EasterEggs" bezeichneter Softwareextras, die sich natürlich nicht nur auf versteckte Spiele begrenzen, findet sich auf der Website Eastereggs.[131]

Aber zurück zu den Systemen, deren Kernfunktion die Vermittlung von Spielerlebnissen ist. Die Entwicklung dieser elektronischen Spiele befindet sich im permanenten Wandel. Besonders bemerkenswert ist jedoch der Wandel hin zum Onlinespiel. Dies betrifft traditionelle Konsolen- und PC-Spiele, die nun Vernetzungsfunktionen mitbringen, und führt auch zum Entstehen neuer Gattungen, wie die bereits benannten Browserspiele oder Spiele, die nur noch gestreamt werden, das heißt, keinen großen, langdauernden Download erfordern, sondern während des Spiels relevante Teile nachladen.

Zahlreiche Wissenschaftler beschäftigen sich mit Computerspielen und deren Entwicklung. Eine der meistzitierten wissenschaftlichen Untersuchungen zum Thema kommt zu der Erkenntnis, dass im Untersuchungszeitraum Videospiele noch überwiegend offline stattfanden, und ermittelt bei der Spieldauer einen Mittelwert von 6,25 Stunden pro Woche, die ein durchschnittlicher Spieler mit diesen Aktivitäten verbringt (Fritz, J., Lampert, C., Schmidt, J.-H. & Witting, T. (Hg.) 2011 „Kompetenzen und exzessive Nutzung bei Computerspielern: gefordert, gefördert, gefährdet"). Interessant ist, dass Untersuchungen zu Onlinespielen praktisch immer erheblich höhere Zahlen ausweisen (Quandt/Wimmer: Die Computerspieler: Studien zur Nutzung von Computergames):

11,5 Prozent spielen 0–5 Stunden/Woche

18,4 Prozent spielen 5,5–10 Stunden/Woche

32,7 Prozent spielen 10,5–20 Stunden/Woche

32,4 Prozent spielen 20,5–50 Stunden/Woche

5 Prozent spielen mehr als 50 Stunden/Woche

Die Spieldauer ist online demnach deutlich höher, 20 Stunden oder mehr die Woche spielen offline nur 6,2 Prozent. Man könnte auch sagen, Onlinespiele haben eine höhere „Stickiness" (deutsch: „Klebrigkeit"). Der Nutzer bleibt länger dabei. Die Vermutung liegt nahe, dass dies an der Interaktion mit anderen Spielern liegen könnte. Zwar lassen sich auch die meisten Offline-Spiele mit mehreren Teilnehmern nutzen, diese müssen sich jedoch an einem Ort zusammenfinden.

Betrachtet man Onlinespiele näher, so stößt man auf eine Vielzahl von Begrifflichkeiten, die nicht immer ganz einheitlich verwendet werden.

Die Rede ist beispielsweise von MUVEs (Multi User Virtual Environment) und MMOGs (Massiv Multiplayer Online Game). Nach dem Abebben des Hypes rund um die virtuelle Welt „Second Life" sind MUVES derzeit kaum noch von Interesse. Dafür spricht alle Welt von MMOGs, also Spielen, in denen eine Vielzahl von Spielern gegeneinander antritt. Diese sind darüber hinaus noch in zahlreichen Varianten anzutreffen, etwa als Rollenspiel (MMORPGS, Role Player Games), Ego-Shooter, auch „First-Person-Shooter" genannt (MMOFPS), oder Echtzeit-Strategiespiele (MMORTS Real Time Strategy). Beispiele für Rollenspiele wären das seit Jahren beliebte World of Warcraft oder auch Guildwars. World of Warcraft ist mit weltweit rund 10 Millionen Spielern zum Jahresende 2011 das beliebteste Multiplayer-Spiel.[132] Dabei ist es bereits seit 2004 auf dem Markt, wenngleich die Spielwelt laufend aktualisiert und erweitert wird. Deren wirtschaftlichen Wert, der allein in diesem einen Spiel steckt, kann man abschätzen, wenn man sich die „Preisliste" näher ansieht. Mindestens 10 Euro pro Monat kostet das Spielvergnügen für jeden Teilnehmer, dabei sind optionale „Extras" wie das Ändern des Charakters noch gar nicht berücksichtigt. Auf die vielen Spieloptionen und unterschiedlichen Charaktere der Spielfiguren einzugehen, würde hier jeden Rahmen sprengen, daher sei an dieser Stelle nur auf die im weiteren Verlauf dieses Buchs noch wichtiger werdenden Spielerzusammenschlüsse, die „Gilden", hingewiesen. Das Besondere daran (und in anderen Multiplayer-Spielen) ist, dass zahlreiche Aufgaben nur gemeinsam durch die Mitglieder einer Gilde gemeistert werden können und man mithin davon ausgehen kann und muss, dass auf Spieler, die sich einmal als Mitglieder einer Gilde zusammengefunden haben, mittelfristig ein gewisser sozialer Druck ausgeübt wird, dabeizubleiben und damit Stunde um Stunde spielend zu verbringen, um die fiktiven Rätsel zu lösen, Gildenansehen zu erwirtschaften und der Gruppe zum digitalen Ruhm zu verhelfen.

Mag die Beschreibung bis hierher noch harmlos klingen und der eine oder andere Leser ob der genannten Zahlen an „organisierte Zeitverschwendung" denken, mehr als Unverständnis wird kaum über diese schöne neue Spielwelt geäußert.

Anders bei der nächsten Variante: Die sogenannten Ego-Shooter, bei denen der Spieler aus Sicht einer Spielfigur über den Lauf einer Waffe blickt und durch Spielwelten läuft, sind umstritten und werden nicht selten für Gewaltausbrüche von Jugendlichen in der realen Welt verantwortlich gemacht. Die bekanntesten Vertreter dieser Spielegattung sind CounterStrike und Call of Duty. Wobei auch hier die Verbindung zwischen Spiel und realem Hang zu gewalttätigen Verhalten nicht eindeutig bewiesen werden kann.

Jenseits der dominierenden Konsolen- und Computerspiele und deren oben skizzierten typischen Vertreter ergänzen Browser- und Handyspiele seit einiger Zeit das Spielangebot.

Browserspiele

Größtenteils harmlos. So würde man – nach dem ersten Blick in die Welt der auch „Killerspiele" genannten Ego-Shooter vermutlich urteilen, wenn man sich im Anschluss näher mit Browserspielen (englisch: browser based games) beschäftigt. Tatsächlich ist jedoch auch und gerade das Suchtpotential vieler dieser Spiele hoch. Sie werden – wie der Name schon suggeriert – im Webbrowser gespielt. Eine Installation ist ebenso wenig notwendig wie ein Datenträger oder ein umfassender Download.

Browserspiele gibt es sowohl als Echtzeitspiele als auch Rundenspiele in einer Vielzahl von Varianten. Typisch sind Strategie- und Aufbausimulationen sowie Rollenspiele. Zu den bekanntesten Beispielen zählen Farmville und Mafiawars – beides Spiele, die sich in Facebook integrieren und damit eine Sonderform des Browserspiels darstellen.

Der weltweit erfolgreichste Anbieter von Browserspielen ist das US-Unternehmen Zynga. Neben den bereits genannten Farmville und Mafiawars bietet es auch eine Möglichkeit zum Onlinepoker, das erste Spiel dieses Unternehmens überhaupt, und mehrere Dutzend weitere Browserspiele an. Der Anbieter fokussiert sich mit seinen Spielen bisher überwiegend auf Facebook. Nach Unternehmensangaben hat Zynga 232 Millionen aktive Nutzer monatlich und 60 Millionen täglich. Neben Facebook und MySpace bietet man inzwischen auch Spielmöglichkeiten für iPad, iPhone, Android, auf Yahoo und im Web ohne Bindung an ein soziales Netzwerk an.

Der bekannteste Anbieter von Browserspielen in Deutschland ist Bigpoint mit einer Vielzahl von Spielen aus den unterschiedlichsten Bereichen. In Art und Aufmachung wenden sich einige dieser Spiele ganz offensichtlich an Kinder, wie etwa Farmerama.[133]

Typisch für solche Browserspiele ist vor allem die vordergründig kostenlose Spielmöglichkeit. Kosten entstehen erst dann, wenn man virtuelle Güter erwirbt. Diese erleichtern den angestrebten Spielerfolg und beschleunigen eher langweilige Spielpassagen. Im Einzelfall sind die Kosten gering, auch wenn die PC Welt bereits 2007 darauf hinwies, dass User in einem beliebten Onlinespiel des bereits genannten Anbieters Bigpoint im Spielverlauf unter Umständen mehrere hundert Euro ausgeben müssen, um erfolgreich sein zu können.[134]

Abbildung 9: Browserspiel Farmerama des deutschen Anbieters Bigpoint

Handyspiele

Mit der weiten Verbreitung von Smartphones rückt das Handy als Spielplattform immer weiter in den Mittelpunkt des Interesses, auch für die Spieleentwickler. Als universelles Werkzeug ist das Mobiltelefon praktisch immer dabei. Wie zu vielen anderen Themen hat der IT-Branchenverband Bitkom der Frage nach der Nutzung von Mobiltelefonen bereits eine Studie gewidmet.[135] Demnach nehmen 51 Prozent der Mobiltelefonbesitzer dies immer mit, wenn sie aus dem Haus gehen. Bei den 14- bis 29-jährigen Nutzern sind es sogar 74 Prozent. Der Autor, Jahrgang 1968, und damit der letztgenannten Gruppe schon deutlich entwachsen, ertappt sich stets dabei, wie er instinktiv zum Gerät greifen will, in jenen seltenen Fällen, in denen er ohne sein Smartphone das Haus verlässt. In der Tat ist der Griff zum Smartphone auch ohne Telefoniebedürfnis eine Handlung, die sich vielfach beobachten lässt, ob am U-Bahnsteig oder der Bushaltestelle, der Warteschlange im Coffeeshop oder Fastfoodlokal. Überall dort eignet sich das Handy als perfekter „Pausenfüller" und damit auch aus Sicht der Entwicklerfirmen als ideale Basis für Spielangebote, zumal auch die Rahmenbedingungen in den meisten Fällen stimmen. Aktuelle Smartphones verfügen durchweg über leistungsfähige Prozessoren (teilweise mit 2- oder 4-fachen Prozessorkernen), die von ihrer Leistungsfähigkeit her noch vor wenigen Jahren hochwertigen Laptops zur Ehre gereicht hätten.

Kein Wunder, dass sich Smartphones sukzessive zur bevorzugten Spielplattform entwickeln und die Top-Titel Millionen von Nutzern erreichen.

Zu einem dieser erfolgreichsten Handyspiele weltweit gehört mit rund 200 Millionen Spielern Angry Birds. Dieses Spiel wurde ursprünglich für das iPhone entwickelt und in Folge wachsender Beliebtheit auch für andere Plattformen verfügbar gemacht. Neben allen gängigen Mobiltelefonplattformen (Android, Symbian, bada, WindowsPhone7, BlackBerryOS, webOS) gibt es Angry Birds natürlich inzwischen auch für den PC (Windows, Mac OS), als Browserspiel, in den Sozialen Netzwerken (Facebook, Google+) und schlussendlich auch für Spielkonsolen (Nintendo DS, Playstation 3, Playstation Portable).

Die enorme Popularität zeigt sich inzwischen auch daran, dass Handytester die Tauglichkeit eines Gerätes danach bemessen, ob Angry Birds darauf in ausreichender Geschwindigkeit läuft, was offensichtlich auf den Einsteigergeräten von WindowsPhone nicht der Fall ist.

Versuchung Onlineglücksspiel

Vom Spiel zum Vergnügen, zum Spiel um Geld und zum Glücksspiel ist der Weg vielfach nicht weit. Die ganz reale Welt der Geldspielautomaten und Spielcasinos und der überall präsenten Lotto-Kioske und -Annahmestellen lässt hier grüßen. Ganze Städte und Regionen der realen Welt (man denke an Las Vegas oder Macau) leben vom Spielbetrieb oder besser vom Spieltrieb. Lottogesellschaften erwirtschaften Milliarden. Allein die Gesellschaften des Deutschen Lottoblocks setzen jährlich nach Unternehmensangaben rund 6,7 Milliarden Euro mit der Spielleidenschaft der Deutschen um und hoffen, diese Zahlen via Internet auf rund 8 Milliarden steigern zu können (zitiert nach: Handelsblatt 16.07.2012).

Fast überall auf der Welt regeln gesetzliche Vorgaben den Standort, den Zugang und den Betrieb und sorgen nicht nur für Staatseinnahmen, sondern – so die Betreiber – auch für eine faire Behandlung des Spielers.

Das Internet hatte in dieser wohlgeordneten Welt des staatlich gelenkten oder zumindest konzessionierten Spieltriebs niemand vorgesehen. Damit war es plötzlich möglich, auch an anderen Orten als dem Wohnort und über den Radius des einfachen Reisens hinaus, Lottoscheine zu kaufen, Casinospiele zu spielen oder auf den Ausgang eines Sportereignisses zu setzen.

Die Anfänge dieser Entwicklung lassen sich bereits auf die Mitte der 90er Jahre verorten, kurz nachdem das World Wide Web zur Massenattraktion wurde. Die Folge: Staatlich sanktionierte Spielanbieter gerieten plötzlich unter Druck. Ausländische Gesellschaften, die einen größeren Teil der Einnahmen wieder ausschütteten, oder Sportwettenanbieter, die mit besseren Quoten operieren konnten als die lizensierten Betreiber, lockten in großer Zahl Kunden an.

Hinzu kam: Insbesondere viele kleinere Länder konnten der Versuchung nicht widerstehen und zeigten sich großzügig mit Betriebslizenzen. Immerhin sorgten die Abgaben der Betreiber für Mittelzuflüsse aus dem Ausland, ganz ohne eigenes Zutun. Dazu gesellten sich Anbieter, die Offshore, ohne jede Lizenz, mit über Deckadressen angemieteten Servern das Geschäft ihres Lebens witterten. Beinahe alle Länder der westlichen Welt erließen in Folge dessen Verbote, mit mehr oder weniger gravierenden Folgen für die Betreiber.

Letztendlich erwies sich der Geldtransfer als die Achillesverse für den wachsenden Grau- und Schwarzbereich des Onlineglücksspiels. Es entstand dennoch eine Schattenbranche mit Milliardenumsätzen – über die die unterschiedlichsten Schätzungen kursieren. Getrieben wurde diese Entwicklung auch von dem Hype um Poker. Die Frage, ob und inwieweit Poker als Glücksspiel anzusehen und daher als solches zu regulieren ist, ist durchaus umstritten. Wissenschaftler der Universität Chicago wollen – anhand der Auswertung der Ergebnisse der „2010 World Poker Series" – herausgefunden haben, dass es durchaus statistisch signifikante Unterschiede zwischen „guten und schlechten" Pokerspielern gibt, so dass man aus den Erfolgen der Vergangenheit durchaus Erfolge der Zukunft antizipieren kann, was eben gerade KEIN Beleg für Zufallssteuerung wäre. Interessanterweise machen die beiden Autoren der Studie, Steven Levitt und Thomas Miles, darauf aufmerksam, dass ein derartiger Zusammenhang für Fondsmanager bei Investmentgesellschaften nicht gilt. Eine weitere Diskussion der Glücksspielfrage ist hier jedoch nicht Gegenstand der Betrachtung. Klar ist jedoch: Pokern hat es – nicht zuletzt auch dank Internetpoker – aus den Hinterzimmern zweifelhafter Lokale bis in die breite Öffentlichkeit geschafft. Plötzlich konnte man zu jeder Tages- und Nachtzeit pokern – im Internet. Mit und ohne finanziellem Einsatz.

Der oben schon genannte Spieleanbieter Zynga bietet etwa eine eher harmlose Variante des Spiels an. Andernorts im Web kann man schon seit Jahren in virtuellen Pokerräumen gegen andere, ganz reale Spieler um ganz reale Geldbeträge spielen – fernab von jener verrauchten Hinterzimmerromantik, welche die meisten Leser wohl nur aus Kriminalfilmen kennen dürften. Die Betreiber der Plattformen agieren quasi als Treuhänder, sie sammeln das Geld ein und verteilen es anschließend (hoffentlich) an den Gewinner, unter Abzug einer kleinen Provision versteht sich.

Sehr trickreich ist auch das Vorgehen der Anbieter. Um die fast überall geltenden Werbeverbote für kostenpflichtiges Glücksspiel zu umgehen, betreiben Anbieter wie Pokerstars.com (kostenpflichtiges Spiel um Geld) auch Plattformen, auf denen man kostenfrei Poker lernen oder, ohne um Geld zu spielen, üben kann, in diesem Fall Pokerstars.de. Bekannt ist letztgenannte Plattform in Deutschland vor allen Dingen, weil sich Ex-Tennisprofi Boris Becker dort als Werbeträger verdingt. Man „füttert" quasi die Spieler über legale Sites an und leitet dann zum Spiel um das große Geld über.

Laut Impressum von Pokerstars.de handelt es sich beim Betreiber um die Rational Poker School Limited, 33-37 Athol Street, Douglas Isle of Man, IM1 1LB.

Ein Blick auf den Eigentümer einer Internetdomain (bei „.de"-Internetadressen unter www.denic.de kostenfrei möglich) zeigt bei Pokerstars.de dann auch folgenden Domaininhaber:

Andrew Rabie, 10 Hill Street, IM1 1EF, Douglas DE.

Als sogenannter „Administrativer Ansprechpartner" fingiert ebenfalls laut Angaben des offiziellen Registers Denic:

Nick Wood, Domain Licenses Ltd., Feringastr. 6, 85774 Unterföhring DE.

Abgesehen davon, dass der Domain-Eigentümereintrag (Stand 6/2012) beim Denic nicht korrekt ist (den Ort „Douglas" gibt es in Deutschland „DE nicht), versteckt man den deutschen Ansprechpartner hinter einer Büroserviceadresse in Unterföhring. Ein ebensolches Unternehmen ist in der Feringastr. 6 in Unterföhring bei München beheimatet, wie eine kurze Internetrecherche ergibt. Natürlich distanziert man sich bei der „Rational Poker School" von dem kostenpflichtigen Pokerstars.com, was unter fast identischem Firmennamen an der identischen Adresse ansässig ist:

Rational Entertainment Enterprises Limited, 33-37 Athol Street, Douglas IM1 1LB, Isle of Man

Überflüssig zu erwähnen, dass es sich auch hier um eine Büroserviceadresse handelt. Eine einfache Google-Suche wirft zumindest eine Vielzahl von Unternehmen und zahlreiche Treuhandunternehmen aus, die an eben diesem Standort dieser „Insel mit Sonderstatus" ihren Sitz haben. Soweit nur beispielhaft die Verschleierungsmechanismen für den Graubereich unter den Onlinespielen.

Wieder andere Unternehmen (de.pokerstrategy.com) behaupten eine Art Vergleichsportal für die verschiedenen Onlineangebote zu sein. Nach außen hin wirkt das dann so seriös wie ein Versicherungsvergleich. Tatsächlich geht es aber auch hier um das Werben neuer Kunden. Dahinter steckt ein ausgefeiltes Provisionssystem für die Mitgliederwerbung. Da der Werber auch an den vom Neumitglied wiederum geworbenen Neukunden beteiligt wird, kann man durchaus von einem Multi-Level-Marketing-System sprechen. Übrigens sucht das Unternehmen Pokerstrategy per Website IT-Mitarbeiter für den Standort „Hamburg". Im Impressum liest sich die Firmierung dann jedoch so: Swerford Holdings Ltd. 4th Floor, Waterport Place 2, Europort Avenue, Gibraltar. Keine Insel zwar, aber dennoch eine Halbinsel mit juristischem Sonderstatus. Ein Schelm, wer Böses dabei denkt.

Während man hierzulande noch über die Vertrauenswürdigkeit von intransparenten Offshore-Firmenkonstruktionen grübeln kann, ist man an anderer Stelle schon weiter. So berichtet das Wallstreet Journal Deutschland am 03. 07. 2012 von der Verhaftung des Chefs von „Full Tilt Poker", einer anderen Pokerplattform: Doch das Geld der Spieler soll das Unternehmen nicht einzig für den Pokerbetrieb verwendet haben. Mit System wurde das eingenommene Geld verwendet, um an anderer Stelle Schulden zu begleichen. So lautet der von der Presse wiedergegebene Vorwurf der US-Justiz und liefert damit die Merkmale eines klassischen Schneeball-Systems. 350 Millionen US-Dollar soll der „Fehlbestand" zu Lasten der Plattformnutzer betragen.

Ähnliche Seriositätsvermutungen gibt es übrigens auch für Online-Casinospiele, zweifelhafte Online-Lottoangebote und andere Glücksspiele. Während man bei den staatlichen oder staatlich regulierten Betreibern in Europa noch um den richtigen Umgang mit dem „bösen Internet" ringt, werden im globalen Graubereich Milliarden umgesetzt. Mit jeder Lockerung gewinnen aber auch die staatlichen Anbieter an Boden. Immerhin erlaubt man nun vereinzelt über das Lottospiel hinausgehende Onlineaktivitäten, man denke etwa an die im Glückspielstaatsvertrag wieder erlaubten lizensierten Sportwetten. Letztendlich ist die staatliche Regulierung immer ein Abwägen zwischen Einnahmegenerierung und einer Maßnahme zur Vermeidung der Begünstigung von Spielsucht, die hohe gesellschaftliche Kosten verursacht.

Man kann also festhalten: Das Spielen im Internet, gleich ob um Geld oder „nur" um den Spielerfolg in Form der Auszeichnung oder gar der eigenen Genugtuung durch Bezwingen des nächsten Levels wegen, ist ein vielschichtiges Phänomen mit hohem Attraktivitätspotential, zumindest für einen nicht gerade kleinen Anteil der Bevölkerung.

Nachfolgend sollen daher zunächst die Wirkmechanismen und auch die möglichen Suchtpotentiale beschrieben werden, bevor die Anwendung der Spielmechanismen in Gamification und Self Tracking diskutiert wird.

1. Der Spieleboom: Gründe – Fakten – Folgen

„The goal of the future is full unemployment, so we can play."

Arthur C. Clarke

Was bringt erwachsene Menschen dazu, stundenlang fiktive Monster zu bekämpfen, eine virtuelle Farm zu leiten oder mit anderen Erwachsenen in einen ebenfalls virtuellen Krieg zu ziehen, bei dem es nicht mehr zu gewinnen gibt als Ruhm und Ehre und vielleicht das gute Gefühl, es „geschafft" zu haben? Gut gemachte und den Zuschauer fesselnde Spiele zeichnen sich durch eine Reihe von Faktoren aus. Sie verfügen über eine klar definierte Funktionsweise, im Fachjargon der Branche „Spielemechanik" genannt, und ein ausgeklügeltes Belohnungssystem. Sie halten den Spieler damit in einem Zustand zwischen permanenter Herausforderung und Erfolg, der die Nutzer dabeibleiben lässt (Flow). Das Spielerlebnis wird dabei immer auch vom Interaktivitätsgrad und der vom Spieler bereits investierten Zeit und Energie mit beeinflusst. Jeder, der sich einmal an einem Videospiel versucht hat, weiß auch von frustrierenden Erlebnissen mit dem Verlust von Spielfiguren oder erfolglosem Spiel. Nur wenn dieser nicht Überhand nimmt, dann „funktioniert" das Spiel im Sinne der Entwickler, das heißt, der Spieler bleibt auch dabei.

Insbesondere bei aktuellen Spielen mit der Möglichkeit der Vernetzung über das Internet, spielen auch soziale Aspekte eine Rolle. Über Spiele – so berichten es vor allem Spieler von Onlinespielen – entwickeln sich persönliche Bindungen. Natürlich spielt auch der Wettbewerbsgedanke eine Rolle. In der Spielwelt kann jeder – unabhängig von Herkunft, Aussehen und anderen persönlichen Faktoren – ein Held sein, einen bestimmten sozialen Status innerhalb der Gemeinschaft der Spieler erreichen und sich mit anderen vergleichen.

Computerspiele sind immer auch Spiele mit der eigenen Identität. In der virtuellen Welt kann auch der im realen Leben Introvertierte und Vorsichtige zum gefürchteten Krieger oder großen Helden werden und sogar Beziehungen eingehen und leben, die für ihn im realen Leben nicht vorstellbar sind.

Kein Wunder, dass so mancher Nutzer im Spiel praktisch aufgeht und dabei ein anderes Zeiterleben entwickelt, oder – aus Sicht der Außenstehenden betrachtet – die Zeit und alles um ihn herum in der Wirklichkeit vernachlässigt. Die Motivation dahinter:

- Spielspaß,

- Anerkennung (aus der Bezugsgruppe),

- Erhalt von Waren, Geld, Rabatt,

- Entwicklung von neuen Fertigkeiten,

- Entdeckung von Meisterschaft und den Möglichkeiten autonomen Handelns,

- Erleben, Sinn/Bedeutung, Macht, Status und Ehre,

- Empfindung von Liebe, Romantik oder zumindest Zugehörigkeitsgefühl zu einer Gruppe.[136]

Diese Aufzählung deutet es bereits an: Die Motivation des Spielers speist sich aus unterschiedlichen Quellen, oder anders formuliert: Spiele können sowohl extrinsisch als auch intrinsisch motiviert sein. Von intrinsischer Motivation spricht man, wenn eine Aktivität um ihrer selbst willen getan wird. Eine extrinsische Motivation findet statt, wenn eine bestimmte Aktivität durchgeführt wird, weil man sich davon eine Belohnung verspricht oder man eine Bestrafung vermeiden möchte.

Ein typisches Beispiel für extrinsische Motivation als wesentlicher Treiber wäre das zuvor genannte Onlinepoker um Geld. Die Motivation entsteht hier primär durch die Aussicht auf einen möglichst hohen Geldgewinn. Im Gegensatz dazu setzen die meisten anderen hier betrachteten Spiele auf intrinsische Motivation.

Grundlegend gilt: Man muss den Anwender nicht mit Geld oder Preisen (Gewinnen) incentivieren. Es gibt stärkere, nachhaltiger wirkende Formen der Belohnung.

Ein zentrales Element der Frage, ob ein Spieler länger dabei bleibt oder nach kurzer Zeit das Spiel wieder aufgibt, liegt im „Flow", der richtigen Balance zwischen Spielherausforderung und Spielerfolg. Mihály Csíkszentmihályi, inzwischen emeritierter Professor für Psychologie an der Universität Chicago, beschrieb erstmals ein Phänomen, das er Flow nannte. Es bezeichnet das Gefühl des völligen Aufgehens in einer Tätigkeit; bezogen auf Künstler würde man auch vom „Schaffensrausch" sprechen.

Eine Voraussetzung, um in diesen Flow-Zustand zu kommen, ist die Balance zwischen der Befähigung und dem Schwierigkeitsgrad der Aufgaben. Csíkszentmihályi definierte 2003 die sogenannten neun Flow-Bedingungen, also Voraussetzungen, die vorliegen müssen, damit ein Mensch in diesen Zustand gelangt:

1. Jede Phase des Prozesses ist durch klare Ziele gekennzeichnet.

2. Man erhält immer unmittelbar ein Feedback für das eigene Handeln.

3. Aufgaben und Fähigkeiten befinden sich im Gleichgewicht.

4. Handeln und Bewusstsein bilden eine Einheit.

5. Ablenkungen werden vom Bewusstsein ausgeschlossen.

6. Man hat keine Versagensängste.

7. Selbstvergessenheit.

8. Das Zeitgefühl wird aufgehoben.

9. Die Aktivität wird „autotelisch" (Autotelie leitet sich ab vom griechischen αυτός autós „selbst" und τέλος télos „Ziel" und bedeutet, dass eine Tätigkeit zum Selbstzweck wird. In den wirklich gut gemachten Spielen tritt genau das ein.)[137]

Aber nicht alle Spieler sind oder verhalten sich gleich. Beschäftigt man sich tiefgehend mit dem Phänomen der Videospiele und deren Akzeptanz, so stößt man über kurz oder lang auf Einteilungen der Nutzer in Spielertypen. Beispielhaft sei hier folgende Aufstellung (in Anlehnung an die vielfach zitierte Beschreibung von Richard Bartle in: „Hearts, Clubs, Diamonds, Spades: Players who suit muds") getroffen:

Killer
Killer sind definiert durch einen starken Fokus auf Gewinnen und das Bestreben, in einer Spielrangfolge eine hohe Position zu erreichen. Sie zeichnen sich durch starke Wettbewerbsorientierung („Mann gegen Mann") aus. Ihr Engagement wird angetrieben durch erhaltene Rangabzeichen und die Position in der Bestenliste.

Explorer
Explorer (Entdecker) sind stark auf Erkundungen fokussiert. Sie treibt der Drang, das Unbekannte eines Spiels zu erforschen. Sie werden motiviert durch verdeckte Belohnungen.

Achiever
Achiever sind im Wesentlichen fokussiert auf das Erreichen von Status und ihren vordefinierten Zielen. Dies wollen sie schnell und/oder gründlich erledigen. Ihr Engagement richtet sich nach dem bereits Erreichten.

Socialites
Sogenannte Socialites richten ihren Fokus auf neue Kontakte, Bekanntschaften und Freundschaften. Sie werden motiviert durch Freundeslisten, Newsfeeds und Chats.[138]

Jenseits dieser unterschiedlichen Spielertypen nutzt sich jedes Spiel mit der Zeit mehr oder weniger stark ab. Ein besonderes Augenmerk gilt dabei der Benutzerentwicklung während des Spiels. Dieser von der Community-Spezialistin Amy Jo Kim geprägte Begriff meint nichts mehr, als dass die Herausforderungen entsprechend der Befähigung/Erfahrung eines Spielers wachsen müssen. Ansonsten wird das Spiel langweilig und der Nutzer gibt auf. Kim schlägt dazu eine Art Gruppierung in „Visitor – Novice – Regular – Leader – Elder" vor.

Die Entwicklung des Genres oder besser der Spielgenres verspricht weiter spannend zu bleiben. Längst definiert nicht nur der Zuwachs an Grafikleistung von einer Rechnergeneration zur nächsten die Spielentwicklung. Intelligente Steuerung, die Nutzung von Smartphones als Spieleplattform und die Einbeziehung von Umgebung und im Gerät integrierter Sensoren (GPS, Lagesensoren ...) verspricht weitere interessante Möglichkeiten für Spieldesigner und Anwender gleichermaßen.

2. Warum Spielen gut ist

Das Wallstreet Journal widmet sich in einem großen Bericht unter dem Titel „Warum Spielen gut für Sie ist" der Frage nach den positiven Wirkungen von Computerspielen und berichtet von Studien (ohne diese allerdings immer im Detail zu benennen), die belegen, dass Spieler von Action-Spielen Entscheidungen 25 Prozent schneller treffen können als eine nicht spielende Vergleichsgruppe – und das bei identischer Genauigkeit.[139] Forscher an der Universität Rochester wollen sogar herausgefunden haben, dass die Fähigkeit zum „Multitasking" bei Intensivspielern verbessert ausgeprägt ist als bei der Normalbevölkerung. Diese könnten – nach Angaben der Wissenschaftlicher – ihre Aufmerksamkeit auf mehr als sechs Dinge gleichzeitig richten, während Nicht Spieler typischerweise vier zu leisten imstande sind. Betrachtet man jedoch die im Kapitel „Das Märchen vom Multitasking" (S. 72) dargelegten Untersuchungsergebnisse zum Thema, ist fraglich, ob häufiges Spielen tatsächlich diese Fähigkeit begünstigt.

Forscher der Michigan State Universität, unter der Leitung der Psychologin Linda Jackson, gehen davon aus, dass Computerspielen kreativitätsfördernd bei Kindern wirkt, im Unterschied etwa zu der Nutzung von Smartphones, Computern und dem Internet zu anderen Zwecken. Festgemacht haben will man den Effekt mittels einer dreijährigen Studie an dem guten Abschneiden von 491 Mittelschülern im sogenannten „Torrance Test of Creative Thinking" (TTCT), der ein standardisiertes Messverfahren für Kreativität darstellt. TTCT ist eines der gebräuchlichsten Testverfahren in diesem Bereich und wird auch im deutschsprachigen Raum eingesetzt.[140]

Interessant ist auch eine bereits im Jahr 2002 durchgeführte und in 2007 veröffentlichte Studie, die bei Chirurgen einen Zusammenhang zwischen instrumentellen Fähigkeiten und Computerspielen erkannt haben will.[141] Kurz gefasst behauptet diese Studie zu belegen, dass diejenigen Teilnehmer eines 33 Personen starken Endoskopie-Weiterbildungskurses, die mehr als drei Stunden pro Woche mit Videospielen verbrachten, im Umgang mit dem Endoskop geschickter waren, das heißt, weniger Fehler machten und schneller reagierten als ihre in Videospielen weniger erfahrenen Kollegen.

Die Studienautoren gehen davon aus, dass die Hand-Auge-Koordination sich durch intensives Spielen am PC verbessert. Diese Studie lässt sich natürlich aufgrund der geringen Stichprobengröße in Zweifel ziehen. Die Fachwelt hält aber noch zahlreiche weitere Berichte bereit, die ähnliche positive Auswirkungen von Spielen dokumentieren.

Natürlich kann man an dieser Stelle auch darauf hinweisen, dass Teamplay durch Spiele gefördert wird. Spieler bei World of Warcraft sind 20 Prozent produktiver, wenn sie im Team spielen.[142] Ob dies nun eine positive Teamwirkung durch die Zusammenarbeit selbst ist oder das Spiel einfach so angelegt ist, dass man es gemeinschaftlich besser bewältigen kann, bleibt in der Untersuchung leider offen.

Nach einer Untersuchung der Universität Rochester[143] kann das Spielen von Actionspielen sogar positive Auswirkungen auf die Sehfähigkeiten und insbesondere die Wahrnehmung von feinen Kontrasten haben. Derartige Effekte lassen sich bereits nach 30 Stunden Spiel feststellen. Laut Aussagen der Studienleiterin ging man bisher davon aus, dass die Kontrastsehfähigkeit (die etwa beim Autofahren im Dämmerlicht wichtig ist) nicht verbessert werden kann.

Noch einen großen Schritt weiter geht die international bekannte amerikanische Spieledesignerin und Autorin Jane McGonigal. In ihrem 2011 erschienen Buch: „Reality is Broken: Why Games Make Us Better and How They Can Change the World" (Penguin Press) schreibt sie den Videospielen beinahe magische Fähigkeiten zu: Computerspiele bieten demnach spannende Herausforderungen, ansprechende Belohnungen und „heroische" Siege, die, so McGonigal, den Menschen oftmals in der realen Welt fehlen. Nach ihrer Meinung sollte die Kraft, die in den Spielen steckt, nicht der „Flucht vor dem Alltag" vorbehalten bleiben, die Videospiele vielfach vermeintlich zu sein scheinen. McGonigal sieht dabei in Videospielern Problemlöser ersten Ranges, die besonders teamfähig sind, da sie es gewohnt sind, mit anderen Spielern zur Bewältigung von virtuellen Herausforderungen zusammenzuarbeiten.

3. Warum Spielen schlecht ist

Hätten Sie andere Erwartungen an die Aussagen einer bekannten Computerspieldesignerin gehabt, als dass sie die Ergebnisse ihrer eignen Arbeit ins positive Licht rückt und dabei die negativen Aspekte ausblendet?

Wundern Sie sich über so manche Studie, wie die zuvor beschriebene Untersuchung der Michigan State University, die bei Heranwachsenden als Wirkung im wesentlichen die Förderung der Kreativität sieht, während Kinder- und Jugendschützer vielfach vor dem Spielkonsum warnen und bekannte Hirnforscher als Folge sogar die weite Verbreitung von „Digitaler Demenz" sehen? Kaum ein Thema polarisiert derzeit so sehr, deshalb zurück zu den Fakten:

Festhalten lässt sich in jedem Fall, dass Spielen Zeitverschwendung ist. Rund 10.000 Stunden verbringt ein Heranwachsender mit Onlinespielen (diese Zahl liefert das zuvor zitierte Buch „Reality is broken" unter Bezug auf mehrere Untersuchungen zum Thema). Man ist geneigt zu fragen, ob es keine bessere Verwendung für diese Zeit gibt.

Die bereits zuvor im Kontext mit dem Klischee des „dicken Computernerds" genannte Studie der Michigan State University, über die im „Journal of Computers in Human Behaviour" berichtet wurde, kam 2011 nicht nur zu der Erkenntnis, dass an dem Klischee etwas Wahres dran ist, sondern stellte außerdem fest, dass schlechtere Schulnoten und weniger ausgeprägtes Selbstvertrauen durchaus in Bezug mit häufiger Nutzung von Videospielen zu sehen sind.

Auch kann das für viele Spiele typische Ranking der Spieler in Bestenlisten den IQ beeinträchtigen, wie die Forscher: Kenneth T. Kishida, Dongni Yang, Karen Hunter Quartz, Steven R. Quartz und P. Read Montague in ihrem aktuellen Forschungsbeitrag „Implicit signals in small group settings and their impact on the expression of cognitive capacity and associated brain responses" in „Philosophical Transactions of the Royal Society B: Biological Sciences" dokumentieren.[144] Vereinfachend gesagt, beeinträchtigen Rankings und Wettbewerbe die Leistungsfähigkeit.

In dem zuvor bereits zitierten Artikel aus dem Wall Street Journal: „Warum Spielen gut für Sie ist", werden – ganz am Rande – ebenfalls einige negative Aspekte gestreift. Vollständig lassen sich positive und negative Rückwirkungen also nicht trennen. Nach einer in diesem Beitrag zitierten Studie der Universität von Indiana lassen sich Einflüsse auf Hirnfunktionen, die mit der Emotionskontrolle in Zusammenhang stehen, bereits nach einer Woche intensivem Spiel ausmachen.

Videospiele können also das Verhalten über das konkrete Spielerleben hinaus beeinflussen und steuern. Wenn man dies weiter durchdenkt, führt es automatisch zu der Frage, ob und inwieweit Computerspiele „süchtig" machen können beziehungsweise was eine Sucht nach einer derartigen Betätigung überhaupt charakterisieren kann.

Erfahrungen aus dem eigenen Bekanntenkreis des Autors sprechen durchaus für einen möglichen Zusammenhang, kommen aber allenfalls als „anekdotischer Beweis" in Betracht. Auch berichten etwa Betreiber von Internetcafés immer wieder von Besuchern, die bis Ladenschluss unentwegt spielen und sich auch dann nur sehr schwer zum Verlassen der Lokalität bewegen lassen. Sie neigen aber – mit Blick auf die eigene Einnahmesituation – durchaus dazu, derartige Verhaltensweisen als „noch normal" durchgehen zu lassen.

Auf der anderen Seite unterstellt man Psychologen gerne, dass sie – ähnlich wie die Pharmaindustrie im Verdacht steht, neue Krankheiten zu lancieren – neue Süchte und Behandlungsnotwendigkeiten (er)finden. Die Debatte rund um die Internetsucht spricht in diesem Zusammenhang Bände. Auch der aktuelle Bericht der Drogenbeauftragten des Bundes spricht hier klar von Suchtverhalten, differenziert zwar nicht zwischen Internet- und Computerspielsucht, nennt aber immerhin Zahlen: „Von Internetsucht sind nach einer ersten repräsentativen Studie aus dem Jahr 2011 circa 550.000 Menschen im Alter von 14 bis 64 Jahren betroffen."[145] Frauen sind demnach insgesamt bei intensivem Computerspielen eher unterrepräsentiert, dafür aber, wenn es um die suchthafte Beschäftigung mit Sozialen Netzwerken geht, deutlich überproportional vertreten.

Wichtig bei der Betrachtung: Der zitierte Bericht der Bundesregierung unterscheidet nur teilweise zwischen Internet- und Computerspielsucht. Gerade im Bereich der Online- und insbesondere Browserspiele dürften die Grenzen auch mehr als fließend sein: Wie würde man etwa einen Nutzer einordnen, dessen intensive Internetnutzung sich ganz und gar auf das Facebook-Spiel „Farmville" fokussiert? Ist er im Zweifel Computerspiel- beziehungsweise Internet- oder gar Social-Media-süchtig? Eine Frage, die nicht leicht zu beantworten ist.

Kommen wir daher zurück zu den Erkenntnissen der Suchtexperten und betrachten Computerspieler unter den Kriterien, die Grüsser/Thalemann 2006 in ihrem Buch „Computerspielsüchtig?" als Diagnostik für „Computerspielsucht" vorschlagen:

- Ständige gedankliche Beschäftigung mit dem Thema (auch während man nicht spielt),

- anhaltend exzessives Spielen trotz schädlicher Folgen (Übermüdung, Leistungsabfall, Mangelernährung, soziale Isolation),

- verminderte Kontrollfähigkeit, die sich in dem Gefühl „nicht aufhören können" ausdrückt,

- der Nutzer erlebt entzugsähnliche Erscheinungen (Nervosität, Unruhe, Schlafstörungen), wenn nicht gespielt wird,

- es kommt zur Vernachlässigung anderer Vergnügen und Interessen,

- es kommt zur sogenannten Toleranzentwicklung, d.h. der Spieler muss länger spielen für Zufriedenheit,

- es besteht für den Anwender ein Zusammenhang mit Belastungen durch den Alltag in Form einer vordergründigen Entlastung, später aber verbunden mit negativen Folgen,

- die „Reale Welt" verliert für den Spieler an Bedeutung bis hin zur Isolation.

Auch bei nicht vorhandenen psychologischen Detailkenntnissen lassen sich bei den meisten Lesern bestimmt bereits im Bekanntenkreis Fälle finden, auf die diese Beschreibung zutrifft. Wenig überraschend ist daher, dass verschiedene wissenschaftliche Untersuchungen auf einen klaren Zusammenhang zwischen intensiver Computerspielnutzung und Suchtverhalten hindeuten. Es gibt aber in der Diagnostik bisher keinen eindeutigen, umfassend akzeptierten Befund – in der Fachsprache „Störungsbild" für Computerspielsucht –, weshalb man daher immer wieder auf Vergleiche mit Problemen der Glücksspielsucht stößt.

Das weltweit anerkannte Handbuch für Psychische Störungen „Diagnostic and Statistical Manual of Mental Disorders" wird in seiner im Mai 2013 erscheinenden Neuauflage „DSM-5" keine Internet- oder Videospielsucht enthalten. Dieser von der American Psychiatric Association herausgegebene Katalogband definiert mehr oder weniger die gängigen Störungsbilder und beeinflusst insoweit auch Diagnosen. In der 1994 herausgegeben Ausgabe („DSM-4") tauchte etwa erstmalig die „Aufmerksamkeitsstörung" (auch Aufmerksamkeitsdefizitsyndrom oder kurz ADS/ADHS) auf und wurde in Folge zum Renner der Diagnosen.

Trotz Drängen südkoreanischer Psychologen findet die Internetsucht jedoch nur eine Erwähnung im Anhang. Und das, obwohl die Forscher darin eines der gravierendsten Probleme sehen. Denn der durchschnittliche koreanische Oberschüler spielt beispielsweise bereits rund 23 Stunden pro Woche Videospiele.[146]

Übrigens: Die – im Kontext mit der umfassenden Vernetzung – gebräuchliche Bezeichnung „Burnout" taucht darin nicht auf. Diese gilt als rein deutsches Phänomen, auch wenn nach Angaben der deutschen Betriebskrankenkassen (aus dem Jahr 2010) bereits rund 9 Millionen Deutsche darunter leiden sollen.[147] Auch die „Internationale Klassifikation der Krankheiten" (ICD-10) der Weltgesundheitsorganisation WHO[148] kennt keinen Burnout und keine Internetsucht.

Betrachtet man die Debatte rund um eine mögliche Sucht aus dem Blickwinkel der Neurobiologie, so werden dort „vergleichbare Reize bei Drogenkonsum, Glückspiel und Computerspielsucht" festgestellt (Thalemann, Wölfling & Grüsser, Behavioral Neuroscience 2007). Es erfolgt eine Aktivierung des Belohnungssystems und Suchtgedächtnisses bei Computerspielern in Folge von durch Computerspiele erlebten Reizen (Ko et al. 2008). Einleuchtend ist daher auch die Vorstellung, dass Computerspiele unterschiedliches „Suchtpotential" haben. Nach Angaben der Suchtexpertin Chantal P. Mörsen von der Charité Berlin sind dafür folgende Kriterien maßgeblich:

• Es besteht ein hohes Maß an Interaktion zwischen den Spielern.

• Es erfolgt die Anlage eines „zweiten Ichs" (Avatar), das im Spiel weiter entwickelt wird.

• Die Spielumgebung zeichnet sich durch immer wechselnde Konstellationen aus.

• Es erfolgt eine unmittelbare Wertschätzung und Rückmeldung durch Belohnung.

• Die Spieler unterstützen sich gegenseitig.

• Durch intensives Spielen erfolgt ein sozialer Aufstieg in der virtuellen Gemeinschaft mit immer weiteren Aufstiegschancen.

• Anderseits droht ein Verlust von Ansehen bei zu geringer Spielpraxis.

Insgesamt besteht ein starker Gruppendruck, da die Mitspieler auf zuverlässiges Mitspielen der anderen Teilnehmer der Gruppe, oft auch als „Gilde" bezeichnet, angewiesen sind.

Die sogenannten Verstärker, das heißt Spielmerkmale, die den Anwender dazu bringen, „dran" zu bleiben, finden sich zu Beginn des Spiels häufig und tauchen dann in immer längeren zeitlichen Abständen auf, das heißt, zu Anfang entsteht ein schneller Spielerfolg, später steigt der Aufwand für weitere Erfolge stark an.

Betrachtet man die verschiedenen Typen der Spiele, die in den letzten Jahren an Bedeutung gewonnen haben, so weisen diese zumeist Merkmale der Interaktion mit anderen Spielern auf. Die zunehmende Vernetzung unseres Alltags führt auch zur zunehmenden Vernetzung des Spielgeschehens. Gruppendynamik sorgt dann entsprechend für eine höhere Attraktivität und intensivere Nutzung ...

Wie viel Prozent der Computerspieler tatsächlich – einer wissenschaftlichen, haltbaren Definition entsprechend – „süchtig" sind, ist umstritten. Für Deutschland geht man von 3,1 Prozent der Spieler aus (Rehbein, F., Kleimann, M. & Mößle, T. Prevalence and Risk Factors of Video Game Dependency in Adolescence: Results of a German Nationwide Survey. *Cyber Psychology & Behavior, 13* (0), 1–9 2010). Ähnliche Zahlen gibt es auch für Österreich (2,7 Prozent) oder China (5,5 Prozent). Auch wenn derartige Studien länderübergreifend nur bedingt vergleichbar sind, liefern sie doch den Hinweis, dass man – über verschiedene Kulturkreise hinweg – von einem weltweiten Phänomen sprechen kann.

Grundlegend lässt sich außerdem festhalten, dass Onlinespiele mehr Suchtpotential haben als einfache Computerspiele ohne Interaktion mit anderen Personen. Eine Schülerbefragung von 44.600 Schülern einer 9. Jahrgangsstufe (in den Jahren 2007/2008) durch das Kriminologische Forschungsinstitut Niedersachsen hat ergeben, dass 4,3 Prozent der Schülerinnen und 15 Prozent der Schüler mehr als 4,5 Stunden pro Tag spielen. Das stärkste „Suchtpotential" hat nach dieser Untersuchung das Spiel World of Warcraft.

Dieses „Nicht-Mehr-Aufhören-Können" ist ebenso typisch für das Glücksspiel. Zuvor wurde ja bereits auf die Ähnlichkeiten zwischen Computerspiel- und Glücksspielsucht referenziert. Interessant sind auch die weiteren Gemeinsamkeiten. Nach Angaben der Universitätsklinik Mainz (zitiert nach Klaus Wölfling, Leiter der Ambulanz für Spielsucht in einem Vortrag vom 15.10.2009)[149] sind beide Szenen stark männlich dominiert. Im Fall von Glückspiel sind 100 Prozent männlich, durchschnittlich 34,8 Jahre alt, bei einer Spannweite von 25 bis 44 Jahren, während bei der Computerspielsucht 93 Prozent männliche Patienten sind, deren Durchschnittsalter 20,3 Jahre beträgt und dies bei einer Spannweite von 13 bis 34 Jahren.

Man könnte anhand dieser Altersunterschiede durchaus mutmaßen, dass beides eine Generationenfrage ist. Insbesondere wenn man unterstellt, dass Computerspiele mit Langeweile-Bekämpfung zu tun haben, sind Spielautomaten und andere Glücksspiele möglicherweise die Langeweile-Bekämpfungsmittel der Vor-Internet-Generation.

Bei aller Debatte um Suchtpotentiale muss aber auch – insbesondere angesichts der gerade genannten typischen Altersklasse für Computerspieler – die Frage gestellt werden, inwieweit derartiges Verhalten, so es sich denn auf eine Lebensphase beschränkt und mit zunehmendem

Alter von anderen Interessen abgelöst wird, überhaupt eine Sucht ist. Die Frage, ob es in jedem Fall „Sucht" ist oder im Einzelfall eher „Symptom" für ein temporäres jugendtypisches Verhalten, bleibt vielfach unbeantwortet. Der Autor jedenfalls kennt zahlreiche Personen, die in ihrer Jugend Intensivspieler auf Commodore64, Atari und Co. waren, und nun als Erwachsene ohne bleibende Verhaltensauffälligkeiten auskommen.

Computerspiele und Gewalt

Keine Beschreibung des Themas Videospiele kommt ohne die Debatte rund um sogenannte Killerspiele und Gewalt aus. Dabei ist heftig umstritten, ob intensive, also suchtartige Nutzung von Videospielen gewaltbereites Verhalten begünstigt, die Hemmschwelle zur Gewaltanwendung in der realen Welt heruntersetzt oder – quasi im gegenteiligen Effekt – dabei hilft, angestauten Frust abzubauen und damit eher gewaltverhindernd wirkt.

Auch die Politik stolpert bisweilen über derartige Problemfelder. So auch bei der Vergabe des Deutschen Computerspielpreis 2012. Der Preis wird von den Branchenverbänden BIU und G.A.M.E. gemeinsam mit dem Beauftragten der Bundesregierung für Kultur und Medien (BKM), Staatsminister Bernd Neumann, vergeben:

„Bestes Deutsches Spiel: In dieser Kategorie wird das beste Spiel prämiert — unabhängig von der Zielgruppe, des Genres und der verwendeten Spieleplattform. Wichtig ist, dass das Spiel technisch und künstlerisch hochwertig sowie kulturell und pädagogisch wertvoll ist, aber auch Spaß und Unterhaltung bietet."[150]

2012 ging dieser Titel an das Spiel „Crysis2" – einen Ego-Shooter mit einer für Nicht-Gamer kaum nachvollziehbaren Hintergrundgeschichte. Es verwundert daher nicht, dass Proteste gegen die Preisverleihung an ein „Gewaltspiel" laut wurden, während das Spiel in Fachmedien durchweg gute Kritiken erhielt. Nicht wenige Intensivspieler sind daher der Ansicht, dass den Außenstehenden, den Nicht-Spielern, der notwendige Bezug zur Materie fehlt.

Wer sich nun aber auf die für Nicht-Spieler fremde Wirklichkeit der Spielwelten einlässt, erlebt durchaus Überraschendes: Ähnlich wie bei sportlichen Höchstleistungen ist „Dabeisein" eben nicht alles. Man muss sich daher nicht wundern, wenn bei Intensivspielern Vorgehensweisen Anwendung finden, die mit Doping im Sport vergleichbar sind. Immer wieder heiß diskutiert sind daher sogenannte „Cheats" in Videospielen, bei denen sich ein Spieler durch Manipulation des Systems Vorteile verschafft, etwa in Form von besonderen Kräften oder Fertigkeiten für seine Spielfigur. In Multiplayer-Spielen ist das Resultat zumeist Frustration bei den „ehrlichen" Spielern, weil deren Spielfiguren schlicht nicht mithalten können.

Der Spielanbieter Rockstar Games hat nun einen interessanten Vorstoß gewagt. Auf deren Spieleplattform für „Max Payne 3" werden die sogenannten Cheater separiert und können nur noch gegen andere Cheater spielen.[151] Das wäre ungefähr so, als würde man Radrennen aufteilen und alle, die positiv auf Doping getestet wären, in einer eigenen Gruppe um einen eigenen Pokal fahren lassen. Gleichzeitig würde man mit dieser Aktion praktisch zugegeben, dass man gegen Doping nicht ankommt beziehungsweise Doping in irgendeiner Art und Weise akzeptiert. Unehrlichkeit als Strategie im Wettbewerb hat jedoch einen festen Bestandteil in der Gedankenwelt vieler Spieler. Mit Blick auf die prophetischen Worte von Jane McGonigal (siehe S. 118 ff.) lässt dies das Schlimmste für die Realität befürchten oder zumindest die moralische Basis der gesellschaftlichen Interaktion weiter erodieren, sollte Doping oder hier Cheats zum akzeptablen Umgang werden.

Folgen

Ob Klavierspielen, Taxifahren, Lesenlernen oder Computerspielen: Die Auswirkungen intensiver Beschäftigung mit einzelnen Aufgaben auf das Gehirn und vielmehr noch auf unsere Gewohnheiten und Vorlieben bis hin zur Sucht sind überall nachvollzieh- und dokumentierbar. Die Besonderheit des Spiels liegt in der Ansprache des eigenen Belohnungssystems bei intensiver Betätigung. Ungeachtet dessen, wie man nun persönlich den Suchtbegriff definiert und ob oder inwieweit man den oben dargelegten Argumenten folgt, lässt sich daher festhalten: Computerspiele, insbesondere in Verbindung mit anderen Teilnehmern, etwa über Onlinesysteme, haben für einen erheblichen Teil der Bevölkerung eine hohe Attraktivität und massive Auswirkungen auf das Verhalten. Sie erinnern gar an jenes weltbekannte wissenschaftliches Experiment aus den 50er Jahren an der McGill Universität in Montreal, bei dem Ratten dazu gebracht wurden, bestimmte Knöpfe in der Versuchsanordnung zu betätigen, um eine elektrische Stimulation des eigenen Gehirns mittels eingepflanzter Elektroden zu erhalten. Diese taten dies dann nicht nur einmal, sondern immer wieder bis zur vollständigen Erschöpfung und schließlich zum Hungertod. Ähnliche Mechanismen der Selbststimulation und positiv erlebten Rückmeldung finden sich auch in Videospielen.

Was liegt da aus Unternehmenssicht näher, als die zugrundeliegenden Wirkprinzipien auch jenseits der Spielwelten für die eigene Wirtschaftlichkeit und Kundenbindung beziehungsweise -lenkung zu nutzen?

VI   Gamification

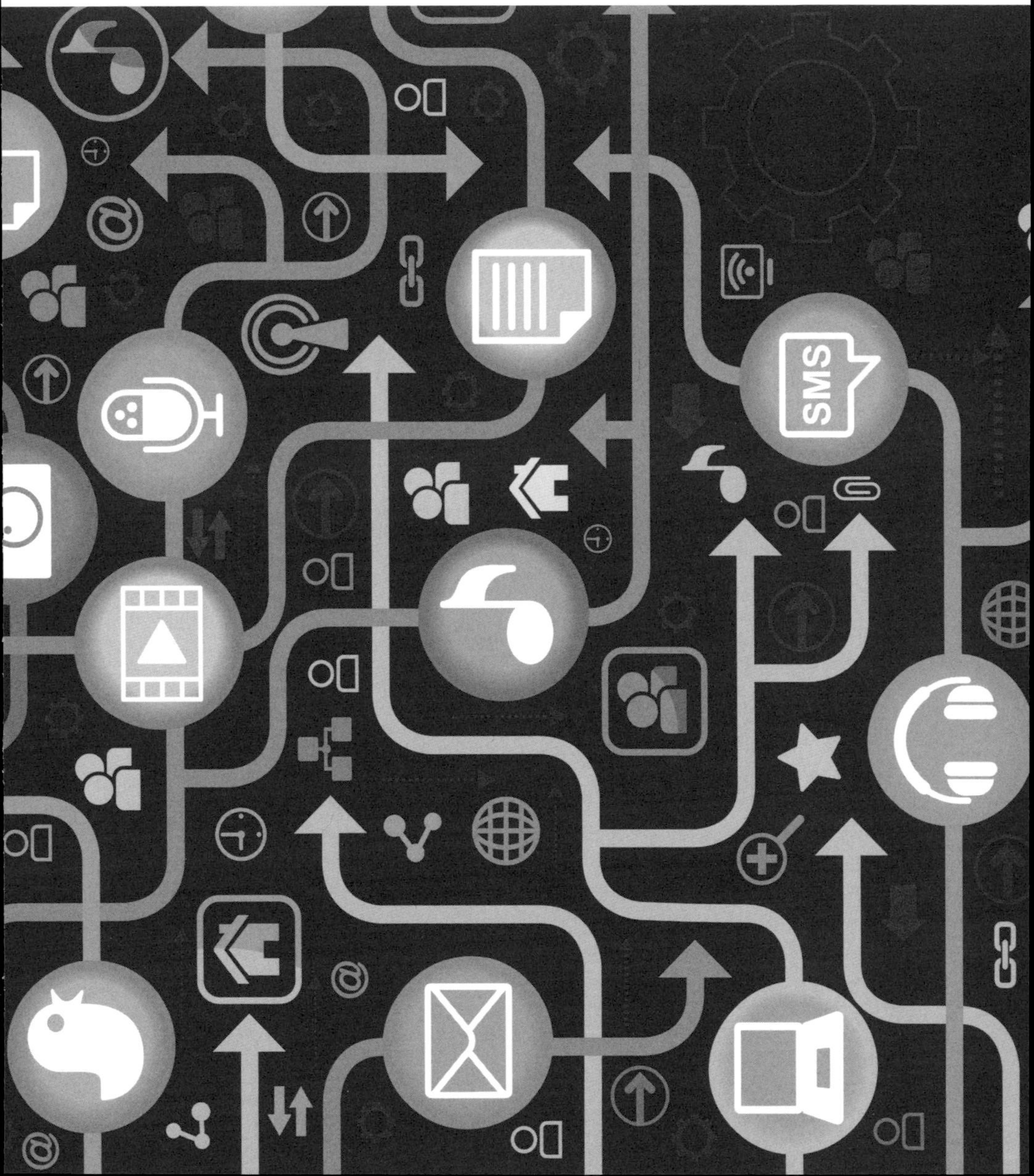

VI   Gamification

Das Zauberwort lautet Gamification und verspricht, die Wirkprinzipien der Spielwelt auf andere technisches Systeme, die sich nicht originär den Spielen zurechnen lassen, zu übertragen und damit auch dröge Aufgaben zum Erlebnis zu machen. Unter Gamification versteht man daher die Verwendung von spieltypischen Mechaniken außerhalb reiner Spiele, mit dem Ziel, das Verhalten von Menschen zu beeinflussen.

Eine für jeden Einzelfall individuell zu beantwortende Grundfrage dahinter lautet deshalb: Wie macht man eine Aktivität attraktiver als eine andere? Welche Elemente müssen hinzugefügt werden, damit man etwa eine Arbeitsplatzsoftware mit Vergnügen nutzt?

1.   Die wesentlichen Elemente von Gamification

Gamification verwendet entsprechende Elemente aus Spielen. Im Wesentlichen sind das definierte Herausforderungen, denen sich der Spieler stellt. Den Erfolg bei der Bewältigung der Aufgaben dokumentieren Punktesysteme und daraus abgeleitete Bestenlisten. Auszeichnungen oder Rangstufen ergänzen diese, vergleichbar etwa mit dem zuvor genannten Titel „Bürgermeister" in Foursquare.

Zu beachten ist, dass zwischen Spielelementen im Spiel und in Nicht-Spielen keine 1:1-Beziehung besteht – und dass das bloße Zusammenstecken von spieletypischen Elementen allein weder ein schönes Spiel garantiert, noch Engagement und Begeisterung auf Seiten der Anwender hervorruft.

In jedem Fall belohnt der Gestalter des Spielsystems Wohlverhalten des Anwenders und machte dieses auch gegenüber anderen sichtbar – ein gewisser Gruppendruck entsteht so von ganz allein.

Gamification im Lernen

Ein häufiger Anwendungsfall von Gamification ist das Erlernen von Aufgaben: Die wesentlichen Lehren aus Gamification in Bezug auf die Unterstützung von Lernaufgaben lassen sich dabei wie folgt zusammenfassen (in Anlehnung an: Daniel Cook: „Building fun into your software designs"):

- Trenne große Lernprozesse in mehrere kleine auf,

- baue fortgeschrittene Konzepte auf bereits Erlerntem auf,

- sorge für eine sanfte Lernkurve,

- messe den Fortschritt des Benutzers,

- bewerte und belohne die Leistung.

Man sieht daran, dass Gamification kein Hexenwerk ist, sondern durchaus den Erwartungen oder Erfahrungen entspricht, die man mit dem Aufbau von Lernumgebungen auch anderweitig – ohne vorherige Kenntnis des Gamification-Konzepts – machen kann.

Wesentlich für den Erfolg einer solchen spielorientierten Gestaltung: Die Nutzer sollen dabei nicht merken, dass sie in einem „Spiel" stecken. Dies ist etwa bei typischer Lernsoftware der Fall, bei der man erst nach Abschluss eines Moduls samt zugehörigem Onlinewissenstest auf das nächste Modul (im Spiel die nächste Spielebene) zugreifen kann – entsprechend der Gamemechanik „Leveling".

Gamification in Innovationsprozessen

Die IT-Analystenfirma Gartner sieht die zukünftigen Anwendungsbereiche von Gamification vor allem im Bereich von Innovationsprozessen[152] und benennt unter anderem die Weltbank als Beispiel, die mit ihrem Spiel „Evoke" Ideen zur Bewältigung für globale Probleme generiert. Als wesentliche Antriebskräfte hat Gartner dabei schnelle Feedback-Zyklen sowie klare Ziele und Regeln isoliert. Das ganze System sollte dabei von einer starken Rahmenhandlung getragen werden. Wichtig ist zudem, dass Ziele oder Zwischenziele kurzfristig erreichbar sind.

Gamification in der Kundenbeziehung

Was wäre, wenn man den Kunden in seinen Entscheidungen per Spielmechanismus steuern könnte? Es gibt Theoretiker, die bereits die Bonuskarte des Supermarkts oder das Bonusmeilenprogramm einer Airline für angewandte Gamification halten. Die unausgesprochene Frage dahinter lautet: Wie oft haben Sie bereits eine bestimmte Airline wegen der Meilen bevorzugt, auch wenn ein gleichwertiges Angebot eines anderen Anbieters vorhanden und möglicherweise sogar kostengünstiger war? Nach Markus Breuer von „The Otherland Group" umfasst eine intelligente, nachhaltige Gamification der Kundenbeziehung:

- Anwender kennenlernen,

- herausfinden, was sie antreibt,

- Balance finden – Erwartungen versus Belohnungen,

- Spielmechaniken intelligent einsetzen,

- Raum zum Wachsen lassen,

- Feedback geben,

- Feedback annehmen.

Die Spielmechaniken/Gamification-Techniken sind dabei nur ein kleiner Teil eines erfolgreichen Projektes für Kundengewinnung und -bindung mit Gamification. Der wichtigste Teil ist eine solide Recherche und ein Grundverständnis dessen, was die Kunden/Anwender wirklich antreibt. Eine Grundlage für eine manipulative Ausgestaltung der Kundenbeziehung ist damit bereits gelegt, auch wenn Protagonisten von Gamification derartiges weit von sich weisen.

Gamification in der Praxis

Jenseits der zuvor aufgestellten Grundüberlegungen gibt es bereits konkrete Anwendungsfälle von Gamification in der Kundenfindung und -bindung. Eine Vielzahl von Anwendungen nutzen bereits heute Spielelemente. Die nachfolgende Auflistung von Beispielen erhebt daher keinen Anspruch auf Vollständigkeit.

Location Sharing

Der zuvor bereits genannte Dienst Foursquare (vgl. S. 93 ff.) belohnt die Preisgabe von Ortsinformationen durch Nutzung der eigenen Smartphone-App mit virtuellen Belohnungen und Ehrentiteln und wurde damit für eine ganze Reihe von Diensten, die die Preisgabe von Ortsinformationen als Spiel ausgestalten, zum Vorbild. Die zahlreichen zu erringenden Ehrentitel legen davon Zeugnis ab.

Task Management

Eine Art universelle Aufgabenliste mit Spielelementen, die aus Rollenspielen entnommen werden, liefert die App „Epic Win". Aus normalen To-do-Listen werden hier „Quests". In Anlehnung an die Artussage sieht sich der Anwender hier gleichsam als Ritter, der Aufgaben zu erfüllen hat, Abenteuer besteht, Feinde besiegt, Schwierigkeiten überwindet,

dadurch Ruhm und Erfahrung erntet und irgendwann sein angestreb-
tes Ziel – man denke an die Suche nach dem Heiligen Gral als ultima-
tive Aufgabe – erreicht. Diese Quests ergeben bei Erfüllung Erfahrungs-
punkte, die letztendlich zur Bezwingung neuer Spiel-Level führen.

Finanzplanung

Aus den privaten Finanzen macht Mint.com ein vergnügliches Spiel.
Anhand von selbstdefinierten Finanzzielen wird der Nutzer hier zu
klügeren finanziellen Entscheidungen geführt. Voraussetzung ist hier
– wie bei anderen Anwendungen auch –, dass man die eigenen Daten
weitestgehend offenlegt. Insbesondere wenn es um einen umfassenden
Überblick über die privaten Finanzen geht, wie hier bei Mint.com, wird
sich das mancher Anwender durchaus überlegen.

Testvorbereitung

Hilfe bei der Testvorbereitung für eine Reihe von (in den USA standardisierten) Hochschulzugangstests liefert Grockit.com, zusätzlich angereichert mit Social-Media-Elementen. Hier wird nicht nur die Testvorbereitung geübt, sondern mit Spielelementen ein besonderer Anreiz
geschaffen, sich den nicht immer angenehmen Aufgaben zu widmen.

Recycling

Recyclebank.com erzieht zu umweltfreundlichen Verhalten. Als Belohnung für die Sortierung und getrennte Verwertung von Müll erhalten
die Nutzer Punkte, die unter anderem in Gutscheine für ihre Einkäufe
umgewandelt werden können. Nicht ganz klar bei diesem Modell ist,
inwieweit wirtschaftliche Interessen der beteiligten Unternehmen den
Grundgedanken des gelebten Umweltschutzes überlagern.

Sport

Eine Vielzahl von Fitness-Apps wie RunKeeper und Runtastic werten bereits heute die Erfolge des privaten Lauftrainings (und zunehmend auch
die Ergebnisse anderer sportlicher Betätigungen) aus. Immer mehr Anbieter setzen dabei auf Wettbewerbsmerkmale und erlauben etwa den
Vergleich der Daten mit andern Sportlern aus dem eigenen Bekanntenkreis. Die Daten werden dazu an die zugehörigen Onlineplattformen
weitergegeben oder gleich in soziale Netzwerke wie Facebook gepostet.
Zu diesen Anbietern zählt auch der Sportartikelhersteller Nike+, der in

Kooperation mit dem sozialen Netzwerk „Path" die Grundlage für eine Art Wettbewerb im eigenen Freundesnetzwerk schafft.

Kred

Ähnlich wie das zuvor beschriebene Klout verspricht Kred[153] den Einflussgrad einer Person in den Sozialen Medien bestimmbar zu machen. Der Unterschied: Während das Ranking bei Klout meist nicht transparent gemacht wird, liefert Kred Anreize, seine Position selbst zu optimieren, in dem die Plattform konkrete Hinweise gibt, wie man dies erreichen kann – keine typische Gamification-Anwendung, aber die Elemente sind unverkennbar integriert.

StickK

Im Gegensatz zu anderen Plattformen setzt Stickk.com auf negative Anreize als Motivationshilfe für die Erreichung persönlicher Ziele. Nutzer schließen auf der Plattform praktisch einen Vertrag mit sich selbst ab, über deren Fortschritte sie regelmäßig Rechenschaft ablegen müssen. Wird das Ziel verfehlt, muss der Nutzer eine vordefinierte Strafe bezahlen. Diese wird einfach vom Konto abgebucht und einem vorab frei definierbaren Empfänger gutgeschrieben. Die eingangs diskutierte Verlustaversion vieler Menschen ist hier der Motivator für das persönliche Erfolgsstreben. Über die Kosten entscheidet der Anwender selbst. Er hat selbstverständlich auch die Möglichkeit jederzeit „auszusteigen", das heißt, die Nutzung der Anwendung abzubrechen.

Gesundheitswesen und Gamification

Für die neuen Gamification-Anwendungen sind zumeist Unternehmen verantwortlich, die mit genau dieser Idee für eine Gamification-Lösung gegründet wurden. Eine ganze Reihe dieser Startups fokussiert sich auf Gesundheitsaspekte – insbesondere darauf, Menschen zu körperlichen Aktivitäten anzuleiten. Darunter sind auch Plattformen, die Unternehmen für ihre Mitarbeiter anbieten, um Mitarbeitergesundheit zu verbessern und Krankheitstage zu minimieren.[154] Dabei werden die Angestellten mit Anwendungen konfrontiert, die sie zu gesundheitsbewusstem Verhalten anleiten, also etwa zur Nutzung des unternehmenseigenen Sportangebots beziehungsweise Fitnesscenters.

Jenseits reiner Belohnungsstrukturen erweist sich auch der soziale Druck als wirksames Element. So verwenden Anbieter wie meyouhealth.com häufig Social-Media-Elemente, mit denen sich die Anwender durch Vergleich der eigenen Aktivitäten gegenseitig motivieren können.[155]

Programmieren lernen mit Codeyear.com (Codecademy)

Codeyear versieht das oftmals mühsame Lernen von Programmiersprachen für die Softwareentwicklung mit Spielelementen. Bereits fünf Monate nach Marktstart hatte Codeyear eine Million angemeldete Nutzer. Klare Ziele („Lerne Programmieren innerhalb eines Jahres") und die Anreicherung mit Spielelementen machen die sonst eher konventionellen Lernaufgaben des Programmieren-Lernens zum Welterfolg.

Mitarbeiterrekrutierung

Wenn es um die Einstellung neuer Mitarbeiter geht, verfahren Unternehmen nach wie vor äußerst unterschiedlich. Neben der allgemein üblichen formalen Prüfung der eingereichten Bewerberunterlagen wie Zeugnisse und Lebenslauf besteht in den meisten Unternehmen der Einstellungsprozess aus einem oder einer Abfolge von Einstellungsgesprächen. In sogenannten Assessment-Centern nehmen darüber hinaus insbesondere Großunternehmen die Bewerber bei verschiedenen mehr oder weniger wissenschaftlich untermauerten Gruppenübungen unter die Lupe.

Neu ist nun der Ansatz, Onlinegames zur Bewerberauswahl zu benutzen. Das Startup-Unternehmen „Knack" bietet eine Reihe von Spielen zur Bewerberauswahl an.[156] Darunter sind: Words of Wisdom (ein Sprachspiel mit Worten), „Balloon Brigade" (bei dem man Feuer mittels Ballons und Wasser löschen muss), und Happy Hour „Barkeeping".

Im letztgenannten Spiel schlüpft der Nutzer in die Rolle eines Barkeepers, der unter anderem anhand des Gesichtsausdrucks der Barbesucher einschätzen muss, welches Getränk dieser möchte. Zwischendurch müssen alle diese Drinks noch gemixt und serviert sowie die benutzten Gläser gespült werden. Soweit die Spielbeschreibung.

Interessant ist, dass die erfolgreiche Bewältigung dieses Spiels nicht etwa nur für die Auswahl von Personal in der Gastronomie vorgesehen ist, sondern sich universell zum Test von Gedächtnisleistungen eignen soll – von der Mustererkennung bis zur emotionalen Intelligenz, der Risikofreudigkeit und der Anpassungsfähigkeit an sich verändernde Situationen, will man mit dem Spiel alles abgedeckt haben, was für die Beurteilung des potentiellen Arbeitnehmers relevant ist.

Nicht von ungefähr erinnert die Spielidee von Happy Hour der Beschreibung nach an die berühmte „Postkorbübung" in Assessment-Centern, bei der Bewerber in einer fiktiven Situation zeigen sollen, ob sie die richtigen Prioritäten unter Stress setzen können. Diesem seit Jahrzehnten gängigen Verfahren mangelt es häufig an einer wissenschaftlich fundierten Auswertung der Ergebnisse, die die Resultate schlussendlich in Frage stellt.[157]

Insofern ist es natürlich besonders interessant, die wissenschaftlichen Hintergründe von Knack-Spielen zu beleuchten. Bei einem Pilotprojekt mit Studenten der US-Universität Yale will man bei Knack ermittelt haben, dass bereits rund zehn Minuten Beschäftigung mit dem Spiel ausreichend sein sollen, um die Leistung des Studenten, die er im Studium zu erbringen imstande ist, vorherzusagen. Knack – bei dem Spielmechanismen, Datenanalyse und die Erkenntnisse aus der Kognitionsforschung kombiniert werden – ist damit ein Musterbeispiel für Gamification.

Nach Angaben des Unternehmens – dessen Mitgründer ein renommierter Forscher am Center for Collective Intelligence am MIT ist – liegen die Vorteile der spezialisierten Onlinegames gegenüber herkömmlichen Persönlichkeitstests in Bewerbungssituationen darin, dass sich diese nicht vom Kandidaten austricksen lassen.

Kundensupport

Zu den größten Kostenblöcken in vielen Unternehmen zählt der Kundenservice. Insbesondere bei komplexen Produkten und Dienstleistungen mit geringen Margen wie elektronischen Geräten oder Telekommunikationsdienstleistungen müssen Unternehmen auf die Kosten achten. Deshalb wird derzeit im Bereich Kundenservice ein neuer Trend besonders diskutiert: „Unsourcing". Darunter versteht man eine auf Gamification basierte Verlagerung des Supports auf die Kunden.[158] Die Idee dabei ist es, einen Support von Kunde zu Kunde über Kundenforen zu incentivieren und damit Kosten im Support zu sparen.

Pionier dieser Idee ist das Softwareunternehmen Lithium. Auf deren Website heißt es zum Thema Gamification:

„Menschen lieben Spiele. Wissenschaftler haben dafür alle möglichen Gründe gefunden, aber letztlich ist es einfach so: Spiele machen Spaß. Mit Spielen können wir einen sehr befriedigenden Bewusstseinszustand erreichen, bei dem unsere Herausforderungen und unsere Fähigkeiten nahezu deckungsgleich werden. Der bekannten Spieledesignerin Jane McGonigal zufolge bieten Spiele uns „glückselige

Produktivität" – die Chance darauf, uns zu verbessern, voranzukommen und den nächsten Level zu erreichen.

Falls man seine Kunden in den Sozialen Netzwerken dazu bringen möchte, Produktbeurteilungen einzustellen, anderen Kunden bei Problemen zu helfen, neue Lösungen vorzuschlagen, Vertriebshinweise zu geben oder neue Produkte mit zu entwickeln, kann die Einbindung von Spielen in die Nutzererfahrung – die Chance auf glückselige Produktivität – die richtigen Anreize dafür setzen, eine häufigere und nachhaltigere Interaktion zu erreichen. "[159]

Diese Beschreibung macht deutlich was unter „Unsourcing" zu verstehen ist. In Vorträgen bei eigenen Kundenveranstaltungen verweisen Lithium-Sprecher schon einmal darauf, dass etwa im Logitech Kundenforum[160] einzelne freiwillige Helfer – allein durch die eingesetzten Spielmechanismen wie virtuelle Titel und Ehrungen motiviert – tausende Supportbeiträge verfasst haben.

Die offizielle Statistik weist als Spitzenreiter (Stand 7/2012) für den Nutzer „KachiWachi" nicht nur den Titel „Distinguished Logi Legend" aus, sondern auch 895 Ehrungen („Kudos received"). Gut 45.000 Beiträge hat dieser Nutzer demnach seit seiner Registrierung im Jahr 2006 im Sinne der Forenbetreiber und des „Kunden helfen Kunden" verfasst.

Nach Angaben der Marktforscher von Gartner können so die Kosten im Kundensupport um bis zu 50 Prozent reduziert werden. Als Beleg führt Gartner das Kundenforum von TomTom an, bei dem in nur zwei Wochen rund 150.000 US-Dollar Kosten durch die Behandlung von 20.000 Supportanfragen im „Kunden-helfen-Kunden"-Verfahren gespart werden konnten („Outsourcing is so last year – the future of customer support", in „The Economist" 11.05.2012).[161]

Noch mehr Eigenarbeit müssen auch die Kunden von GiffGaff, einem Mobilfunkanbieter in Großbritannien leisten. Dort sollen sie nicht nur einander bei Problemen helfen, sondern auch Neukunden anwerben und sogar per selbstgedrehtem Videoclip auf YouTube Werbung für das Unternehmen machen. Der Unterschied zu TomTom oder Logitech: Die Kunden erhalten hier nicht nur Anerkennung in der Fachgemeinschaft und entsprechende Auszeichnungen, sondern Leistungspunkte, die sie in kostenlose Gesprächsminuten umtauschen können. Offensichtlich ist die dadurch erzeugte Motivation so stark, dass dort rund 95 Prozent der Anfragen binnen einer Stunde beantwortet werden. Das Beispiel zeigt, dass man als Unternehmen, wenn man die Anwendung richtig konstruiert, auf kostengünstige Weise ungeliebte und kostenaufwendige Aufgaben einfach abgeben kann. Die tatsächlichen Gegenleistungen (hier Gesprächsminuten) sind unter Kostengesichtspunkten praktisch zu vernachlässigen.

Es wäre sicher überzogen, hier von Ausbeutung zu sprechen. Für diesen Fall aber lässt sich festhalten: Der Kunde wird per Gamification erfolgreich in die Rolle des unbezahlten Mitarbeiters gedrängt und fühlt sich noch gut dabei.

Marketing

Einen cleveren Weg zur Vermarktung der eigenen Leistungen rund um die Stadt der Zukunft geht IBM mit dem Spiel Cityone, bei dem fachliche Inhalte und letztendlich auch Marketingbotschaften in Form eines Spiels vermittelt werden: Man bringt den Nutzer dazu, sich mit bestimmten komplexen Produkten und Services im Detail zu beschäftigen und sensibilisiert ihn zunächst für die Möglichkeiten oder besser gesagt, weckt Bedarfe von denen der Anwender noch gar keine Ahnung hatte, dass er beziehungsweise in diesem Fall die von ihm verwaltete Kommune diese hat.[162]

Ähnliche Anwendungen sind natürlich überall dort vorstellbar, wo es um die Vermarktung komplexer, erklärungsbedürftiger Güter und Dienstleistungen geht.

Wissenschaft

Gamification-Mechanismen werden auch im Bereich der Wissenschaft angewandt. Prominentestes Beispiel ist „Foldit": Es ist ein experimentelles Computerspiel, das in Zusammenarbeit der Abteilungen „Computer Science and Engineering" und „Biochemistry" der University of Washington entstanden ist. Die Mitspieler helfen dabei, ein möglichst gut „gefaltetes" Protein zu erzeugen, ein Modell des Proteins im Zustand des Energieminimums, wie es in der Natur vorkommt. Dies gelingt ohne Vorkenntnisse, allein durch Betrachten eines Tutorials. Mit Foldit werden menschliche Fähigkeiten, 3D-Muster zu erkennen, für die Wissenschaft nutzbar gemacht. Man könnte Foldit daher als einfache Crowdsourcing-Lösung sehen, wären da nicht die Spielelemente, die für die hohe Akzeptanz und den weit überdurchschnittlichen Nutzungsgrad sorgen.

Die Ergebnisse sind bemerkenswert: „2008 nahm Foldit am CASP 2008 Protein-Vorhersage-Wettbewerb teil und schnitt trotz geringer Erfahrung der Spieler und teils unausgereifter Werkzeuge sehr gut ab. In der Hälfte der Fälle gelang eine Top-3-Platzierung und einmal der Spitzenplatz (bei 71 bis 83 teilnehmenden Laboren, zwei Mal 527). In jedem einzelnen Fall wurden alle Modelle, die nur von Computern erstellt wurden, übertroffen."[163]

Crowdsourcing mit Spielelementen anzureichern und damit als Frei-
zeitbeschäftigung attraktiv zu machen, wie hier bei Foldit, scheint zu
funktionieren, eine attraktive Gestaltung einmal vorausgesetzt. Dies
lässt Unternehmen hoffen, auch andere Aufgaben kostenlos geleistet
zu bekommen.

Sprachenlernen

Einen neuen Ansatz für das Erlernen von Sprachen bietet die Weban-
wendung Duolingo,[164] die mit Gamification-Elementen arbeitet. Eine
gut verständliche Beschreibung liefert der Blogger Alper Aslan:

„Die Website bringt einem Mitglied eine Sprache seiner Wahl bei, indem es zunächst einfache Wörter und Sätze zeigt und erklärt. Anschließend fragt die Website das Wissen in Lektionen ab. Jede Lektion
hat circa 20 Übungen, in denen man einfache Sätze übersetzen (Spanisch – Englisch oder Englisch – Spanisch), Lückentexte füllen oder
vorgelesene Texte verstehen und schreiben muss. In jeder Lektion hat
man drei Leben, das heißt man darf drei Fehler machen, bevor man
wieder von Neuem beginnen muss. Kleinere Fehler (wie zum Beispiel
Tippfehler) verzeiht die Website aber großzügig. Man kann jederzeit
‚schummeln‘ und sich die Bedeutung eines Wortes, an das man sich
nicht mehr erinnert, anzeigen lassen. So bleibt man nie an einer Stelle
hängen."[165]

Ausgehend von jeder Lektion kann sich der Nutzer auf höhere „Level"
(mit schwierigeren Wörtern und Grammatik) vorarbeiten und sich immer wieder mit dem Lernerfolg neue Lektionen erschließen. Den Erfolg der Lernbemühungen kann der Anwender in einer Highscore-Li-
ste mit eigenen Freunden vergleichen.

Straßenverkehr

Verkehrsregeln sind nicht immer einsichtig. Die Polizei und teilweise
auch private Unternehmen sorgen im Auftrag der Behörden durch
Überwachung und Sanktionierung von Übertretungen des Erlaubten
mehr oder weniger für eine Einhaltung der Regeln. Autorität wirkt
hier nur begrenzt, es sei denn der Polizist steht gleich am Straßen-
rand.

Hört man sich an Stammtischen um, so waren Verkehrsregeln schon
immer eine Art Spiel. Es ging augenscheinlich darum, festzustellen,
wie weit man mit der Überschreitung gehen kann, ohne erwischt zu
werden. Rein rational wird derjenige, der etwa zu schnell fährt, unter
Umständen zur Kasse gebeten. Wer sich hingegen an die Regeln hält,

bekommt erwartungsgemäß keine Belohnung, unsere gesellschaftliche Konvention setzt ja voraus, dass es sich um normales Verhalten handelt.

Einen gänzlich anderen Ansatz probiert man in Schweden aus. Hier hat man einen Spielmechanismus auf eine Radarfalle angewendet.[166] Selbstverständlich wird auch hier der Regelverstoß „schneller fahren als erlaubt" sanktioniert. Das Geld fließt aber nicht in die Staatskasse oder die Gemeindeschatulle, sondern dient als Preisgeld für eine Verlosung, an der alle teilnehmen, die im Bereich der Radarfalle regelkonform fahren. Die tatsächlich gefahrene, durchschnittliche Geschwindigkeit ging in diesem Fall übrigens signifikant zurück, um ganze 22 Prozent. Die Idee wurde darüber hinaus in einem Volkswagen-Ideenwettbewerb generiert.[167]

Grundlegend eine gute Idee, mit einem signifikanten Problem: Damit die ordnungsliebenden Fahrer auch belohnt werden können, müssen die Kennzeichen erfasst werden. Ob dies etwa in Deutschland realisierbar wäre, ist umstritten. Einer „verdachtsunabhängigen Kennzeichenerfassung" hat das Bundesverfassungsgericht hierzulande bereits 2008 – mit Blick auf den Schutz der Privatsphäre – eine Absage erteilt. Aus den erfassten Daten von einigen wenigen, gezielt positionierten Kennzeichenscannern ließen sich nämlich auf einfache Weise Bewegungsprofile erstellen.

Von derlei rechtlichen Bedenken hinsichtlich des Datenschutzes unberührt, geht eine US-Initiative noch weiter. Eine Studie der NHTSA (National Highway Traffic Safety Administration – die US-Behörde für Straßensicherheit) hat demnach ergeben, dass eine permanente Geschwindigkeitsüberwachung mittels Fahrzeug-GPS im Sinne der Einhaltung der Geschwindigkeitsbegrenzung dann besonders erfolgreich ist, wenn die Fahrer nicht nur bei Überschreitung sanktioniert, sondern auch bei Einhaltung belohnt werden.[168]

Auch hier stellt sich – im kontinentaleuropäischen Verständnis von Datenschutz – mehr als nur Unbehagen ob der permanenten Überwachung ein. Dennoch sind ähnliche Modelle sehr nah. Das von der EU forcierte E-Call-Notrufsystem, das ab 2015 für alle neuen Autos verpflichtend eingebaut werden soll, lässt sich nämlich ebenso für eine Totalüberwachung nutzen. Die Erfahrung der Vergangenheit zeigt, dass – auch wenn gute Absichten zunächst vorherrschen mögen – jede Technologie auch neue Begehrlichkeiten weckt, die in diesem Fall geradewegs in den Überwachungsstaat führen.

Einen Gamification-basierten Ansatz für die Erfassung von Daten im öffentlichen Raum liefert das Unternehmen Streetspotr. Auf der Website des Unternehmens liest sich das dann wie folgt:

„Auf dem Weg zur Arbeit, zum Restaurant, zum Shopping oder Fitnessstudio, beim Warten auf den Bus – mit Streetspotr liegen überall in deiner Umgebung Aufgaben, auf der Straße. Du musst sie nur entdecken. Bist du mit deinem Smartphone in der Nähe eines für dich geeigneten Spots, genügt ein Fingertipp, und der Job gehört dir. Fotografiere Angebote und Speisekarten, überprüfe Produktplatzierungen und Straßenkarteninformationen, beantworte eine Umfrage, teste ein Produkt, eine App oder einen Service – Jobs bei Streetspotr sind abwechslungsreich und vielfältig. Je aktiver und zuverlässiger du bist, desto bessere Aufgaben wirst du bekommen." [169]

Streetspotr verspricht nicht nur geringe Geldbeträge für die Bewältigung einzelner Aufgaben, sondern Streetpoints „für jeden gut ausgeführten Job", mit denen man nach und nach höherwertige und dann auch besser bezahlte Aufgaben annehmen kann. Zusätzlich gibt es Auszeichnungen wie „StreetMaster, GlobeTrotter oder StarPhotographer".

Ähnlich wie Amazons „Mechanical Turk",[170] bei dem vom Computer nicht zu bewältigende Aufgaben wie etwa das Sortieren von Katalogbildern in kleine Teilschritte zerlegt werden, die von Billiglöhnern weltweit bearbeitet werden, nutzt „Streetspotr" Crowdsourcing zur Bearbeitung von Aufgaben, die von Computern nicht sinnvoll durchführbar sind. Belohnt wird der Eifer der Nutzer hier mit Punkten und in Folge dessen mit (geringen) Geldbeträgen. Der Smartphone-Nutzer wird so zum unterbezahlten Außendienstmitarbeiter, der auch Cent-Beträge akzeptieren wird, in der Hoffnung, sich irgendwann hochgearbeitet zu haben und besser bezahlt zu werden.

Gamification bei SAP

Was hat SAP-Software mit Spielen zu tun? Diese Fragestellung drängt sich auf, wenn man zum ersten Mal von Gamification-Initiativen beim deutschen Software-Weltkonzern hört oder liest. Tatsächlich gibt es bei SAP bereits 50 Konzepte, Prototypen und Produkte für Gamification.[171]

Darunter befindet sich auch das bekannteste Beispiel für Gamification bei SAP: das SAP Community Network (SCN), in dem Kundenmitarbeiter, Partner, Berater und SAP-Kollegen bloggen, Programmquellcodes, Integrationsbeispiele und andere Arbeitsunterlagen bereitstellen, Fragen stellen sowie beantworten und FAQs aufbauen. Die Nutzer erhalten dafür Punkte und Badges. User, die dort in den Bestenlisten auftauchen, erhalten monetäre Vorteile, weil diese vorranging für Projekte eingesetzt werden, aber auch direkten Zugang zu SAP-Führungskräften bekommen. Unausgesprochen stehen dahinter wohl auch verbesserte Aufstiegschancen.

Zahlen und Fakten zu Gamifcation

Nach Einschätzungen der Marktforscher von Gartner werden bis zum Jahr 2015 rund 50 Prozent aller Unternehmen, die Innovationsprozesse aktiv steuern, diese in Form von Spielen implementieren, das heißt im Sinne von Gamification ausgestalten.[172] Bereits 2014 werden 70 Prozent der 2000 größten Unternehmen weltweit mindestens eine Applikation im Einsatz haben, die nach den Elementen von Gamification gestaltet ist. Nicht immer dürfte den Anwendern allerdings transparent sein, welche Motive hinter derartigen Anwendungen stehen.

Die Einsatzgebiete von Gamification listet eine Marktanalyse zu Gamification von M2 Research[173] auf, die auf dem im Jahr 2011 veranstalteten Gamification Summit erstmalig vorgestellt wurde:

- User Engagement 47 Prozent,

- Brand Awareness 15 Prozent,

- Brand Loyalty 22 Prozent,

- Motivation 9 Prozent,

- Training 7 Prozent.

Insgesamt muss man davon ausgehen, dass die Anwendungen von Gamification noch ganz am Anfang stehen, und die Unternehmen dabei sind, sich die Potentiale gerade erst nutzbar zu machen – intern, mit Blick auf die eigenen Mitarbeiter, genauso wie extern, mit Blick auf Kunden und möglicherweise auch Lieferanten.

Anbieter für Gamification

Jenseits der zuvor genannten Beispiele, die ganz unterschiedliche Branchen und Themen „bespielen", gibt es für Unternehmensanwendungen Gamification inzwischen von der Stange. Zahlreiche Anbieter stellen einen Satz von Bauelementen in vorgefertigter Form zur Verfügung. Die entsprechenden Funktionalitäten sollen sich dabei mit relativ wenig Aufwand in bestehende Websites integrieren lassen. Die komplette „Buchführung" (für Punktesysteme, Badges et cetera) übernimmt die Anwendung oder eine vom Betreiber bereitgestellte Cloud-

Computing-Plattform im Internet. In diesem Zusammenhang spricht man auch von „Software as a Service", da die Programme nicht lokal installiert, sondern als Dienstleistung vom Anbieter über das Internet bereitgestellt werden.

Die bekanntesten Namen hier sind:

- Lithium, Anbieter von Kundenforen (bekannt aus zuvor genannten Beispielen),
- Bunchball,
- Badgeville,
- Svcngr.,
- Gigya,
- BigDoor,
- Gamify,
- SpectrumDNA,
- Reputely,
- Leapfrog Builders,
- iActionable,
- und Manumatix.

Betrachtet man diese immer länger werdende Liste und forscht nach den Hintergründen der Firmen, so stellt man fest, dass zahlreiche Wagnis-Finanzierungsgesesellschaften in derartige Unternehmen investieren oder bereits investiert haben. Venturekapital-Gesellschaften investieren üblicherweise nur in Startup-Unternehmen, bei denen sich außergewöhnlich hohe Renditechancen abzeichnen. Im Wagnisfinanzierungsgeschäft nimmt man allerdings in Kauf, dass ein Großteil der Firmen nicht erfolgreich sein wird, weil man hofft, dass bei der Investition in mehrere Unternehmen ein großer Erfolg dabei sein wird, also im Idealfall „das nächte Ebay" oder „das neue Facebook". Massive Investitionen von Wagniskapitalgesellschaften in bestimmte Branchen oder Geschäftsmodelle sind in der Regel Vorboten für technologische Umwälzungen. Wir stehen daher sozusagen an der Schwelle eines neuen Trends, bei dem sogar Großunternehmen wie SAP nicht nur über Gamification nachdenken, sondern es bereits aktiv nutzen. Für den Nutzer wird der Umgang mit der einen oder anderen App oder dem einen oder anderen Internetangebot subjektiv vielleicht angenehmer erscheinen, er sollte aber auf der Hut sein, ob sich diese scheinbare Freundlichkeit nicht gegen ihn wendet oder er schlichtweg ausgebeutet wird.

2. Nichts ist perfekt – Kritik an Gamification

Nichts ist perfekt, schon gar nicht die Versprechungen, die Gamification-Anbieter ihren Kunden machen.

Der Grund dafür: Spiele haben diverse Eigenschaften und Elemente, die sich nicht ohne Weiteres auf jede andere Software übertragen lassen. Dazu zählt die Narration, also die Frage, welche „Geschichte" die Anwendung erzählt, die Eigendynamik, die von einem Spiel und hier entsprechend auch vom Anwendungssystem erwartet wird, und die schlichte Erkenntnis, dass Arbeit nicht immer mit Spiel gleichzusetzen ist. Nicht immer gelingt es Unternehmen nämlich, dem Nutzer eine Arbeitsaufgabe als Spiel schmackhaft zu machen. In vielen Fällen dürfte der Arbeitscharakter einer Anwendung alles andere überstrahlen.

Aber selbst wenn es gelingt, alles wie ein Spiel aussehen zu lassen, ist noch lange nicht gesagt, dass dies vom Nutzer auch akzeptiert wird. Die bittere Erkenntnis der Spieleforschung lautet immer noch: Ähnlich wie bei Filmerfolgen und Musiktiteln ist es nicht möglich, einen Erfolg vorab vollständig und bis ins Detail zu planen. Manche Spielideen zünden und werden zum Erfolg, andere eben nicht. Bevor Angry Birds – ein Spiel der finnischen Firma Rovio – erfolgreich wurde, hatte das Unternehmen mehrere Dutzend erfolglose Anläufe und es bis dato nicht geschafft, ein auch nur mittelmäßig erfolgreiches Spiel auf den Markt zu bringen.

Kritik an Gamification kommt auch aus dem Lager der Spieleentwickler. Margaret Robertson, eine international bekannte englische Spieleentwicklerin, publizierte unter dem Titel „Can't play, Won't play" eine massive Kritik an Gamification:

„Gamification ist ein – wenn auch unbeabsichtigter – Schwindel. Leute glauben fälschlich, dass sie irgendetwas [...] mit der psychologischen, emotionalen und sozialen Kraft eines großartigen Spiels aufladen könnten."[174]

Letztendlich ist Gamification – wenn konsequent angewendet – der Versuch, Menschen in Laborratten zu verwandeln, die immer genau das Knöpfchen zu drücken haben, welches ihnen vorgegeben wird. Pragmatiker mögen einwenden, es wäre ja seit Erfindung der „Reklame" nie anders gewesen. Auch bei der Werbung gehe es schließlich darum, Menschen bewusst aber auch unbewusst zu bestimmtem Verhalten zu bewegen. Dem ist grundlegend beizupflichten. Dennoch sind die hier beschrieben Methoden mit herkömmlichen Werbestrategien nicht mehr vergleichbar. Die hier dargestellten Systeme beeinflussen nicht nur das Verhalten, sondern sie liefern die Interaktion gleich mit.

Niemand glaubt mehr den Reklamebotschaften einer „Weißer-als-weiß"-Werbung. Dennoch vertrauen die meisten Menschen ganz unbewusst den Suchergebnissen einer Suchmaschine oder den Empfehlungen einer App. Die Technologieanbieter profitieren diesbezüglich von der Neutralitätsvermutung ... noch.

VII Programmieren oder programmiert werden?

VII Programmieren oder programmiert werden?

1. Sie spielen nicht mit?

Videospiele sind Ihnen ein Gräuel? Die Bestenlisten von Angry Birds[175] erinnern Sie auf unangenehme Weise an die „Mitarbeiter des Monats"-Tafeln im Fastfood-Lokal? Sie sind gegenüber Spielmechanismen vollkommen unempfänglich und damit immun gegenüber darauf basierender Verhaltensmanipulation?

Insbesondere die letzte Frage klar zu bejahen, dürfte schwerfallen, wenn man etwa den Vielfliegerstatus bei einer bekannten Airline besitzt. Eifriges Punktesammeln (Meilensammeln) führt hier vom Anfängerstatus hinauf in höhere Spielebenen. Als „Frequent Traveller", „Senator" oder „Hon" genießen Sie dann die Privilegien des eigenen Spielstands und das Ansehen bei denen, die es nicht oder noch nicht bis in derartige „Höhen" geschafft haben.

Wer ohnehin fliegen muss und die Meilensammelei nur als eine Art Rabatt sieht, mag sich von den Verlockungen, durch die Wahl der „richtigen" Fluggesellschaft anstelle einer kostengünstigeren Alternative seinen „Spielerfolg" zu steigern, noch distanzieren. Er bleibt aber die Ausnahme unter den Vielreisenden, bei denen Tipps, wie man mit aus reisetechnischer Sicht sinnlosen, aber hinsichtlich erzielbaren Meilenwerten besonders wertvollen Flugkombinationen seinen Status in kürzester Zeit auf die nächste Ebene hebt, hochgehandeltes Geheimwissen sind. „Mileage Run" nennt man dieses Phänomen in den Onlineplattformen wie „Flyertalk"[176], „Vielfliegerforum"[177] und Co. Für die Luftfahrtbranche ist dieses Verhalten der Kunden ein Segen. Zwar hält man sich weitgehend mit Erfolgsmeldungen bedeckt, aber bereits im Jahr 2000 – wenige Jahre nach Einführung des Systems bei der Lufthansa – wurde dort von Mehrerträgen im dreistelligen Millionenbereich (Deutsche Mark) berichtet.[178]

Wie im Kapitel „Gamification in der Kundenbeziehung" bereits angedeutet, lassen sich aber auch derartige Punktesysteme unter dem Gesichtspunkt der Spielmechanismen betrachten. Vieles spricht dafür, dass die Macher hinter den Vielfliegerprogrammen und anderen Bonusaktionen, auch ohne den Begriff zu kennen, entsprechende Mechanismen eingebaut haben. Der Gamification-Vordenker Gabe Zichermann, Autor der Bücher „Gamification by Design" (O'Reilly) und „Game-Based Marketing" (John Wiley & Sons) weist in beiden genannten Büchern darauf hin, dass Spiele dazu geeignet sind, Menschen dazu zu bringen, gegen ihre eigenen Interessen zu handeln. Die bewusste Entscheidung, nicht mitzuspielen, lässt sich daher nur dann treffen, wenn man die eigene Umwelt stets hinsichtlich möglicherweise versteckter Spielcharakteristika untersucht.

2. Sie vermessen sich nicht?

Nehmen wir einmal an, es geht Ihnen wie vermutlich den meisten Lesern und sie lesen vom Trend zur Selbstvermessung mit Interesse, bis Sie erschauern. Für sich selbst weisen Sie jedoch jeden Gedanken daran von sich. Nicht mal eine Waage haben Sie im Badezimmer? Wer oder was schützt Sie vor der Vermessung durch Dritte? Vor der Aufzeichnung Ihres Onlinenutzungsverhaltens und Ihres Bewegungsprofils?

Selbst wenn Sie beschließen, von nun an technikabstinent zu leben ... Was ist mit den Spuren, die sie bereits hinterlassen haben? Dennoch: Sie kündigen ihren Onlinezugang, verbrennen Ihr Smartphone, distanzieren sich wie die Amish in den USA von jeder Art moderner Technologie und werden nun gefragter Bio-Winzer. Ohne Website, denn der Verkauf vom Hof aus läuft ausreichend gut. Ihre Kunden werden Sie trotzdem bewerten, in Fachforen wie auf Bewertungsportalen. Wenn Sie Pech haben, wird vielleicht ein Konkurrent versuchen, sie mittels gefälschter Bewertungen bei Ihren Kunden und Interessenten anzuschwärzen. Sie werden sich möglicherweise über zurückgehenden Absatz wundern und irgendwann vielleicht doch feststellen, dass es gefährlicher ist, „nicht drin" zu sein, im weltweiten Netz ... und sei es nur, um sich gegen Berichte mit negativer Konnotation wehren zu können.

3. Mit guten Vorsätzen ... in die Hölle

Gehen wir für die weitere Betrachtung davon aus, dass sie den letztgenannten Weg der Netzabstinenz und Technologieverweigerung nicht gehen, sondern vielmehr aktiv in der Nutzung von Internet und Smartphone sind und sich darüber hinaus für die Selbstoptimierung durch Selbstvermessung interessieren.

So ehrenhaft die Motive auch sein mögen: Gut gemeint ist hier noch lange nicht gut gemacht. Insbesondere im Gesundheitsbereich dürfte die Messgenauigkeit der vorhandenen Systeme Fragen aufwerfen, die nicht so einfach wegzudiskutieren sind. Welchen Einfluss haben diese auf das Ergebnis? Ist das Ergebnis überhaupt noch brauchbar oder überlagern die Sensor- beziehungsweise Auswertungsunterschiede die eigentlich relevanten Ergebnisschwankungen im Zeitverlauf? Hinzu kommt: Messungen haben ohne korrekte Bezugsgrößen wenig Wert. Allein ein Vergleich mit Dritten im Netz hilft nur bedingt, wenn man keine validen Aussagen treffen kann, was unter den gegebenen Lebensumständen ein Normal- oder gar ein Idealzustand wäre. Am Ende fehlt schlicht die Sachkunde zur richtigen Interpretation der Ergebnisse.

Der Internetkritiker Andrew Keen beschrieb in seinem 2007 erschienenen, vieldiskutierten Buch „The Cult of The Amateur" die neue Veränderungsmacht, die Amateure im Internetzeitalter auf Kultur und Medienproduktion haben, und sieht es als destruktiven Veränderungsprozess, der unter anderem die Deutungshoheit der traditionellen Medien untergräbt – mit aus Keens Sicht im wesentlichen negativen Folgen für die Qualität.

Eine ähnliche Argumentation könnte man hier anwenden und darauf hinweisen, dass mit dem verbesserten Zugang zu Medizininformationen im Netz und der Möglichkeit zur Selbstvermessung und Selbstverbesserung die traditionelle Medizin untergraben wird. Die richtige Interpretation ist dabei jedoch häufig Glückssache – und bei einer selbstermittelten Fehldiagnose sind die Folgen gravierender, als aufgrund einer nicht validen Nachrichtenquelle einer Falschmeldung aufgesessen zu sein.

Zudem bleiben Zweifel, ob die online angebotenen Informationen immer frei von Eigeninteressen der Anbieter oder den Interessen Dritter sind. So liefert die „Hustenanalyse" eines bekannten Herstellers von Erkältungsarzneien bei verschiedenen Analyseversuchen fast immer „trockenen Reizhusten" als Diagnose – passend zum angebotenen Produktportfolio.

Außerdem ist der Weg von der regelmäßigen Selbstvermessung zum obsessiven Verhalten – zum Suchtpotential – anscheinend nicht weit. Zumindest lassen sich gängige Darstellungen der Selbstvermesser auch ohne Psychologiestudium als zwanghaft bezeichnen. In einem Bericht von Spiegel Online vom 10.08.2011 heißt es dazu:

„Jeder Tag beginnt für Christian Kleineidam gleich: Er steht auf, nimmt sein Handy, startet ein Programm und macht einen Intelligenztest. Hat er die 180 Aufgaben hinter sich, geht er ins Bad, neben dem Waschbecken hängt ein Papier, dort trägt er auf einer Skala von 0 bis 7 ein, wie feucht oder trocken sein Mund ist.

Er stellt sich auf die Waage, sein Gewicht schreibt er ebenfalls auf den Zettel. Daraufhin nimmt er ein Maßband und misst seinen Taillenumfang. Schließlich nimmt er aus dem Badschrank eine Digitalkamera, stellt sie neben das Waschbecken, schaltet den Zeitauslöser ein, tritt zwei Meter zurück und macht drei Aufnahmen von sich: von vorne, der Seite, von hinten – bekleidet nur mit einer Unterhose. [...]"[179]

Derartige Beschreibungen rufen – wie selbstverständlich – die Kulturpessimisten auf dem Plan, die sofort das Ende der Menschheit oder zumindest den Untergang des Abendlandes darin vermuten. So sieht die Schriftstellerin Juli Zeh die Selbstvermessungsbewegung beispielsweise als neue männliche Zwangshandlung, spricht von „männlicher Magersucht" (Schweizer „Tagesanzeiger" vom 11.07.2012) und sieht sogar einen religiösen Charakter in der von ihr darin verorteten „Selbstkasteiung". Folgt man diesem Gedanken, gelangt man von dem Wunsch nach digitaler Selbsterkenntnis geradewegs in eine „Hölle der guten Vorsätze".

4. Soll ich programmieren lernen?

Zu ähnlich drastischen Schlussfolgerungen kann man auch bei der tiefergehenden Betrachtung der Rückwirkungen von Gamification kommen und derartiges als eine Art umgekehrte Computer-Mensch-Beziehung betrachten. Während der Computer üblicherweise als Arbeitsgerät betrachtet wird und ihm Menschen Arbeitsaufgaben vorgeben, ist es bei Gamification im Prinzip umgekehrt: Der Computer stellt die Aufgaben und der Mensch führt diese aus.

Die Wissenschaft spricht hier ganz nüchtern und wertfrei von Humanbased Computation. Sehen kann man dies auch als Grundlage des zunehmend beliebten Konzepts des Crowdsourcing. Der US-Autor Douglas Rushkoff sieht die zunehmende Steuerung durch Programme aber kritisch und fordert in seinem Buch: „Program or be programmed – 10 commands for a Digital Age" den Nutzer zur Gegenwehr auf. Nach seinen Vorstellungen soll der Nutzer selbst programmieren lernen, statt auf die vorgegebenen Programme zu vertrauen. Tatsächlich versucht der eine oder andere Nutzer so, der empfundenen „digitalen Bevormundung" zu entkommen. Zumindest Spiegel Online berichtet unter „Digitale Selbsthilfe: Programmiere Dich zur Freiheit" bereits von einer Gruppe, die auch hierzulande versucht, den von Rushkoff empfohlenen Weg zu gehen.[180]

Was Rushkoff hier fordert, ist jedoch wenig praktikabel. Zu vielfältig und komplex sind Entwicklungsumgebungen, zu umfangreich der Programmcode, selbst von Software für die einfachsten Anforderungen, als dass man auch nur annähernd auf diesem Wege für den digitalen Eigenbedarf produzieren könnte, weshalb jeder Vergleich mit selbst angebauten Kartoffeln auf der eigenen Scholle daher nicht greift.

Zudem gilt: Es ist längst mehr als genug Programmcode in der Welt. Für die meisten vorstellbaren Anwendungen gibt es mehr als genug Alternativen. Entscheidender als Programmieren zu lernen ist daher die richtige Auswahl zu treffen.

5. Risiken und Nebenwirkungen des neuen Zugangs zum „Ich"

Erweitert man die Perspektive auf eine Art Gesamtsicht der Risiken und Nebenwirkungen für das „digitale Ich", so drängen sich einige Aspekte besonders auf. Aufgrund der seit wenigen Jahren stattfindenden öffentlichen Diskussion denkt man bei den Risiken und Nebenwirkungen vermutlich ganz automatisch an die eigene Privatsphäre und sicher auch an die wahrgenommene Informationsüberflutung, vielleicht aber auch an die Frage, was passiert, wenn wesentliche Teile der zum Alltag gewordenen digitalen Infrastruktur einmal nicht funktionieren. Tatsächlich tangieren die Risiken sogar die eigene Gesundheit und die persönlichen Finanzen. Aber der Reihe nach ...

6. Auf dem Weg in die infantile Gesellschaft?

Betrachtet man aus der Perspektive eines Kulturkritikers die in diesem Buch geschilderte Entwicklung, so müsste man ob der Vorstellung, alles zum Spiel werden zu sehen, schaudern.

Der noch vom Medienkritiker Neil Postman geprägte Begriff vom „Verschwinden der Kindheit" ist einer Art Dauerkindheit gewichen. Von Symptomen für das Massenphänomen des nicht Erwachsenwerden-Wollens berichtete der US-Autor Robert Bly bereits 1997 in seinem Buch „Die kindliche Gesellschaft". Heute sind die Anzeichen in der Öffentlichkeit nicht zu übersehen: Egal, ob Mütter, die sich wie ihre Teenie-Töchter kleiden, Fernseh-Castings, in denen sich Erwachsene zum Affen machen, oder Sängerinnen, die auf ihrem neuen Album mit Mitte 50 ständig von „girls" in der Ich-Form singen (Madonna mit „MDNA" 2012) – nun sind es also Erwachsene, die zur Bewältigung der Alltagsaufgaben diese erst als Spiel serviert bekommen müssen, um die eigene Trägheit zu überwinden. Dies kann als Auswuchs des gesellschaftlichen Wandels beklagt, aber auch nüchtern analysiert werden, um festzustellen, wo die Chancen und Risiken dieser Entwicklung für jeden Einzelnen liegen, um dann selbst über die eigene Teilhabe am Leben als Spiel zu entscheiden.

Wenn man – anders als der Autor – die Infantilisierung der Gesellschaft als unaufhaltsam betrachtet, muss man sich letztendlich tatsächlich mit der Frage auseinandersetzen, ob man zum besseren Menschen wird, wenn man alles im Leben wie ein Spiel behandelt („Can Treating Your Life As a Game Make You a Better Person?", Popular Science 09.02.2012).

Technik macht dumm

Man muss nicht den Zusammenhang von Taschenrechner und Kopfrechenfähigkeiten bemühen, um festzustellen, dass Technik vermeintlich „dumm macht" oder zumindest bestimmte Fähigkeiten verkümmern lässt. Heute genügt ein Blick an die Windschutzscheibe vorbeifahrender Autos, um festzustellen, dass eigenständige Orientierung im Straßendschungel keine allgemein übliche Fertigkeit mehr ist. Schon der Weg vom Kurfürstendamm zum Alexanderplatz scheint für eine Vielzahl hauptstädtischer Autofahrer – Berliner Kennzeichen hin oder her – kaum noch ohne Hilfe eines an der Scheibe festgesaugten oder fest installierten Navigationssystems zu bewältigen zu sein. Immer wieder ist auch von Fahrerinnen und Fahrern die Rede, die – im Vertrauen auf die Technik – im Fluss landen oder sich als LKW-Chauffeur auf ungeeigneten Wegen festfahren.

Dass derartiges Vertrauen in die Technik unter Umständen sogar tödlich sein kann, erleben immer wieder Touristen in Wüstengebieten. „Death by GPS" ist inzwischen ein feststehender Ausdruck in den amerikanischen Medien der Region.[181] Die Parkverwaltung des Death Valley National Park sieht sich sogar bereits zu Warnhinweisen genötigt. Auf deren Website wird explizit darauf hingewiesen (Hervorhebung wie im Originaltext):

„Die Navigation mittels GPS zu abgelegenen Orten wie dem Death Valley ist notorisch unzuverlässig. Viele Reisende haben so schon falsche Orte angesteuert oder sind sogar in Sackgassen oder auf gesperrten Straßen gelandet. Wer unterwegs ist, sollte immer aktuelles Kartenmaterial mit sich führen, um die Genauigkeit der GPS-Angaben überprüfen zu können. VERLASSEN SIE SICH NICHT ALLEIN AUF DAS GPS-NAVIGATIONSSYSTEM IHRES AUTOS."[182]

Weniger riskant scheint es da, sich auf das an der Universität Regensburg entwickelte Campus-Navi zu verlassen.[183] Die für Studenten entwickelte Android-App zeigt zuverlässig den Weg in den Hörsaal und in die Mensa, berücksichtigt sogar, wenn es regnet, und wählt dann einen Weg, der möglichst nur durch Gebäude führt. Geht man davon aus, dass das System der Hinweisschilder auf dem großzügigen Campus der Uni Regensburg auch gelegentliche Besucher sicher leitet (der Autor hat selbst ohne Navi zu seinem Vortrag in einem Hörsaal gefunden), muss man beinahe von einem gewissen Verdummungsfaktor der Bologna-Generation der Studenten ausgehen. In jedem Fall steht zu befürchten, dass der intensive Einsatz der App dem Smartphone-Akku während eines langen Studientages so zusetzt, dass die Gefahr besteht, dass der Strom- und damit Orientierungslose doch noch nach dem Weg fragen muss.

Verfügbarkeit

Zumeist wird einem jeden Nutzer seine Abhängigkeit von der Infrastruktur, von Internet und Mobilfunknetz oder ganz simpel vom hinreichend aufgeladenen Akku erst im Falle des Falles oder besser Ausfalles schmerzlich bewusst. Denn wer kennt sie nicht? Diejenigen Menschen, die auf Flughäfen, Messen oder in Kongressen mit dem Steckerladegerät ihres Smartphones oder Tablets in der Hand auf der Suche nach öffentlich zugänglichen Steckdosen durch die Gänge irren oder hockend vor den meist unmenschlich auf Bodenhöhe installierten Anschlüssen kauern, während sich der Stromspeicher des Gerätes langsam wieder füllt. Die Bequemlichkeit, die auf den Geräten gespeicherte Reiseplandaten, Reservierungsbestätigungen und Bordkarten bieten, wird plötzlich dann zum Fluch, wenn der Zugriff – etwa aufgrund knapper Stromversorgung – nicht mehr jederzeit möglich ist. Dieser Abhängigkeit wird man sich in solchen Fällen meist sehr schmerzhaft bewusst, und man nimmt sich dann fest vor, das gute Stück jeden Abend brav aufzuladen, ganz gleich wie viel Ladezustand noch angezeigt wird. Es wäre falsch, Verfügbarkeit auf das eigene Erleben im Umgang mit wiederaufladbaren Gerätebatterien zu reduzieren. Denn fehlende Netzversorgung im Mobilfunk – auch bekannt als „Funkloch" – hat ähnliche Auswirkungen und ist noch immer außerhalb von Ballungsgebieten anzutreffen. Aber auch innerhalb von gut versorgten Regionen sind solche Probleme nicht unbekannt. So schaffen es zahlreiche Mobilfunker nicht, die Netzkapazitäten mit der Nachfrage auszuweiten. Versprochene Datenraten werden vielfach nicht annähernd erreicht. Inzwischen formt sich deshalb immer häufiger Protest, und so konzentriert sich dieser Unmut beispielsweise über wahrgenommene Unzulänglichkeiten auf der Website Wir-sind-Einzelfall.[184]

Im Festnetz ist eher die Frage nach der Verfügbarkeit von breitbandigen Netzzugängen über DSL, TV-Kabel oder Glasfaser in ländlichen Gebieten problematisch. Sogar so problematisch, dass der Wert einer Immobilie von der verfügbaren Netzversorgung beeinflusst wird. Dies gilt längst nicht mehr nur bei Gewerbeimmobilien, sondern auch bei

Privathäusern außerhalb von Ballungsgebieten, auch wenn konkrete Zahlen zur Wertentwicklung Mangelware sind.

Völlig anders liegt der Fall, wenn der gewohnte Standard plötzlich – im Falle eines Netzausfalls – nicht mehr zur Verfügung steht. Fällt das Mobilfunknetz aus, bedeutet dies naheliegender Weise nicht nur, dass Mobiltelefonieren und der Zugriff auf das Internet nicht funktionieren. Auch alle anderen sich darauf abstützenden Dienste funktionieren nicht mehr. Wer etwa per Carsharing bei Bedarf sein Auto bucht und nutzt, kann zumindest im Falle eines Ausfalls nicht mehr neu entleihen und wird zuallererst einmal Schwierigkeiten haben, überhaupt ein Fahrzeug zu lokalisieren oder zu öffnen beziehungsweise abzurechnen. Wer bereits ein Auto hat und eine internetbasierte Navigation nutzt, wird auf diesen Luxus verzichten und seinen Weg wieder selbst finden müssen. Freuen können sich hingegen verurteilte Verbrecher: Die sogenannten elektronischen Fußfesseln funktionieren ebenfalls nicht mehr, da sie sich wie viele andere Dienste auf Mobilfunk abstützen.[185]

Wenn Gelegenheit Diebe macht, dann dürfte der mit dem Mobilfunkausfall einhergehende Ausfall von Alarmmeldesystemen und Ortsüberwachungssystemen bei hochwertigen Kraftfahrzeugen einige kriminelle Karrieren befeuern.

Diskutiert man über Krisenvorsorge, so ist zumeist die Rede von Wasser- und Stromversorgung. Dass bereits der Ausfall so vermeintlich unwesentlicher Infrastrukturkomponenten zu weitreichenden Problemen führen kann, wird dabei jedoch meist übersehen. Selbst wenn nur einzelne Dienste nicht zur Verfügung stehen, so können die Auswirkungen trotz allem massiv sein: Ein zweistündiger Ausfall eines IT-Systems der Deutschen Flugsicherung genügte Anfang Juli 2012 bereits, um den Flugverkehr massiv zu beeinträchtigen – stundenlange Verspätungen und mehr als 100 annullierte Flüge am Flughafen München waren die Folge.[186]

Manchem Leser ist vielleicht ein mehrtägiger Ausfall des Blackberry-Dienstes im Oktober 2011 in persönlicher Erinnerung geblieben.[187] Ein technisches Problem in einem einzelnen Datencenter in Großbritannien hat demnach dazu geführt, dass mehrere Millionen Nutzer in Europa, im Nahen Osten und in Afrika keinen mobilen E-Mail-Zugriff mehr hatten. Außerdem waren der Blackberry-Messenger-Dienst ebenso wie der einfache Internetzugriff über das Smartphone nicht möglich. Hintergrund dabei ist, dass auch diese Dienste über das betroffene Blackberry-Rechenzentrum bereitgestellt werden. Dort werden nicht nur die E-Mails gesammelt und weitergeleitet, sondern auch die Webzugriffe zusammengefasst und die abgerufenen Webseiten in komprimierter Form auf das Endgerät weitergeschickt. Grundsätzlich eine gute Idee, um Übertragungskapazität zu sparen – aber in Folge eines einzelnen Problems an einer einzelnen Stelle nun ebenfalls nutzlos.

Selbst im Festnetz treten einzelne Abhängigkeiten erst bei Ausfällen zu Tage. So waren im Juni 2012 gleich mehrere große Internetanbieter von Ausfällen betroffen.[188] Wie sich herausgestellt hat, waren dies Folgen eines Gewitters. Unter den betroffenen Diensten waren: der Online-Videodienst Netflix, die Fotoanwendung Instagram und das Soziale Netzwerk Pinterest. Alle betroffenen Anbieter vertrauten auf sogenannte „Cloud-Computing"-Services des US-Unternehmens Amazon. Die Idee hinter Cloud-Computing ist eigentlich, dass man die Anwendungssysteme hinreichend verteilt hält, damit ebensolche Störungen gerade nicht erst auftreten.

Amazon selbst gibt nicht offen Auskunft über die eigene Infrastruktur. Nach Ansicht von unabhängigen Branchenexperten ist jedoch ein Großteil der Server in eben diesem einen Rechenzentrum konzentriert.

Ort des Datencenters/Anzahl der Server:

US East (Virginia)/321920

US West (Oregon)/2624

US West (N. California)/40320

EU West (Ireland)/52096

AP Northeast (Japan)/20096

AP Southeast (Singapore)/15,744

SA East (Sao Paulo)/1600

Gesamt 454.400

Jenseits der beeindruckenden Zahl an Rechnersystemen aus dieser Aufstellung, konzentriert Amazon derzeit 70 Prozent aller Systeme an einem Standort. Mit Blick auf die Gewitterfolgen entsteht durch den hohen Konzentrationsgrad der Amazon-Cloud-Server etwas, was man in vergleichbar strukturierten Fällen in der Finanzwelt als „Klumpenrisiko" bezeichnen würde. Immerhin war der Dienst am nächsten Tag wieder nutzbar.

Inwieweit man sich generell auf Cloud-Anbieter verlassen sollte, ist jedoch umstritten. So wurde der Filehoster „Megaupload" Anfang 2012 ohne weitere Vorwarnung durch das FBI vom Netz genommen. Begründung für die Aktion war die Bereitstellung von illegalen Inhalten. Dies war kein Trost für diejenigen Nutzer, die Megaupload zum legalen Bereitstellen von Files verwendet hatten. So sind mehr als 200.000 Dokumente des XDA-Developers-Forums mit der Abschaltung im digitalen

Nirwana verschwunden. Nutzer von dropbox, box.net und anderen Diensten sollten also genau überlegen, inwieweit sie der Cloud vertrauen beziehungsweise wie groß das Risiko ist, als „Kollateralschaden" in dem von der Content-Industrie aufgerufenen Krieg gegen die „Raubkopierer" in Mitleidenschaft gezogen zu werden. Nicht vergessen werden sollte auch das Risiko der Pleite des Dienstanbieters und eines möglicherweise damit einhergehenden Datenverlustes.

Auch die Interdependenzen zwischen einzelnen Diensten müssen berücksichtigt werden. Nicht wenige Systeme greifen über vom Anbieter freigegebene Schnittstellen auf andere Dienste zu, um eigene Services erbringen zu können. Diese automatisierte Verknüpfung von Daten aus verschiedenen Quellen wird üblicherweise als „Mashup" bezeichnet. Viele Anwendungen greifen etwa auf Google-Maps zu und erstellen mit eigenen Daten Auswertungen. Wird nun die Nutzung dieser Datenquelle plötzlich kostenpflichtig (wie bei Google Maps für bestimmte Anwendungen geschehen), oder ändert sich auch nur die Preisstruktur, so können sich Rückwirkungen auf den ursprünglichen Dienst ergeben, die bis zum „Aus" führen können. Gleiches ist ganz automatisch der Fall, wenn der Anbieter beschließt, den Dienst einzustellen oder eine bestimmte Schnittstelle nicht mehr bereitzuhalten. Letzteres hat gerade das Onlinenetzwerk LinkedIn im Verhältnis zu Twitter erfahren müssen. Konnte man bis vor kurzem noch in beide Richtungen kommunizieren, so kann man inzwischen nur noch aus LinkedIn heraus Twitter-Nachrichten, sogenannte Tweets, versenden aber dergleichen nicht mehr lesen.[189] Und wer als Privatmann etwa dem Versprechen vertraute, er könne sich eine „lebenslange E-Post-E-Mail-Adresse" sichern, wurde keine fünf Jahre später mit der Realität konfrontiert, dass mit lebenslang doch eher die Lebensdauer des 2005 eingestellten Dienstes gemeint war und nicht das Leben des Adressinhabers.

Die einfache Lehre daraus: Im Zweifel sollte man nie damit rechnen, dass ein bestimmter Dienst oder Service unterbrechungsfrei und dauerhaft zur Verfügung steht. Insbesondere dann nicht, wenn es sich um ein kostenloses Angebot handelt.

Zu viel Information

Die Suche nach Informationen im Internet ist – zu den meisten Themengebieten – zunächst eine Herausforderung im Finden der richtigen Information. Was ist relevant? Woher weiß ich, dass die gefundene Information auch korrekt ist? Es bedarf einiger Erfahrung, um an dieser Herausforderung nicht zu scheitern. Aber immerhin: Medienkompetenz für den Umgang mit dem Netz kann man sich erarbeiten und sollte für den Nachwuchs auch auf dem Lehrplan stehen. Dabei sollte auch die Frage gestellt werden, ob man eine Neutralität der Suchergebnisse von einem Suchmaschinenbetreiber erwarten darf. Insbesondere Google wurde in der Vergangenheit verdächtigt, bei der Suche Ergebnisse aus eigenen Diensten zu bevorzugen. So ermittelt die EU-Kommission bereits seit 2010 in einem Kartellverfahren gegen den Suchmaschinenriesen.

Egal wie das Verfahren ausgeht. Als Nutzer muss man davon ausgehen, dass man in den Suchergebnissen eine Tendenz zum Verstärken der eigenen Meinung vorfinden wird. Dies liegt daran, dass die Suchergebnisse von Google und Bing längst personalisiert sind. In Abhängigkeit von den Suchen der Vergangenheit und weiteren Nutzertrackinginformationen liefert Google beispielsweise Suchergebnisse auf bestimmte Begriffe, die sich von Nutzer zu Nutzer unterscheiden. Im Idealfall weiß die Suchmaschine, dass sich Nutzer A für Autos interessiert und daher bei der Suche nach „Jaguar" andere Vorstellungen von passenden Ergebnissen hat als Nutzer B, der Hobbyzoologe ist.

Zudem will Google mit „Social Search" auch die Vorstellungen und Vorlieben des eigenen Freundes- und Bekanntenkreises des Nutzers bei den Suchergebnissen berücksichtigen. Google verstärkt damit tendenziell das in einer Gruppe vorherrschende Meinungsbild des Suchenden. Er wird immer mehr von „passenden" Informationen umgarnt, abweichende Meinungen tauchen nicht mehr auf.

Auch die Funktion des automatischen Vervollständigens von Suchbegriffen, bei denen der Nutzer nur ein oder zwei Worte oder gar Buchstaben eingibt und sofort gängige Suchbegriffskombinationen angezeigt bekommt, beeinflusst zumindest unbedarfte Nutzer. Wer beispielsweise den Namen eines bekannten Nachrichtensprechers eingibt, bekommt von Google ganz automatisch „Toupet" als zusätzlichen Suchbegriff vorgeschlagen, noch bevor er das Eingabefeld angeklickt hat, und erfährt damit etwas über seinen Suchbegriff, was unter Umständen nicht mehr ist als ein böses Gerücht. Interessant ist dabei die Doppelzüngigkeit des Anbieters. Während Google hierzulande in der öffentlichen Diskussion um die Funktion des automatischen Vervollständigens die Anwender glauben machen möchte, dass der Suchalgorithmus „neutral" sei, ist man in den USA offensichtlich anderer Meinung. Jedenfalls hat man vor kurzem ein Rechtsgutachten erstellen lassen, in dem die von Google beauftragten Juristen zu der Überzeugung gelangen, die Ergebnisse der Suche wären durch die „Meinungsfreiheit" gedeckt.[190]

Die Suchmaschine entwickelt sich zur tendenziösen, bestimmte Ergebnisse bevorzugenden Meinungs- und Meinungsmachmaschine, in der Ergebnisqualität unkontrollierbar und für den Nutzer intransparent ist. Am Ende entsteht dann möglicherweise das, was der US-Autor Eli Pariser in seinem Buch „The Filter Bubble. What the Internet is hiding from you" als „Filterblase" bezeichnet. Pariser kritisiert in seinem Buch vor allem das Verbergen von Inhalten. Der Nutzer, der auf eine Objektivität der Suchergebnisse seiner bevorzugten Suchmaschine vertraut, muss irgendwann selbst erkennen, dass diese eben nicht existiert und vermutlich nie existiert hat. Entwickelt er diese Erkenntnis nicht und vertraut weiter blind auf das, was ihm von Google, Bing und Co. vorgesetzt wird, wird er irgendwann zum potentiellen Opfer von Manipulationsversuchen.

Risiken für die Gesundheit

Die intensive Nutzung von Informations- und Kommunikationstechnologie kann negative gesundheitliche Folgen haben. Von den Klischees des schlecht ernährten und übergewichtigen „Bildschirmhelden" war zuvor bereits die Rede. Dennoch kann man aus der Beobachtung heraus fast von einem „Tamagotchi"-Effekt sprechen. Ähnlich wie das virtuelle Küken ständige Zuwendung braucht, benötigen manche Smartphone-Apps und Onlinedienste, insbesondere aber Videospiele die laufende Aufmerksamkeit des Nutzers. So kam es in Südkorea 2002 bereits zu den ersten dokumentierten Toten nach 86 Stunden Dauerspiel.[191] Seither reißen die Meldungen nicht ab, und immer wieder begibt sich jemand spielend in ernsthafte gesundheitliche Probleme, wie ein 15-Jähriger in Belgien, der sich mittels World of Warcraft ins Koma spielte.[192]

Ob nun die Selbstvermessung zu Schäden durch zu viel Sport führt, ist nicht bewiesen, auch wenn es durchaus auch Hobbysportler gibt, die es mit dem Training übertreiben. Möglicherweise problematischer sind Anwendungen zur Ernährungskontrolle, die allerdings nur für Übergewichtige bei korrekter Anwendung hilfreich sein können. Hier ist nicht auszuschließen, dass – falsch angewendet – Essstörungen Vorschub geleistet wird. In Summe darf jedoch angenommen werden, dass die positiven Effekte durch die Hilfe beim Überwinden des „inneren Schweinehunds" deutlich überwiegen.

Aber auch die eher gewöhnliche Nutzung von Informationstechnologie birgt potentielle gesundheitliche Risiken.

Ein Forscherteam der Missouri University of Science and Technology ist in dem Forschungsbeitrag „Associating Depressive Symptoms in College Students with Internet Usage Using Real Internet Data" der Frage nachgegangen, inwieweit ein Zusammenhang zwischen Internetnutzung mit Depressionen besteht, und kommt zu erstaunlichen Ergebnissen: Besonders betroffen sind demnach intensive Nutzer von „Peer-to-Peer"-Diensten.[193] Das Teilen von Musik, Filmen und anderen Dokumenten sehen die Forscher durchaus als suchtgefährdend. Auch wenn die Nutzerinteraktion beim sogenannten „Filesharing" grundsätzlich eher weniger ausgeprägt ist.

Nach Erkenntnissen des Forscherteams kann häufiges Chatten ebenfalls die psychologische Gesundheit von jungen Leuten beeinträchtigen und soziale Isolation sowie Vereinsamung stärken oder hervorrufen, was zu depressiven Symptomen führt. Sie bestätigen damit andere Berichte (zum Beispiel: Bonetti, Campbell, Gilmore: „The relationship of loneliness and social anxiety with children's and adolescents' online communication". In „CyberPsychology, Behavior, and Social Networking", 2010), die ebenfalls auf diesen zunächst paradox wirkenden Zusammenhang hinweisen.

Weiter dokumentieren die Forscher, dass exzessive E-Mail-Nutzung mit depressiven Symptomen in Zusammenhang steht. Hohe Angstlevel stehen demnach in enger Verbindung mit dem häufigen Überprüfen des E-Mail-Eingangs. Sie sprechen in diesem Zusammenhang von E-Mail-Abhängigkeit als Form einer Störung der Impulskontrolle. Forscher sehen diese in dem unwiderstehlichen Drang mancher Probanden manifestiert, E-Mail-Eingänge zu checken, selbst mitten in der Nacht. Hier mag auch die berufliche Sphäre Bedeutung haben.

Folgt man diesem Erklärungsmuster und erinnert sich an die eingangs im Kapitel „Der „Supercomputer" in der Tasche – Mein Smartphone" (S. 10) vorgestellten Ergebnisse der Ericsson-Studie, nach denen ein erheblicher Teil der Smartphone-Nutzer dieses praktisch „mit ins Bett nimmt", so muss man derartiges Verhalten beinahe als „Volkskrankheit" betrachten.

Die Forscher der Missouri University liefern auch weitere interessante Aspekte mit: In ihrer Internetnutzungsstudie sehen sie Probleme, sich auf eine Sache zu konzentrieren oder klare Entscheidungen zu treffen, als Indikatoren von depressiven Symptomen bei Studenten. Damit sind sie ganz nah dran an dem, was gemeinhin unter „Burnout" verstanden wird.

Auf den ersten Blick liefern die Ergebnisse auch Wasser auf die Mühlen von Berufswarnern wie Manfred Spitzer. Spitzer ist Leiter der Klinik für Psychiatrie an der Uni Ulm und wird häufig als „einer der populärsten Hirnforscher Deutschlands" bezeichnet.[194] Er beklagt in seinen Büchern („Vorsicht Bildschirm!: Elektronische Medien, Gehirnentwicklung, Gesundheit und Gesellschaft", dtv 2006 und „Digitale Demenz: Wie wir uns und unsere Kinder um den Verstand bringen", Droemer 2012) seit Jahren die Auswirkungen von Medien und Informationstechnologien auf die Gesellschaft und insbesondere auf die Entwicklung von Kindern sowie Heranwachsenden. Sein Credo ist das eines Verbietenden, der Heranwachsende möglichst von Computer, Internet und Co. fernhalten möchte. Aber wie soll man Kompetenz im Umgang mit neuen Technologien entwickeln, wenn nicht – unter Anleitung – am Objekt?

Tatsächlich ist es wohl eine Frage des richtigen Augenmaßes im Sinne des Gelehrten Philippus Theophrastus Bombastus von Hohenheim – bekannt als Paracelsus (1493–1541) –, der schon vor beinahe 500 Jahren den auch heute noch gültigen Grundsatz „Dosis sola venenum facit" (deutsch: „Allein die Menge macht das Gift") prägte.

Risiken für die Privatsphäre

Die Onlineaktivitäten der Internetnutzer werden von einer Vielzahl von Unternehmen „getrackt", das heißt nachverfolgt. Dies haben die meisten Nutzer bereits mehr oder weniger zur Kenntnis genommen. Bücher wie „Die Internetfalle" (von diesem Autor im selben Verlag) haben mit dazu beigetragen, eine öffentliche Diskussion zu diesem wichtigen Thema anzustoßen.

Vielfach sind sich die Nutzer jedoch der Tragweite der Überwachung und Speicherung ihrer Onlineaktivitäten noch nicht bewusst. Aber sie ahnen doch, dass Werbeanzeigen für Produkte, die sie in gleicher Weise über verschiedene Webseiten hinweg scheinbar verfolgen, etwas mit ihrer vergangenen Produktauswahl zu tun haben müssen.

Alle Nutzerinteraktionen mit dem Netz oder mit einzelnen Diensten wie Facebook und Co. hinterlassen Spuren, die von den Unternehmen gesammelt, aggregiert und ausgewertet werden. Das Bemerkenswerte oder besser Erschreckende: Dieser „digitale Schatten" ist vom Datenvolumen her gerechnet weit größer als die Daten, die der Nutzer selbst aktiv kreiert (nach IDC „2011 Digital Universe Study - Extracting Value from Chaos" 2011)[195]. Zudem wächst die Menge ständig weiter an. Die Auswertung dieser Spuren steht noch am Anfang. Hier werden jedoch große Fortschritte erwartet.

Wie in einer Art Goldrausch – um Daten als das Gold des 21. Jahrhunderts – versuchen daher die großen Internetunternehmen ihre Claims abzustecken und möglichst alles an Daten in ihrer Reichweite einzusammeln. Das Zählen und Auswerten von Facebook-„Likes" oder Suchmaschinenabfragen reicht den Unternehmen dabei längst nicht mehr aus. Spannend ist derzeit das Verhalten der Nutzer „offline" zu verfolgen – Smartphones, Kundenkarten und andere Brücken zwischen Onlinewelt und Alltag helfen den Unternehmen dabei, den Nutzer möglichst ganzheitlich zu beleuchten. Noch ist die Tragweite den meisten

Benutzern nicht klar. Die Unternehmen haben jedoch allen Grund, die Auswertungsmöglichkeiten herunterzuspielen, da diese eine neue Dimension der Verletzung der Privatsphäre mit sich bringen können.

So berichtet etwa Forbes Anfang 2012 von den Aktivitäten der Einzelhandelskette Target,[196] die durch geschickte Datenauswertung in der Lage ist, Schwangerschaften junger Frauen frühzeitig „festzustellen" und die werbliche Kommunikation darauf abzustimmen. So erschreckend dieses Beispiel auch ist – wir kratzen erst an der Spitze des Eisbergs der Möglichkeiten, die auf uns zukommen.

Daran ändert auch die Tatsache nichts, dass teilweise grotesk falsche Ergebnisse erzeugt werden. Schon die Unterscheidung, ob etwa ein E-Commerce-Nutzer zum Eigenbedarf einkauft oder einmalig ein Geschenk kauft und in Folge nichts mehr mit ähnlichen Produkten zu tun haben will, stellt gängige Trackingsysteme vor kaum überwindbare Schwierigkeiten ... ebenso wie die Zuordnungsprobleme der Trackingdaten auf einzelne Nutzer bei von mehreren Personen gemeinschaftlich genutzten PCs.

Erweitert man die Debatte in Richtung Smartphone beziehungsweise mobiler Internetzugang, sind die Nutzererfahrungen zunächst positiv besetzt. Vielleicht hat der Anwender jedoch bereits ein Mobiltelefon verloren und erlebt, wie schmerzhaft ein solcher Verlust eines persönlichen Gegenstands sein kann. Darüber hinaus neigt unser Otto Normalnutzer auch eher zu Vertrauensseligkeit, insbesondere wenn es um den persönlichsten Technologiegegenstand geht, den wir besitzen und so schätzen, dass wir ihn laufend mit uns herumtragen: das Smartphone.

Eine Untersuchung der Universität Berkeley hat (in den USA) dazu 1.200 Haushalte befragt, mit interessanten Ergebnissen („Mobile Phones and Privacy" by Jennifer M. Urban, Chris Jay Hoofnagle, Su Li – Berkeley Center for Law & Technology). Da eine vergleichbare Studie für Mitteleuropa nicht bekannt ist, seien nun die Ergebnisse hier wiedergegeben. Nicht vergessen werden sollte bei der Betrachtung, dass in deutschsprachigen Ländern durchweg höhere Anforderungen und Erwartungen an Privatsphäre herrschen als in den USA. Umso erstaunlicher also die dokumentierten Äußerungen:

Die meisten Befragten erwarten, dass Informationen, die auf einem Smartphone gespeichert sind, mindestens so privat sind wie auf ihrem privaten Computern zuhause.

59 Prozent der Befragten gaben an, dass Smartphones mindestens so viel Privatsphäre wie Homecomputer haben, 19 Prozent meinten, das Privatsphäre-Level wäre sogar noch höher. Möglicherweise greift hier

ein positives Vorurteil in Bezug auf die Vertrautheit mit diesem doch urpersönlichen Gegenstand.

Nach Angaben der Studienautoren ist diese Annahme jedoch ganz offensichtlich falsch. Mobiltelefone enthalten Informationen, wie eindeutige Geräteidentifikationsmerkmale (zum Beispiel IMEI) und vollständige Adressbücher, die von einer Vielzahl von Applikationen genutzt werden können.

Alle gängigen browserbasierten Nutzertrackingtechnologien greifen natürlich ebenso bei der Nutzung per Smartphone, wie per PC oder Tablet. Hinzu kommen Apps, die Nutzer systematisch ausspionieren und etwa Zugriff auf Adressbücher erhalten, diese teilweise vollständig auslesen und auf eigene Server hochladen oder sogar aus der Ferne manipulieren können. So hat die Applikation des Sozialen Netzwerks Path User-Adressbücher von Smartphones auf eigene Server übertragen, ohne dass es dafür einen funktionalen Grund gab. Natürlich war alles nur ein Versehen und man entschuldigte sich nach Bekanntwerden unmittelbar dafür.[197] Facebook selbst überträgt Handy-Adressbücher an Facebook, nur damit man dort einfacher seine Freunde finden kann, also aus rein funktionalen Gründen, versteht sich! Das soziale Netzwerk ist außerdem Anfang Juli 2012 damit aufgefallen, Nutzeradressbücher auf privaten Smartphones eigenmächtig zu ändern und E-Mail-Adressangaben mit der eigenen „@Facebook.com"-Adresse zu überschreiben.[198] Natürlich war das nach Unternehmensangaben nur ein bedauerlicher Fehler.

Eine neue Dimension des Nutzertrackings eröffnen schließlich die GPS-Daten über den Aufenthaltsort des Nutzers, die ebenfalls vielfach durch Apps oder gar das Betriebssystem selbst gespeichert werden und – entsprechend ausgewertet – umfassende Bewegungsprofile ergeben, die sich schlussendlich dafür eignen, zukünftige Aktivitäten des Nutzers vorherzusagen.

Letztendlich ist es die Wahrnehmung durch den Nutzer, die die Bedrohung konkretisiert. Und die Unternehmen tun viel dafür, nicht aufzufallen. So werden auch bei Smartphone-Apps die aus Nutzersicht unerwünschten Klauseln über die Datenverwertung gerne im Kleingedruckten versteckt.

Auch muss man den Eindruck gewinnen, dass man dem Nutzer bewusst nicht zu viel Transparenz zumuten möchte. Anders ist es nicht zu erklären, dass Apple wenige Monate nach Freigabe die „Clueful"-App wieder aus dem App-Store entfernt hat – ohne weitere Begründung unter Berufung auf das Hausrecht.

Clueful ist eine App des Antivirus-Spezialisten „Bitdefender", die den Nutzer darüber aufklärt, welche sonst installierte App welche Datenfreigaben benutzt. Diese Informationen werden – so der App-Anbieter dies korrekt ausweist – normalerweise nur kurz bei der Installation angezeigt. Aber wer wird da schon auf Nein klicken, wenn er die App dringend braucht. Hier greift eben die „Macht der Standardeinstellungen". Offensichtlich will Apple nicht, dass die Nutzer per Clueful darüber informiert werden, wozu sie mehr oder weniger zugestimmt haben.

Mobilfunker und ihre Datenschätze

Nicht nur einzelne Apps wissen, wo Ihr Mobiltelefon und damit Sie sich aufhalten. Auch die Betreiber der Mobilfunknetze wissen davon. Sie müssen es auch in Echtzeit wissen, sonst können sie keine Gespräche an diejenige Funkzelle durchstellen, in der der Nutzer sich gerade aufhält. Sie müssen außerdem Daten über Gespräche für einen bestimmten Zeitraum speichern, um Rechnungen erstellen und gegebenenfalls auf Rechnungseinwände reagieren zu können. Strittig ist, wie lange derartige Daten gespeichert werden dürfen.

Die Bundesnetzagentur, die zuständige Regulierungsbehörde, hat die einzelnen Provider nach ihrer Speicherdauer befragt und eine Vielzahl von Angaben erhalten.[199]

Der Politblogger Markus Beckedahl[200] fasst die Angaben im Beitrag vom 18.06.2012 wie folgt zusammen:

„Vodafone speichert die Ortsdaten bis zu 210 Tage lang, The Phonehouse Telecom 120 Tage, Drillisch/SIMply 92 Tage, E-Plus 80 Tage, Telekom 30 Tage. Die Telekom verteidigte sich mit der Begründung, dass sie die Bewegungsprotokolle für die Überprüfung von Einwendungen gegen Rechnungen benötige. [...] Neben den Ortsdaten speichern die Unternehmen auch die Verbindungsdaten der eingehenden Anrufe, obwohl für diese normalerweise keine Gebühren anfallen und sie somit nicht abrechnungsrelevant sind. Auch bei Flatrates und kostenlosen Rufnummern werden die Verbindungsdaten gespeichert. Die Zeiträume unterscheiden sich nicht wesentlich von der Speicherung der Ortsdaten. Die Telekom bietet eine ‚sofortige Löschung' der Verbindungsdaten an (3-7 Tage)."

Auch in anderen Ländern wird eine längere Speicherdauer bei vielen Providern als technisch notwendig erachtet. Nach einem Dokument des US Department of Justice, das als „law enforcement use only" bezeichnet ist, speichert etwa der US-Telekommunikationsanbieter Handydaten wie folgt:

- Gesprächsdaten (wer mit wem): 1 Jahr,

- Ortsdaten: 1 Jahr,

- Textnachrichten (wer mit wem): 1 Jahr,

- Textnachrichten (Inhalt): 3-5 Tage,

- IP Daten (also etwa besuchte Websites): 90 Tage.[201]

Aber nicht nur die mögliche Weitergabe von Handydaten an Polizei und Behörden ist problematisch. In den USA wurden 1,3 Millionen(!) Abfragen von Daten durch Handynutzer der Strafverfolgungsbehörden im Jahr 2011 dokumentiert.[202] Allein der Mobilfunkanbieter AT&T muss demnach rund 700 Anfragen pro Tag beantworten – rund dreimal soviele wie im Jahr 2007.

Hierzulande machen eher Einzelfälle Schlagzeilen. So berichtet die TAZ über die flächendeckende Handyüberwachung in Dresden mit über einer Million erfassten Datensätzen in Verbindung mit einem Ereignis (Demonstration).[203] Eine Aktion, die anschließend – nach zahlreichen Medienberichten – die Abberufung des Dresdner Polizeipräsidenten zur Folge hatte.

Fraglich ist bei der ganzen Debatte um staatliche Eingriffe jedoch, ob die Mobilfunker tatsächlich die Daten länger als notwendig speichern, um eine praktisch streberhafte vorauseilende Kooperation mit den Behörden anzukündigen, oder ob nicht andere Motive dahinterstecken.

Einerseits bedrohen ständig sinkende Erlöse die Renditeaussichten der Provider, andererseits müssen sie – bisher tatenlos – mit zusehen, wie Google, Facebook und Co. mit Nutzerdatenauswertung Millionen verdienen. Wer würde es ihnen da verdenken, wenn sie ebenfalls nach neuen Geschäftsmodellen schielen oder beabsichtigen, aggregierte Daten an geeignete Partner weiterzugeben – immer im Rahmen des Erlaubten natürlich, etwa als anonymisierte Profile.

Noch mag man vielfach die Idee empört von sich weisen, aber letztendlich sprechen auch andere Entwicklungen für diese These. So hat die Telekom Deutschland die Kunden ihrer Internet-TV-Plattform per Bildschirmeinblendung und E-Mail an den Anschlussinhaber darüber informiert, Nutzungsdaten auswerten zu wollen und das Unternehmen „Phorm" hat zusammen mit diversen Internetzugangsanbietern – unter anderem in Großbritannien – versucht, die Internetnutzungsdaten der Onlinekunden zu Geld zu machen.

Zusammenfassend sind die Telekommunikationsfirmen im Festnetz längst an der Entwicklung dran. Die Frage ist weniger ob, sondern eher *wann* die Mobilfunker auf den Zug mit aufspringen.

Wenn alle Beteiligten den Wert der Daten bei der Mobilfunknutzung erkannt haben, wird es vielleicht irgendwann einmal zwei Klassen von Tarifen geben: solche mit Auswertung (und kleinem Rabatt) und solche, bei denen man sicher sein kann, dass der Anbieter die Verkehrsdaten nicht verkauft (gegebenenfalls mit kleinem Zuschlag). Die Firmen, die die Daten analysieren, stehen längst in den Startlöchern.

Bewegungsdaten – egal, ob wie zuvor beschrieben durch das geräteeigene GPS oder den Mobilfunkanbieter ermittelt – können dabei heute schon ermitteln, ob ein Smartphone Nutzer ein frommer Mensch ist, der wöchentlich den Gottesdienst besucht, regelmäßig zu viel trinkt, auf seine Gesundheit achtet und regelmäßig ins Fitnesscenter oder auf die Joggingstrecke geht, seinen Partner betrügt oder sich medizinischer Behandlung unterzieht.

Bewegungsdaten liefern nicht nur einzelne dieser Fakten, sondern alle gleichzeitig und damit viel mehr, als der intensivste Facebook-Nutzer es je tun würde.

Das auf derartige Datenauswertungen spezialisierte Unternehmen Sense Networks analysiert Gesprächsdaten und Ortsdaten aus den Datenbeständen der Mobilfunkbetreiber und trifft Vorhersagen über zukünftige Bewegungen. Anhand dieser Daten kann Sense Networks zum Beispiel auch bestimmen, wer etwa einer bestimmten Altersklasse angehört und am Nachtleben interessiert ist – Handys, die um Mitternacht in Bewegung sind, geben davon klar Zeugnis. Anhand der Bewegungsdaten selektiert Sense Networks auch zwischen Personen mit hohem oder geringem Einkommen. Ebenso können Geschäftsreisende zuverlässig identifiziert werden. Demographie und Einkommen lassen sich bereits aus Bewegungsdaten ermitteln. Wann sind die Nutzer wo unterwegs? Wie nah oder fern sind sie von gewissen Orten? Welche Einzelhändler besuchen sie? Die Auswertungsmöglichkeiten sind vielfältig.

Wenn jemand nun in einer wohlhabenden Nachbarschaft wohnt und verschiedene Autohändler besucht hat, bedeutet das, dass er die Absicht hat, ein Auto zu kaufen. Für werbetreibende Unternehmen sind das extrem wertvolle Informationen – die Auswertung der Handyortungs- und Ortungshistorie-Daten genügen für derartige Schlussfolgerungen.

Auch lassen sich mit erstaunlicher Genauigkeit Vorhersagen über zukünftiges Verhalten und Bewegungen der Person treffen. Die Forschung hat gerade erst mit einigen aufsehenerregenden Experimenten begonnen. So verbessert sich die Genauigkeit der Vorhersagen enorm, wenn man die sozialen Beziehungen der Nutzer berücksichtigt.[204] Die Kombination von Bewegungsdaten mit Daten aus den Sozialen Netzwerken wird daher wohl der „Heilige Gral" der Datenanalyse werden.

In der Zukunft kann diese Kenntnis unserer Gewohnheiten und Vorhersagbarkeit unserer Bewegungen nicht nur genutzt werden, um uns „passende" Werbung zu präsentieren, sondern auch, um uns in die gewünschte Richtung zu lenken, indem aus Sicht des Anbieters nicht opportune Handlungsmöglichkeiten ausgeblendet werden, bestimmte Webanwendungen schneller oder langsamer laden und bestimmte Nachrichten angezeigt beziehungsweise eben nicht angezeigt werden. Wir leben dann nicht nur in der oben beschriebenen Filterblase, die durch die tendenziöse Vorselektion von Nachrichten und Internetinhalten gebildet wird, sondern eher zwischen unsichtbaren Leitplanken, die jedes mögliche Abweichen vom vorgegeben Weg verhindern, indem sie uns beim Anstoßen immer wieder zurückwerfen.

Sicher, dies mögen augenblicklich bloße Befürchtungen sein – neue Dienste wie Google Now zeigen aber einen Weg in eine potentiell unerfreuliche Zukunft. Die New York Times zitiert dabei Matt Blaze, Prof. für Computerwissenschaften an der Universität von Pennsylvania: „Niemand kann sich dem umfassenden Tracking entziehen, es sei denn, er verzichtet auf ein Mobiltelefon." [205] (Übersetzung durch den Autor.)

Dein E-Book liest dich

Bei all der Debatte um Smartphones wird vergessen, dass zunehmend auch eher unverdächtige Geräte Informationen über ihre Nutzer verraten. So liefern manche E-Book-Reader eine Vielzahl von Nutzerinformationen an den Dienstanbieter zurück. Dazu gehören etwa die gelesenen Bücher, die Zahl der gelesenen Seiten in einer bestimmten Zeit (Leseschwindigkeit), die gemachten Anmerkungen und viele weitere Nutzungsdaten.[206] Natürlich schafft dies neue Möglichkeiten im Verlagswesen, aber der Gedanke, dass man bei einer so intimen Beschäftigung wie dem Lesen permanent „beobachtet" wird, lässt Viele erschauern.

Nicht vergessen werden sollte bei der Debatte auch, dass es möglich ist, Inhalte auf den Geräten zu verändern oder sogar bereits gekaufte Bücher zu löschen. Ein bekannt gewordener Vorfall aus dem Jahr 2009, bei dem Amazon Bücher auf E-Book-Readern seiner Kunden gelöscht hat, ist weithin in den Medien diskutiert worden. Ironischerweise handelte es sich um das Buch „1984" von George Orwell, das den Überwachungsstaat thematisiert.

Andere unerwünschte Änderungen

Auch auf dem eigenen Gerät ist man nicht vor Eingriffen in die eigenen Daten gefeit. Dies hat das Amazon-1984-Beispiel bereits gezeigt. Auch

Google kann beispielsweise Apps auf Android-Geräten fernlöschen und hat dies im Fall bekannter Schadsoftware bereits gemacht. Aber nicht alle Änderungen sind im Interesse des Nutzers. So hat der Elektronikanbieter Sony mit der Systemversion „3.21" wesentliche Funktionalitäten aus seiner „Playstation 3" entfernt. Die auch PS3 genannte Spielkonsole war ursprünglich nicht nur für Videospiele geeignet, sondern erlaubte auch die Nutzung von Linux als Betriebssystem. Wer wollte, hatte damit einen leistungsfähigen Rechner für den Hausgebrauch. Diese Option wurde ersatzlos entfernt – immerhin nach vorheriger Ankündigung.

Rein theoretisch kann man als Nutzer auch auf diese neue Version verzichten, da man dem Update explizit zustimmen muss. In der Praxis ist dieser Weg aber für den Anwender keine Option. Denn ohne die neue Firmware sind neue Spiele nicht nutzbar, der Zugang zum Onlineportal entfällt ersatzlos.[207]

Der Anbieter begründet die Entfernung der Linux-Unterstützung mit einer bekanntgewordenen Sicherheitslücke, deren Risiko nach Branchenangaben wohl primär in der Aushebelung der geräteeigenen Kopierschutzmechanismen bestand, und verweist auf die Produktunterlagen, in denen der Anbieter sich das Recht vorbehält, „Änderungen" an den Features vorzunehmen.

Auch der Spieleanbieter Nintendo denkt augenscheinlich in die gleiche Richtung. Nach Angaben von Defectivebydesign spioniert der Anbieter nicht nur den Nutzer aus und lässt sich alle Rechte an allen möglichen Daten, die durch Nutzung des Gerätes entstehen – also etwa auch die mit der eingebauten Kamera gemachten Fotos –, einräumen, sondern er behält sich auch das Recht vor, bei festgestellten Manipulationen am Gerät dieses durch ein Software-Update unbrauchbar zu machen.[208] Das Gerät ist dann „bricked", also noch ungefähr so nützlich wie ein Backstein (englisch: „brick").

Auch der Netzwerkausrüster Cisco ist kürzlich mit überraschenden Updates aufgefallen. Bei einigen Internetroutern aus der Produktlinie für Privatkunden wurde – ohne dass die Nutzer informiert oder gar um Zustimmung ersucht wurden – eine neue Software durch den Hersteller eingespielt, die den Nutzer dazu zwingt den Router statt direkt am Gerät über einen sogenannten Cloud-Service zu administrieren.[209]

Einher mit dem unerwünschten Update gingen, nach obigem Bericht, auch neue Nutzungsbedingungen, die dem Hersteller des Routers unter anderem eine Auswertung der Nutzungsdaten bis hin zu den besuchten Webseiten („Internet History") erlauben und darüber hinaus das Recht geben, den Service aufgrund von erhobenen Ansprüchen Dritter (man denke etwa an Urherberrechtsverletzungen) abzuschalten, um damit das Gerät nutzlos werden zu lassen. Nach Nutzerprotesten hat der Anbieter reagiert und bietet nun wieder – per erneutem Softwareupdate – eine Möglichkeit, den Router auch ohne Anbindung an den Cloud-Service zu betreiben und zu verwalten.

Letztendlich gehört es zu den grundlegenden Risiken der Vernetzung, dass sich die Eigenschaften von Produkten ändern können, wenn es der Anbieter so will, oder etwa ein Dritter gerichtliche Ansprüche geltend macht, die den Anbieter dazu zwingen derartige Änderungen vorzunehmen. Durch diese nachträglichen Änderungen der Produkteigenschaften können immer auch neue unerwünschte Funktionen hinzukommen oder Datenschutzrisiken entstehen.

7. Überwachungssoftware: Die elektronische Hundeleine

Eine besondere Form der Privatsphärenbedrohung kommt nicht heimlich, sondern als Produkt. Mit „Google Map Coordinate"[210] liefert der Suchmaschinenriese ein Echtzeit-Trackingsystem für Mitarbeiter. Der Arbeitgeber hat alles jederzeit im Blick – in Echtzeit kann er bis auf die Gebäudeebene sehen, wer sich gerade wo aufhält. Die Positions- und Bewegungsdaten werden durch eine „App" laufend auf dem Smartphone des Arbeiters erfasst und an Google übermittelt. Dort werden Sie auch gespeichert. Google spricht von „in der Cloud" und meint damit seine eigenen Server.

Neu gegenüber anderen Systemen ist die Definition von sogenannten POIs (POI = Point of Interest). Der von Navigationssystemen her bekannte Begriff erfährt eine zusätzliche Bedeutung im Rahmen von Google Map Coordinate. Der Administrator kann nämlich auch Orte beziehungsweise Bereiche vorgeben, in denen sich der Mitarbeiter nicht aufhalten darf. Die elektronische Hundeleine wird damit Realität.

Das ungute Gefühl

In der Robotik und in der Computergrafik gibt es einen messbaren Effekt, der als das „unheimliche Tal" (engl. „uncanny valley") bezeichnet wird. Damit ist gemeint, dass Menschen Roboter oder auch animierte Charaktere – etwa in Filmen oder Videospielen – als angenehm empfinden, wenn diese nur entfernt an Menschen erinnern. Je mehr sich diese Ähnlichkeit jedoch steigert, umso ablehnender werden Menschen, zumindest solange, bis die Simulation beinahe perfekt wird. Danach steigt die Akzeptanz wieder an.

Angesichts der öffentlichen Diskussion um die zunehmend als „Datenkraken" wahrgenommenen großen Internetunternehmen stellt sich hier eine Frage: Gibt es einen ähnlichen Effekt, der unsere Akzeptanz und Nicht-Akzeptanz von Diensten wie dem virtuellen Assistenten „Google Now" und anderen virtuellen Helfern beeinflusst? Wenn ja: Ist dieses Empfinden abhängig von dem, was diese Dienste über uns wissen und wie sie die Informationen über uns verwenden?

Der virtuelle Assistent „Google Now" ist Bestandteil vieler Smartphones, da die Anwendung standardmäßig mit Android ab Version 4.1 mitgeliefert wird. Als persönlicher Helfer soll dieser die jeweils passenden Informationen im richtigen Moment liefern, ohne dass der Nutzer diese explizit vorwählen oder eingeben muss. Auf Basis von Suchanfragen, Surfverhalten, Aufenthaltsort und Bewegungsdaten sowie durch Zugriff auf den Kalender und die Datenspuren, die der Nutzer in anderen Google-Diensten hinterlassen hat, lernt Google Now laufend dazu und damit den Nutzer immer besser kennen. Es zeigt Daten an, von denen das System anhand der Auswertung der genannten Nutzer- und Nutzungsdaten annimmt, dass der Anwender daran interessiert ist. Dazu zählen Wetterinformationen ebenso wie Verkehrsinfos der öffentlichen Verkehrsmittel und Flugdaten. Genauso greift Google Now auf persönliche Termine zu oder liefert Sportergebnisse der Spiele des automatisch ermittelten Lieblingsvereins. Google Now lernt nicht nur, wo der Nutzer wohnt und arbeitet oder welchen Weg er dazwischen nimmt, sondern merkt sich auch die Freizeitgewohnheiten. So soll der Assistent nicht nur an Termine erinnern, sondern sogar zum vorzeitigen Aufbruch mahnen, wenn etwa die Verkehrslage auf der typischerweise zum vorgesehen Treffpunkt gewählten Route problematisch ist.

Festzuhalten ist: Die Funktionen, die etwa Google Now dem Nutzer anbietet, sind in der einen oder anderen Form anderweitig bereits verfügbar. Neu ist nur die Kombination zu einem Ganzen und zu einem praktisch vorausschauenden Dienst.

Google weiß jedoch bereits so viel über uns, kennt unsere Wünsche und Vorstellungen (über die Onlinesuche), weiß, mit wem wir Mailkontakt haben und worüber wir uns austauschen (über Google Mail), wen wir in welche Kreise bei Google+ einsortiert haben und was wir dort posten ... Diese kleinen Stückchen an Informationen führt Google bereits zusammen, aber gefühlt rangiert Google Now auf einer höheren, neuen Dimension der Datenauswertung. Eine einzelne App, die uns etwa darauf hinweist, dass Freunde von uns in der Nähe sind, sieht man – allen Bedenken um die Ortsdaten zum Trotz – eher als freundlichen Helfer, als wenn Google als Ganzes den gleichen „Service" anbietet. Hier fühlt es sich ein bisschen wie Stalking an, wobei nicht ganz klar ist, wer hier wen stalkt. Wir unsere Kontakte oder Google uns. Es verwundert daher nicht, wenn viele Nutzer kein gutes Gefühl bei Google Now entwickeln können, so nützlich der Dienst auch immer sein mag. Die allzu menschlichen Roboter lassen grüßen.

Finanzielle Risiken

Natürlich könnte man jetzt darüber lamentieren, dass die Nutzung von Internet und Smartphone erhebliche Kosten verursacht und die kleinen Käufe von Apps in Summe ins Geld gehen. Das ist zweifellos richtig, führt aber am Thema vorbei. Auch die unter anderem von der Schufa geplante (und zwischenzeitlich gestoppte) Auswertung von Social-Media-Daten für die Bewertung von Kreditausfallrisiken unter dem Stichwort „Banking 2.0" hat natürlich Rückwirkungen auf jeden Einzelnen.

Problematisch ist aus Sicht dieses Buches aber besonders die Frage, wie die genannten Mechanismen aktiv zu Lasten des Verbrauchers genutzt werden. Gerne wird dabei mit Standardeinstellungen gearbeitet: Legendär sind beispielsweise die Tricks der Reisebranche, dem Kunden hier zusätzliche Leistungen aufzudrängen, die den Gesamtpreis signifikant erhöhen, aber nur von begrenztem Nutzen für den Kunden sind. Im Kapitel zum „Der Schubs in die „richtige" Richtung?" wurde ausführlich darüber berichtet.

Zumindest grenzwertig sind die Modelle von Spieleanbietern, die mit kostenlosen Spielen locken, die dann für das Erreichen von Fortgeschrittenenstufen extrem viel Spielaufwand erfordern, der nur abkürzbar ist, wenn man elektronische Güter gegen Entgelt erwirbt. Ein einfaches Browserspiel kann da unter Umständen Stück für Stück – ein paar Euro hier, ein paar Euro da – mit mehreren hundert Euro Kosten zu Buche schlagen. Der Spieler ist in seiner Sucht nach Spielerfolg möglicherweise nicht mehr in der Lage, das gesamte Ausmaß zu überblicken. Man ist geneigt, derartiges Geschäftsgebaren mit dem eines Dealers zu vergleichen, der den ersten „Schuss" kostenlos abgibt und in Folge den süchtig gewordenen Konsument konsequent zur Kasse bittet.

Ähnlich zu bewerten sind auch Mechanismen zur Preisdiskriminierung, die einen „Nasenpreis" je nach Nutzer offerieren. Seit dem es E-Commerce gibt, wird mit individueller Preisgestaltung experimentiert – der Preis im Shop ist unter Umständen beim Zugriff über eine Preissuchmaschine deutlich günstiger als beim direkten Aufruf des Shops. Neu ist nun die Kundenclusterung anhand individueller Merkmale für die Preis- beziehungsweise Angebotsgestaltung. Diese kann man mit einem Satz zusammenfassen: Apple-Nutzer zahlen mehr. Nach einem Bericht des Wall Street Journals[211] werden nämlich bei bestimmten Buchungswebsites Apple-Nutzern teurere Hotels beziehungsweise Raten offeriert. Das ist ganz einfach bei jedem Seitenaufruf durch die Website bestimmbar, anhand der vom Nutzerrechner automatisch übermittelten Informationen. Aus diesen Angaben heraus weiß nicht nur der Server, welche Seiten er für welchen Browser ausliefern soll, sondern kann auch die MAC-Nutzer herausfiltern und ihnen Angebote mit anderen Angaben präsentieren.

Diese Tatsache hat zu einiger Aufregung in der Presse geführt. Vielfach war davon zu lesen, dass Apple-Nutzer für die gleiche Leistung mehr bezahlen müssten. Das wäre zwar problemlos möglich, war aber hier nicht der Fall. Es wurden lediglich teurere Hotels angeboten, vor dem Hintergrund dessen, dass Orbitz in der Vergangenheit eine höhere Zahlungsbereitschaft beziehungsweise höhere Neigung, in 4- oder 5-Sterne-Hotels abzusteigen, in dieser speziellen Zielgruppe ermittelt hat. Warum auch nicht? „Apple-Jünger" zahlen ja durchweg auch gerne mehr für ihre Geräte und gehören vermutlich auch zu den Beziehern überdurchschnittlicher Einkommen. So legitim dieser Ansatz in diesem Einzelfall auch ist, muss man längst davon ausgehen, dass diese und andere Merkmale zu Lasten der eigenen Geldbörse von den Anbietern eingesetzt werden. Spätestens hier sollte man seine eigenen Gewohnheiten überdenken, etwa wenn es um Onlinespiele geht. So sammelt alleine die Zynga Spieleplattform rund 8 GB Daten über die Nutzeraktivitäten – pro Tag.[212]

Erste Startup-Firmen haben sich auch bereits auf die Analyse von Spieldaten fokussiert. So wirbt das Unternehmen „UseItBetter"[213] mit dem Slogan „Videoüberwachung für Onlinespiele" („CCTV for online games") und will mit der eigenen Software Spielverläufe verbessern helfen sowie Anbieter dabei unterstützen, Betrugsversuche zu entdecken und zu kontern. Ganz nebenbei will man aus der Analyse etwa auch entnehmen können, ob Frau oder Mann spielt, wie alt der Spieler oder die Spielerin ist und welche Verhaltensauffälligkeiten oder Krankheiten einen Nutzer möglicherweise plagen. Der Gründer des Unternehmens, Lukasz Twardowski, sieht dabei selbst die große Verantwortung, die durch die Aggregation und Auswertung der Daten bei seinem Unternehmen entsteht.[214]

John Ferrara, Autor des Buches: „Playful Design" beschreibt die hier angedeuteten Folgen wie folgt:

„Spiele produzieren enorme Datenmengen, da es relativ einfach ist, jede kleine Interaktion, die der Spieler im Spiel hat, zu erfassen und an einen zentralen Server zurückzumelden. Das hat natürlich unmittelbare Auswirkungen auf das Spieldesign. Zynga zum Beispiel nutzt diese Daten, um das Spieldesign so zu gestalten, dass die Nutzer engagierter bei der Sache sind, mehr Freunde dazu einladen, und bezahlen, um die Spielerfahrung zu verbessern ... Ich würde erwarten, dass die Finanzbranche der zweitgrößte Profiteur dieser Daten sein könnte, da man [aus den Spieldaten] soviel darüber lernen kann, wie die Menschen finanzielle Entscheidungen unter unterschiedlichen Rahmenbedingungen treffen."[215]

Sicherheitsrisiken

Haben Sie schon mal Ihr Smartphone verloren? Nach einer Studie der Softwarefirma Lookout verliert jeder deutsche Handybesitzer im Schnitt alle drei Jahre sein Mobiltelefon. Im Smartphone-Zeitalter kann dieser Verlust besonders schmerzhaft sein. Nicht nur liegt der Wiederbeschaffungswert eines solchen Gerätes häufig genug über dem eines verlorenen Notebooks. Auch sind häufig Daten gespeichert und nicht oder nur unzureichend gesichert. Dies gilt insbesondere dann, wenn es betriebliche Daten sind, die auf dem Gerät gespeichert sind. Gesteigert wird das Kostenrisiko bei Verlust durch eventuell darauf gespeicherte kostenpflichtige Applikationen oder zukünftig auch durch Verluste aus der „elektronischen Geldbörse", die mit dem Handy verknüpft ist. Die gute Nachricht: Beinahe alle aktuellen Smartphones erlauben eine Ortung und sogar eine Fernlöschung. Ist das Gerät entsprechend eingerichtet und bemerkt man den Verlust rechtzeitig, lassen sich die Folgen begrenzen.

Während über den Verlust der Privatsphäre durch Smartphone-Nutzung und insbesondere durch Smartphone-Apps zuvor bereits die Rede war, stecken jedoch weitere Risiken in den Apps. So verlocken zahlreiche – meist kostenfreie – Apps zu Käufen innerhalb der Applikationen selbst. Das einfache Anklicken einer Schaltfläche in einem Programm reicht dazu meist aus. Insbesondere wenn man sein Smartphone einem Kind überlässt, können hier schnell Kosten entstehen. Auch reicht es manchmal auf vermeintliche Werbebanner in Applikationen zu klicken und man hat ein „Abo" abgeschlossen, das über die Telefonrechnung abgerechnet wird. Wenig erstaunlich ist, dass hier alte Bekannte mit zweifelhaften Geschäftspraktiken wie „Jamba" (ja, die mit der unsäglichen Werbung im Musikfernsehen) als Verursacher genannt werden.[216]

Empfehlenswert ist es in jedem Fall, beim Netzbetreiber eine Sperre für „mobiles Bezahlen" (Vodafone) oder „Drittanbieter" (Telekom) zu veranlassen. Fachmedien wie der Blog „iphone-fan.de" berichten darüber hinaus auch von unfreiwilligen Bezahlvorgängen über das mit einem iPhone verbundene iTunes-Konto.[217] Möglicherweise sind zu schwache Passworte dafür verantwortlich, dass sich betrügerische Anbieter hier praktisch selbst bedienen.

Betrachtet man die Entwicklung bei den Android Smartphones, so lauern hier zusätzliche Gefahren. Anders als bei Apple gibt es keine einheitliche Kontrollinstanz über die Applikationen. So kommt es immer wieder vor, dass Apps Schadsoftware enthalten oder dafür besonders anfällig sind. Nach einer Studie des Sicherheitsanbieters SMobile, von der der Onlinenachrichtendienst Cnet berichtet, wiesen 20 Prozent der verfügbaren Apps massive Sicherheitslücken auf.[218]

5 Prozent der Android-Anwendungen können sogar dazu genutzt werden, ohne Wissen oder Zutun des Users Anrufe an jede x-beliebige Nummer zu tätigen. 2 Prozent wären imstande, unerlaubterweise SMS mit jeglichem Inhalt auch an kostenpflichtige Premium-Nummern zu verschicken.

Nicht immer muss man gleich von wissentlich bereitgestellter Schadsoftware ausgehen. Der wesentliche Grund für die Sicherheitslücken dürften Schlampereien bei der App-Programmierung sein. Hinzu kommen jedoch auch Konstruktionsfehler im Android-System, die etwa jeder App – ohne weitere Rückfrage – den Zugriff auf Fotos erlauben und es so ermöglichen, diese aus dem Gerät auszulesen und über das Internet an eine beliebige Gegenstelle zu übertragen.[219]

Besonders tückisch für die eigene Geldbörse sind auch legitime Apps, die unerwünschte Zusatzfunktionen haben. So weist das Security-Unternehmen „F-Secure" darauf hin, dass Schadsoftware, die etwa kostenpflichtige Rufnummern anruft und so den Nutzer über eine überhöhte Telefonrechnung finanziell schädigt, zunehmend mit legitimen Applikationen „huckepack" geliefert wird. Betroffen sind dabei auch gängige Programme wie das Spiel Angry Birds. Der Nutzer erkennt das Problem zumeist nicht, da die gewünschte Applikation ja tatsächlich installiert wird und funktioniert.[220]

Aber selbst wenn der Nutzer äußerste Sorgfalt walten lässt, kann die Einfallstür für unerwünschte Zugriffe bereits im Gerät selbst stecken. Von einer ebensolchen berichtet ZDnet in Smartphones des chinesischen Herstellers ZTE,[221] von dem zuvor bereits im Kontext mit möglichen Hintertüren in Netzwerkkomponenten die Rede war. Man darf auch hier vermuten, dass es sich vermutlich nicht um einen Einzelfall handelt.

Generationsunterschiede beim Sicherheitsverhalten

Wie gut, dass bei all den Sicherheitsrisiken die Generation Y – da sie ja mit den neuen Kommunikationstechnologien aufgewachsen ist – stets den Überblick behält und entsprechend sensibel vorgeht. So möchte man zumindest meinen.

Eine aktuelle Umfrage vom Sicherheitsanbieter Check Point (Juni 2012) unter dem Titel „The Generation Gap in Computer Security"[222] widerlegt jedoch diese Vermutung, und das überraschend klar.

Für die Studie zu den Generationenunterschieden in der Computersicherheit wurden 1.245 PC-Nutzer in den Vereinigten Staaten, Kanada, UK, Deutschland und Australien befragt. Alle Umfrage-Teilnehmer waren selbst für den Kauf und die Wartung ihres Desktop-PCs oder Notebooks verantwortlich. Die Generation Y wurde für die Studie von den Autoren als Personen im Alter von 18 bis 25 Jahren definiert und die Baby-Boomer als Personen im Alter von 56 bis 65 Jahren.

Ein Ergebnis der Studie: Die Generation Y ist stärker von ihren Sicherheitskenntnissen überzeugt als die der sogenannten Baby-Boomer. Dabei waren jedoch laut Studie 50 Prozent der Befragten aus der Generation Y in den vergangenen zwei Jahren von Sicherheitsproblemen betroffen, bei den Baby-Boomern dagegen weniger als die Hälfte.

Die Baby-Boomer machen sich mehr Gedanken um ihre Sicherheit und Privatsphäre und schützen ihren Computer doppelt so häufig mit zusätzlicher Sicherheitssoftware. Mit den Worten der Studienautoren: „Die Generation Y neigt dazu, dem Wunsch nach Unterhaltung und Community Vorrang vor der Sicherheit zu geben, möglicherweise aufgrund einer Überschätzung ihrer Sicherheitskenntnisse. Zum Beispiel sind den Vertretern dieser Generation Spiele oder andere soziale Aktivitäten wichtiger als ihre Online-Sicherheit." (Fazit der Studienautoren, entnommen aus der Pressemeldung zur oben genannten Studie.)[223]

Die wesentliche Erkenntnis: Computersicherheit wird mit zunehmendem Alter immer ernster genommen. Nur 31 Prozent der Befragten aus der Generation Y stufen die Sicherheit als ihre wichtigste Überlegung ein, wenn sie Entscheidungen bezüglich ihrer Computer treffen, verglichen mit 58 Prozent der Baby-Boomer.

Risiken für das berufliche Fortkommen

Von den Risiken für berufliches Fortkommen im Kontext mit Internet und Social Media wird vielfach berichtet – zumeist mit dem Tenor, dass Partyfotos auf Facebook karrieregefährdend sein können. Ein Zusammenhang besteht vermutlich. Dennoch ist eine differenzierte Sicht von Nöten. Man kann getrost davon ausgehen, dass ein Großteil der Personalverantwortlichen im Unternehmen die Bewerber im Internet „googelt". Dagegen ist – solange es sich um öffentliche Profile handelt – nichts einzuwenden. Nun kann das besagte Partyfoto auch von Dritten hochgeladen und entsprechend von diesen auch „getagt", also mit dem Namen dessen, der darauf zu sehen ist, versehen worden sein. Ob jedoch ein erfahrener Personaler in dem Foto mehr sieht, als altersgerechtes Verhalten in einer Phase jugendlichen Ausprobierens, ist natürlich nicht vorauszusehen. Unglücklich ist in jedem Fall, dass der Bewerber keine Chance hat, einen derartigen Grund für seine Ablehnung auch zu erfahren. In Zeiten des Antidiskriminierungsgesetzes wird sich kein potentieller Arbeitgeber trauen, derartiges in ein Ablehnungsschreiben hineinzuformulieren. Der Autor ist in jedem Fall froh, dass zu seinen eigenen Jugend- und Studienzeiten Digitalkameras sowie Internetplattformen für das Fotosharing noch nicht gängig waren.

Etwas Licht in das Dunkel der Bewerberauswahl in Zeiten der digitalen Überinformation bringt eine Studie von Cross-Tab im Auftrag von Microsoft aus dem Jahr 2010. Demnach haben 16 Prozent der befragten Personalentscheider mindestens einmal einen Bewerber wegen Onlineinformationen abgelehnt. Die Studie listet einen ganzen Katalog von Onlineinformationen auf, die zur Ablehnung eines Bewerbers führen können. Für Deutschland sind dies:

- „unpassende" Kommentare und Texte: 78 Prozent,
- „unpassende" Fotos und Videos: 44 Prozent,
- Entdeckung von unkorrekten Angaben in den Bewerberunterlagen durch Onlinerecherche: 42 Prozent,
- Bedenken über den Lebensstil des Bewerbers: 42 Prozent,
- Mitgliedschaft in bestimmten Gruppen oder Netzwerken: 36 Prozent,
- öffentlich geäußerte Kritik an vorherigen Arbeitgebern, Kollegen und Kunden: 28 Prozent,
- „unpassende" Kommentare von (ehemaligen) Kollegen: 17 Prozent,
- „unpassende" Kommentare von Freunden oder Verwandten des Bewerbers: 14 Prozent,
- Bedenken über die finanzielle Situation des Kandidaten: 11 Prozent.

Somit ergibt sich ein durchaus differenziertes Bild über die Fallstricke, die das Internet für Bewerber bereithält.

Da nicht jeder Bewerber seine Profile in den Sozialen Netzwerken offen für alle Besucher hält, sind einige Unternehmen dazu übergegangen, den Bewerber zur Herausgabe von Nutzername und Passwort zu bewegen – natürlich alles nur „freiwillig", soweit freiwillig im Rahmen einer Bewerbungssituation als Begriff überhaupt anwendbar ist. Derartige Übergriffe sind aus Deutschland bisher nicht bekannt, führten in den USA aber bereits zu einer öffentlichen Debatte über die Legitimität derartigen Ansinnens.

Ist die Hürde Einstellung geschafft, ist jedoch noch lange nicht alles überstanden – im Gegenteil. Auch wer in Lohn und Brot steht, dem können etwa Äußerungen in Sozialen Netzwerken zum Nachteil gereichen. Dazu genügt unter Umständen ein Facebook-Like, wie einige Mitarbeiter des Daimler-Konzerns erfahren mussten. Die Stuttgarter Zeitung berichtet zum Anlass am 24.5.2011: Ein Mitarbeiter hatte den Konzernchef als Lügenpack bezeichnet und mehrere seiner Kollegen haben ihm daraufhin zugestimmt. „[...] Fünf der Beschäftigten nutzten aber kein Pseudonym und waren deshalb namentlich erkennbar. ‚Wir haben dann gemeinsam mit dem Betriebsrat das Gespräch mit den Mitarbeitern gesucht', sagt der Daimler-Sprecher. [...]“.

Jenseits dieses Einzelfalls steht die Frage: Was ist im Onlinezeitalter noch privat und was ist öffentlich? Insbesondere wenn es um das berufliche Vorankommen geht, ist diese Frage relevant. Auch ein Pseudonym schützt unter Umständen nicht vor Nachteilen im Beruf. Der Fall des Marc Galasco – ein Mitarbeiter der Menschenrechtsorganisation Human Rights Watch – zeigt dies klar auf. Einem Blogger war aufgefallen, dass der als Menschenrechtsaktivist in der Öffentlichkeit stehende Marc Galasco häufig Bücher auf Amazon bewertete, die Memorabilien des Dritten Reichs zum Inhalt hatten, recherchierte weiter und fand heraus, dass Galasco unter dem Pseudonym „flak88“ einschlägige Foren besuchte (Bericht in diversen Medien, unter anderem die FTD am 12.4.2010, S. 28). Dem Blogger gelang es durch eine einfache Internetrecherche, den Schutzmantel der Anonymität zu lüften. Die Folge für Galasco: Man trennte sich bei Human Rights Watch still und ohne großes Aufsehen von diesem für die Organisation unakzeptablen Mitarbeiter. Sicherlich ein Extrembeispiel, aber vermutlich auf lange Sicht betrachtet kein Einzelfall.

Doch auch ohne derartige Verhaltensauffälligkeiten droht im beruflichen Umfeld potentielles Ungemach. Forscher der Florida Atlantic University wollen anhand der Textanalyse von Twitter-Nachrichten Menschen mit den für Straftäter typischen Persönlichkeitsstörungen in dem sozialen Netzwerk identifizieren können. Die Forscher analysierten dazu mehr als 3 Millionen Tweets von fast 3.000 Twitter-Nutzern in 80 Ländern. Von diesen Nutzern hatten 41 nach Ansicht der Studienautoren eine nachweisbare Persönlichkeitsstörung, die nach Ansicht der Forscher auf mögliche Straftaten hindeutet. Entsprechend den Erkenntnissen aus Florida sollen Menschen mit einer antisozialen oder dissozialen, einer narzisstischen Persönlichkeitsstörung sowie einem extremen Machtstreben, dem sogenannten Machiavellismus, in ihren Tweets eine emotionalere Sprache verwenden als andere Twitter-Nutzer.[224] Auffällig oft verwendeten sie Begriffe wie „Hass“ und doppelt so häufig wie andere Nutzer solche Wörter, die sich auf ihre körperlichen Bedürfnisse bezogen. Außerdem nutzen diese Personen – nach den Erkenntnissen der Forscher – häufiger die Vergangenheitsform und nutzten mehr Wörter wie „weil", „da" oder „so dass" sowie auffällig viele Füllwörter. Nun sind Analysen zum Sprachverhalten verhaltensauffälliger Personengruppen nicht grundlegend etwas Neues, zum Sprachgebrauch von psychisch kranken Menschen finden sich etwa mehrere Abhandlungen.[225] Neu ist, dass man ein technisch so beschränktes Medium wie Twitter (140 Zeichen Limit pro „Tweet") überhaupt als Untersuchungsgegenstand nimmt. Inwieweit signifikante Ergebnisse zu erzielen sind, wird sich erst zeigen. Es ist aber naheliegend, dass derartige Forschungsansätze Begehrlichkeiten bei Personalverantwortlichen wecken dürften, versprechen doch auch andere Untersuchungen einen Zusammenhang zwischen Onlineaktivitäten und Persönlichkeitsprofil sowie Leistungen am Arbeitsplatz herzustellen. In einer Untersuchung, die an der Auburn University und an zwei anderen US-Hochschulen durchgeführt wurde, kommen die Forscher zu dem Schluss, dass die reine Analyse von Facebook-Profilen eine Einschätzung der Persönlichkeit liefern kann, die vergleichbar gut ist, wie die Einschätzung, die sich aus den in Bewerberverfahren üblichen Persönlichkeitstests ergibt.[226] Facebook könnte damit – jenseits von einzelnen Partybildern – Einfluss auf die Chancen, die eine Person auf einen Job oder eine Beförderung hat, nehmen. Interessant ist die Einschätzung der Researcher zu der Frage nach den immer wieder diskutierten Partybildern: „Viele stellen sich die Frage ‚Soll ich alle Fotos auf Facebook löschen, auf denen ich Alkohol trinke?', sagte Mossholder. Wer auf Partyfotos zu sehen ist, kann damit zeigen, dass er extrovertiert und offen für neue Erfahrungen ist. Das sind positive Eigenschaften. Der Arbeitgeber könnte natürlich einen anderen Eindruck bekommen, wenn kompromittierende Aufnahmen zu sehen sind – oder solche, bei denen man die Kontrolle über sich verloren hatte. Wichtig ist, das so gut wie möglich selbst zu beurteilen."[227]

Offen bleibt, welchen Einfluss Profile in Zukunft vor dem Hintergrund haben, dass um ihre beruflichen Chancen besorgte Nutzer zunehmend versuchen, sich selbst durch Profilbereinigung und gezielte Postings in ein besseres Licht zu rücken.

Es muss jedoch nicht immer die Bewerberrecherche sein, die berufliche Nachteile bringt. Auch das Verhalten am Arbeitsplatz wird vielfach bereits analysiert und ausgewertet. So setzt Google bereits seit Jahren eine Software für die Ermittlung von Abwanderungsbereitschaft bei Mitarbeitern ein.[228] Um einen Verlust von talentierten Mitarbeitern zu verhindern, versucht man frühzeitig über nicht öffentlich gemachte Analysemethoden abwanderungswillige Mitarbeiter zu identifizieren. Man kann beinahe erwarten, dass dies auch durch Überwachung am Arbeitsplatz geschieht.

In diesem Zusammenhang werden die aus Gamification gewonnenen Daten von betrieblichen Anwendungen plötzlich interessant. Was passiert mit diesen Daten jenseits des eigentlichen Einsatzzwecks, zu dem diese erhoben werden? Möglicherweise werden sie auch Gegenstand einer Mitarbeiteranalyse, samt automatischer Systemempfehlung, um die dadurch ermittelnden „Underperformer" prophylaktisch zu entlassen. Noch sind dies kaum mehr als wohlbegründete Vermutungen oder Erwartungen, aber die technische Entwicklung lehrt, dass alles was umgesetzt werden kann auch umgesetzt wird. So ist es nur eine Frage der Zeit bis Begehrlichkeiten der Unternehmen hier geweckt sind und befriedigt werden.

Es ist aber nicht nur die berufliche Aktivität, die zur Gefahr für das eigene Weiterkommen werden kann. Auch die eigenen Aktivitäten haben möglicherweise unerwünschte Rückwirkungen. Hier betreiben die Anwender die Datenerfassung unter dem Label Quantified Self selbst und laden diese freiwillig zu Vergleichszwecken ins Netz. Wäre es für eine Kranken- oder Lebensversicherung nicht von Vorteil, für eine „Risikobewertung" die Versichertendaten auf diese Weise „anreichern" zu können? Unter dem Versprechen einer individuellen Prämie wird im nächsten Schritt dann versucht, die Solidargemeinschaft – als solche agiert eine Versicherung per se – auszuhebeln und unter Umständen einigen Antragsstellern Versicherungsschutz zu verweigern. Auch hier entstehen die – unter Umständen für den Anwender nachteiligen – Begehrlichkeiten mit der Verfügbarkeit der Informationen im Netz.

8. Tendenziöse Systeme

Systeme, die Nutzerinteraktionen in eine bestimmte Richtung steuern sollen, sind nicht nur auf Spiele und Spielmechanismen in Software beschränkt, sondern finden sich in allen Lebensbereichen. Im Kapitel „Der Schubs in die „richtige" Richtung?" wurde bereits die Warenplatzierung in Supermärkten genannt, die nach ausgeklügelten Prinzipien versucht, den Kunden von den eigentlich annoncierten günstigen Produkten (die gerne mal auf Fußbodenhöhe als sogenannte „Bückware" platziert werden) hin zu den hochpreisigen Marken zu dirigieren (gerne in direkter Sicht- und Griffweite im Regal). Auch ein Beispiel aus der digitalen Welt in Form der Buchungsmaschine, einer sogenannten Billigfluglinie, wurde bereits benannt. Derartige tendenziöse Systeme finden sich – bei genauerem Hinsehen – faktisch überall.

Praktisch jede erfolgreiche Social-Media-Plattform ist auf die eine oder andere Art und Weise tendenziös. In jedem Fall soll der Nutzer wiederkommen, möglichst täglich und möglichst lange verweilen. Die durchschnittliche monatliche Nutzungsdauer pro Monat zeigt, wie unterschiedlich das den Anbietern gelingt:

- Facebook 405 Minuten,

- Pinterest 89 Minuten,

- Twitter 21 Minuten,

- LinkedIn 17 Minuten,

- Google+ 3 Minuten.[229]

Das Streben nach hohem Nutzerengagement ist natürlich per se alles andere als verwerflich. Analysiert man jedoch den führenden Anbieter Facebook weiter unter dem Gesichtspunkt der möglichen Nutzermanipulation, so kann man festhalten, dass die immer wieder von Facebook eingeführten Änderungen zumeist ähnliche Zielsetzungen verfolgen: Der Nutzer soll mehr und mehr von sich preisgeben. Es soll immer schwieriger werden, die Plattform zu verlassen. Während es etwa bei Xing sehr leicht ist, seine Kontaktliste in einem standardisierten Format (VCF-File) jederzeit herunterzuladen, kennen die Daten bei Facebook primär nur eine Richtung: hinein in das System.

Da passt die Einführung der Timeline, mit der Facebook sich anschickt, auch das ganze Vorleben des Nutzers, bevor er sich bei der Plattform angemeldet hat, zu erfassen, ebenso, wie der (zum Zeitpunkt der Manuskripterstellung) jüngste Schachzug des Onlinenetzwerkes, die hinterlegten Adressen im System nur noch mit der von Facebook vorgegeben Adresse anzuzeigen. Zwar lässt sich dies vom Nutzer wieder rückgängig machen, aber der Aufwand und der Umstand, sich erst wieder schlau machen zu müssen, auf welche Weise dies möglich ist, dürfte die meisten Nutzer davon abhalten.

Weitere Änderungen im System können ganz klar als manipulativ betrachtet werden: etwa die zuvor schon benannten Änderungen der Facebook-E-Mail-Adressen samt Manipulation der Adressbücher von mit Facebook verbundenen Smartphones.

Die Vergangenheit hat gezeigt, dass die großen Internetanbieter – allen voran Facebook – sich immer wieder über Gepflogenheiten und auch über Rechtsnormen hinwegsetzen. Regt sich dann Protest, so wird zurückgerudert, aber nur soweit wie nötig. Begründet wird dies gerne mit dem Startup-Charakter der Unternehmen – kaum glaubhaft bei Unternehmen mit zigtausenden von Mitarbeitern. Insbesondere durch den im Frühjahr 2012 erfolgten Börsengang gerät Facebook selbst unter Druck, laufende Ergebnissteigerungen vorzuweisen. Es ist zu erwarten, dass das Unternehmen versucht, diese weiterhin und besonders auf Kosten der Nutzer durchzusetzen. Dies wird nicht ohne weitere Aushöhlung der Privatsphäre und geschickte Manipulation der Nutzer vor sich gehen. Dazu mehr auch im nächsten Teilkapitel.

9. Die Macht der Standardeinstellungen

Wohl die stärkste Waffe, die die Unternehmen bei der Lenkung der Nutzer in elektronischen Systemen haben, ist „Die Macht der Standardeinstellungen" oder auch „Die Macht der Vorauswahl" (englisch: „The Power of Default").

Wie stark die Macht der Voreinstellungen unser Leben beeinflusst, wird uns nur ab und zu bewusst. Darauf gestoßen wird man häufig, wenn man es am wenigsten erwartet … als Mobiltelefonbesitzer etwa auf einer Messe, in einer Hotellobby oder an einem anderen belebten Ort. Ein bestimmter Klingelton erklingt und eine Vielzahl von Nutzern greift gleichzeitig zum Telefon. Nachdem Mobilfunkprovider gerne ihren eigenen „Unternehmenssound" verbreiten, sind auch nicht selten auf verschiedenen Geräten die gleichen Grundtöne voreingestellt, was den genannten Effekt verstärken dürfte. Zwar haben nicht nur aktuelle Smartphones, sondern bereits auch Generationen von Mobiltelefonen die Möglichkeit aus einer Vielzahl von Klingeltönen im Gerät zu wählen, dennoch nimmt nur ein Teil der Nutzer diese Möglichkeiten wahr. Ein erheblicher Teil der Kunden, die einen so stark persönlichen Gegenstand wie ein Mobiltelefon nutzen – gibt es überhaupt ein persönlicheres Konsumgut? –, legt anscheinend keinen Wert auf Individualität und ist mit der Voreinstellung zufrieden, auch wenn irgendwann „alles gleich klingt".

Natürlich soll nicht in Abrede gestellt werden, dass die Individualisierung von Mobiltelefonen per Klingelton insbesondere bei statusorientierten Nutzern durchaus en vogue ist. Insbesondere Teenager machen von derartigen Wahloptionen gerne Gebrauch, was in der Vergangenheit unter anderem zu der kurzen Blüte von Klingeltonanbietern wie Jamba geführt hat. Deren Geschäftsmodell – so viel sei noch angemerkt – war übrigens auch primär auf die „Macht der Voreinstellungen" eingerichtet, wenn man es sehr freundlich formuliert. Statt einzelner Klingeltöne verkaufte (und verkauft) man dort gerne mal standardmäßig ein Abo (im Unternehmensjargon „Sparabo") samt hoher Hürde, das Dauerschuldverhältnis wieder loszuwerden. Generationen von Eltern können darüber klagen, man frage nur einmal im eigenen Bekanntenkreis nach.

Ob wir es wollen oder nicht, Standardeinstellungen prägen unser Leben. Unternehmen haben das erkannt und nutzen es für ihre Zwecke aus. Bei der Internetnutzung fängt das ganze sogar sehr frühzeitig an: nämlich beim „Default-Webbrowser". Typischerweise kommt heutzutage jedes Betriebssystem mit einem Standard-Webbrowser daher. Der unbedarfte Nutzer eines Windows-Betriebssystems wird ebenso sofort den Internet-Explorer nutzen, wie ein MAC/iPad-User seinen Safari oder ein Ubuntu-LINUX-Nutzer den Firefox – ganz einfach weil diese standardmäßig bereits vorhanden sind. Im Falle von Microsoft, mit weitem Abstand Marktführer bei Betriebssystemen mit PC, hat dies dazu geführt, dass das Unternehmen – auf Druck der EU hin – seit Frühjahr 2010 allen Nutzern eine Auswahlfunktion für Alternativbrowser anbieten muss. So erhält auch der unbedarfteste Windows 7-Nutzer eine einfache Möglichkeit Firefox, Opera, Safari oder Chrome als Alternative zu installieren.

Diese vorgeschriebene Zwangsauswahl geht erkennbar zu Lasten des Internet Explorers, dessen Marktanteil sich weltweit von Januar 2009 bis Mai 2012 von 65 Prozent auf 32 Prozent praktisch halbiert hat (zitiert nach de.statista.com).

Das Browserbeispiel zeigt gleichermaßen die Wirksamkeit der Default-Einstellung wie auch die möglicher (staatlicherseits vorgegebener) Standardmaßnahmen. Wie unbeliebt diese Vorgabe war, zeigt sich darin, dass mit der Verbreitung des sogenannten „Service Pack 1" für Windows 7 „vergessen" wurde, die Browserauswahl von Microsoft bei 28 Millionen PCs zu implementieren.

Auch die Zustimmung etwa zur Auswertung des Nutzerverhaltens wird wohlweislich vor den Anwendern versteckt. Davon berichtet zumindest Douglas Edwards in dem Buch „I'm Feeling Lucky: Confessions of Google Employee Number 59", wenn er darüber Auskunft gibt, wie Google um die Frage der Browsercookies gerungen hat. Google-Vorzeigefrau Marissa Mayer (inzwischen Chefin beim Konkurrenten Yahoo) soll – nach den Erinnerungen von Edwards – erläutert haben, dass die Nutzer wohl praktisch alle vom „opt out" Gebrauch machen würden, wenn Google erklären würde, was Cookies sind und dem Nutzer gleichzeitig die Chance geben würde, sich dagegen auszusprechen. Dies war dann möglicherweise der Zeitpunkt, an dem Googles Firmenmotto „Don't be evil" in Vergessenheit geriet.

Aber auch an anderer Stelle tritt das Nutzerwohl hinter Unternehmensinteressen zurück. So sehen nicht wenige E-Commerce-Unternehmen eine einmalige Bestellung oder auch nur Interessensbekundung als eine Art Einladung zum Dauerbeschuss mit Werbe-E-mails. Sicher haben Sie sich schon einmal einen Newsletter „eingefangen", obwohl Sie eigentlich fest davon überzeugt waren, sie hätten sich niemals angemeldet. Diese Erfahrung kennt vermutlich jeder Internetnutzer. Wenn man einmal von SPAM absieht, der sich als Newsletter ausgibt, liegt die häufigste Quelle derartiger unerwünschter Zusendungen bei den Unternehmen selbst. Auf der Bestellseite eines Onlineshops ist dann eben das Häkchen bei der Auswahl für den „kostenfreien Newsletter" schon gesetzt und dieser wird ganz nebenbei „mitbestellt" – immer unter dem Radar der Aufmerksamkeitsschwelle des Nutzers. Oder man gerät automatisch mit einer Bestellung auf die Liste, ohne dass einem Nutzer dies mitgeteilt wird. Abbestellen lässt sich derlei untergeschobenes Material manchmal nur mühsam – gerne wird der Nutzer dann auf irgendwelche Webseiten genötigt, in deren Untiefen er sich dann von der Last des postalischen Dauerbeschusses wieder erlösen kann, so er die notwendigen Einstellungen findet, die auch nicht zufällig ganz weit unten in der Menühierarchie versteckt sind. So mancher Nutzer dürfte da resignieren und das Bombardement jahrelang über sich ergehen lassen – ein Pyrrhussieg für selbsternannte Online-Marketing-Experten, die ja gerne von Reichweite als universeller Messgröße schwadronieren und dabei geflissentlich verschweigen, dass ein erheblicher Teil der Nachrichten ungelesen im Spamordner verschwindet. Auch dass die Gängelung von Konsumenten – gerade im Social-Media-Zeitalter – hochriskant ist, daran denken sie offenbar nicht.

Aber auch an gänzlich anderer Stelle werden Voreinstellungen im Sinne der Anbieter wirksam. Denn wer kennt Sie nicht, die E-Mail-Nachrichten, die mit „gesendet von meinem iPhone" oder – zunehmend seltener – „gesendet mit Blackberry von Provider XY" enden? Es handelt sich dabei um die Standardeinstellung für die sogenannte E-Mail-Signatur, die ein Hersteller von Endgeräten oder Telekommunikationsunternehmen dem Gerät mitgibt.

Vor einigen Jahren noch kannte man derartige Unterzeilen praktisch nur von kostenlosen E-Mail-Diensten, die sich entsprechend als Gegenleistung in jeder E-Mail ein paar Bytes Werbefläche genehmigten. Smartphone-Besitzer stehen im Regelfall nicht im Verdacht, ihren Service geschenkt bekommen zu haben. Dennoch sind die Signaturen da. Sie sind schlicht voreingestellt. Der Nutzer kann diese jedoch ändern: beim iPhone etwa über „Systemeinstellungen → Mail → Signatur". Auf dem Blackberry erfolgt diese Einstellung online über den Serviceprovider beziehungsweise über den Blackberry Server des Unternehmens. Zahlreiche Onlineforen sind voll mit Fragen nach der Änderung dieser Voreinstellungen. Dennoch dürfte ein erheblicher Teil der Nutzer die Standardwerte unverändert lassen. Mag sein, dass bei einigen iPhone-Besitzern ein gewisser Besitzerstolz mitschwingt, den die

Signatur zu unterstreichen hilft, aus Unternehmenssicht handelt es sich trotzdem immer noch um kostenfreie „Werbefläche". Die Zahl der damit erzielbaren Kontakte dürfte mit herkömmlichen Werbemedien ein Multi-Millionen-Budget erfordern.

Berühmt für die aktive Nutzung der Macht der Standardeinstellungen ist insbesondere auch Facebook. Wann immer die Nutzer Änderungen erwarten, werden ihnen diese als neuer Standard vorgestellt. Wenn Abfragen erfolgen, dann tauchen diese so geschickt beim Einloggen ins System auf, dass der Nutzer, um an seine Inhalte und die Neuigkeiten aus seinem Netzwerk zu kommen, die auftauchenden Meldung zumeist einfach wegklickt – und damit ganz automatisch die neuen Standardwerte im Sinne von Facebook akzeptiert.

Auch bei der Einführung von neuen Nutzungsbedingungen lässt Facebook die Kraft der Standardwerte für sich sprechen. Aufgrund der zunehmenden Proteste gegen einseitige Änderungen der Bedingungen sah man sich offensichtlich gezwungen, die Nutzer zu beteiligen. Mehr als 7.000 Mitglieder hatten Kommentare zu den Mitte Mai 2012 veröffentlichten Änderungsvorschlägen gegeben. Nach den Facebook-eigenen Richtlinien müssen für eine Wirksamkeit mindestens 30 Prozent der aktiven Mitglieder ihre Stimme abgeben. Mitgeteilt wurde die Abstimmungsmöglichkeit jedoch nur Mitgliedern, die sich mit der „Facebook Governance" Seite verbunden hatten.[230] So wundert es denn auch nicht, dass (nach Angaben der Frankfurter Allgemeinen Zeitung 08.06.12) nur gut 340.000 Mitglieder ihre Stimme abgegeben haben (also ungefähr 0,04 Prozent). Beinahe 300.000 Mitglieder – also eine überwältigende Mehrheit der Abstimmenden – hatte die neuen Regularien übrigens abgelehnt. Eingeführt wurden diese natürlich trotzdem. Die Macht der Voreinstellungen hat auch hier wieder im Sinne von Facebook funktioniert.

Die Erfahrungen mit Facebook und Co. bringen den Verdacht auf, dass es sowas wie einen „Default-Faktor" im Web und Web 2.0 gibt. Ein Beispiel, das hier ins Auge fällt, ist die Organisation im Hintergrund des populären „Mozilla"-Webbrowsers. Diese ist gemeinnützig, organisiert die Weiterentwicklung der Open Source Projects „Mozilla" und „Thunderbird" (ein E-Mail-Client), und finanziert sich unter anderem durch Spenden. Haupteinnahmequelle ist jedoch ein Vertrag mit Google. Google bezahlt jährlich dafür, dass die voreingestellte Standardsuchmaschine in Mozilla eben Google und nicht Bing, Yahoo oder irgendetwas anderes ist. Bereits in der Vergangenheit flossen hier Millionensummen und so lieferte dieser eine Vertrag mit Google im Jahr 2010 84 Prozent der Einnahmen der Mozilla Organisation.[231] Für 2012 bis 2014 sollen (nach der gleichen Quelle) insgesamt rund 1 Milliarde US-Dollar an Mozilla fließen. All das nur für die Voreinstellung des „richtigen" Suchanbieters. Schöner kann man die Macht der Voreinstellung kaum illustrieren.

Selten laufen diese Vereinbarungen so in der Öffentlichkeit wie bei dieser gemeinnützigen Organisation. Ähnliche Zusammenhänge darf man daher auch durchaus vermuten, wenn etwa bestimmte Motorola-Smartphones eine Taste erhalten, die direkt zu Google führt, oder HTC-Mobilgeräte über einen blauen Facebook-Knopf verfügen.

Bei aller Kritik an der Nutzerlenkung durch voreingestellte Auswahlfelder können Default-Werte aber auch nützlich für den Anwender sein. Ein gutes Beispiel dazu liefert die bei vielen Onlinesystem vom Nutzer zu treffende Länderauswahl. Üblicherweise erfolgt diese in Form einer sogenannten „Drop-Down-Liste". Ist der Webentwickler besonders gründlich, dann umfasst diese alle 195 unabhängigen Staaten der Welt.[232] Der Nutzer aus Deutschland fängt dann erst einmal an zu „scrollen" und findet, weit hinter „Afghanistan", „Albanien", „Algerien"... tatsächlich „Deutschland" oder an anderer Stelle „Germany" als richtige Auswahl. Ist der häufigste Wert „Deutschland" als Listenelement bereits vorausgewählt, kann der Nutzer erheblich komfortabler seine Eingaben abschließen. Letztendlich ist es nur eine Frage des intelligenten Webdesigns, etwa anhand der IP-Adressen oder Browserdaten, zu erkennen, aus welcher Region mit welcher Sprache der Nutzer wahrscheinlich kommt, und die Vorgaben entsprechend auszufüllen. Auch wenn dies nicht immer klappt – so nutzen zum Beispiel Surfer auf Blackberry Smartphones und mit diesen gekoppelten Tablets unter Umständen auch englische Infrastrukturen und werden möglicherweise falsch zugeordnet – ist in den meisten Fällen jedoch mit dem richtigen Konzept eine massive Bedienerleichterung zu erreichen.

Auch die Fachwelt hat natürlich längst über die Bedeutung der Standardeinstellungen geforscht und bestätigt die oben dargelegten Erfahrungen. Interessanterweise fängt die Prädisposition des Nutzers bereits bei Auflistungen wie etwa den Ergebnissen einer Internetsuche an. Ein Forscherteam der Cornell und der Stanford Universität haben bereits 2005 – unter Zuhilfenahme von Eyetracking-Mechanismen – untersucht, wie Nutzer auf Suchergebnisse reagieren.[233] Im Wesentlichen wurde die trivial anmutende Erkenntnis bestätigt, dass die ersten Links einer Suchmaschinenergebnisliste überproportional häufig geklickt wurden – unter der Voraussetzung, dass Nutzer der Ergebnisqualität insgesamt vertrauen. Kurz gesagt, wenn Google der Meinung ist, dass dieses oder jenes Ergebnis für meine Suche das bessere Ergebnis ist (und dies entsprechend durch einen besseren Listenplatz darstellt), dann vertrauen die Nutzer zum überwiegenden Teil darauf. Auch bei willkürlicher Manipulation der Top-3-Ergebnisse bleibt eine klare Gewichtung auf der ersten Ergebnisposition. Nicht berücksichtigt wurden bei der Untersuchung die Bezahlanzeigen, die über beziehungsweise neben den Sucherergebnissen positioniert sind. Hier ging man davon aus, dass die Nutzer die Unterscheidung zwischen Suchergebnis und Werbung zu treffen wissen.

Noch deutlicher als bei der Auswahl von Suchtreffern aus einer Liste wird die Macht der Voreinstellungen bei Entscheidungen für oder gegen etwas, wenn der Kunde/Nutzer/Konsument/Anwender sich entweder aktiv für etwas entscheiden muss oder eine Vorgabe erhält, der er aktiv widersprechen muss. Im ersten Fall spricht man vom opt-in-Verfahren, im zweiten von opt-out.

Ein vielzitiertes Beispiel für die Auswirkungen von opt-in oder opt-out ist die Bereitschaft zu Organspenden. Vergleicht man nur europäische Länder nach der Spendenbereitschaft von Organen nach dem Tod, so erfordern einige Länder wie Dänemark, die Niederlande, Großbritannien und Deutschland eine aktive Zustimmung des Spenders zur späteren Organentnahme (sogenanntes opt-in), während andere Länder wie Österreich, Frankreich oder Schweden von ihren Bürgern eine Zustimmung voraussetzen und eine aktive Entscheidung dagegen verlangen (sogenanntes opt-out). Nach einem Beitrag in „Science" (Johnson/ Goldstein 2007) Do Defaults Save Lives? Science, vol. 302, issue 5649, S. 1338–1339) ergibt sich die Zahl derjenigen, die einer Organspende zustimmen, in den genannten Ländern wie folgt:

- Dänemark 4,25 Prozent,

- Niederlande 27,5 Prozent,

- Großbritannien 17,17 Prozent,

- Deutschland 12 Prozent,

- Österreich 99,98 Prozent,

- Frankreich 99,91 Prozent,

- Schweden 85,9 Prozent.

Auch Belgien, Ungarn, Polen und Portugal liegen durchweg bei über 98 Prozent (opt-out-Verfahren).

Der Bruch zwischen opt-in und opt-out ist klar erkennbar, auch wenn innerhalb der Gruppen durchaus Unterschiede entstehen, wenn, wie in den Niederlanden und Schweden, etwa intensiv öffentlich über das Thema diskutiert wird.

Zu ähnlichen Ergebnissen kommen übrigens auch regelmäßig Untersuchungen, die die Altersvorsorge von Arbeitnehmern in Form von freiwillig (opt-in) oder „verpflichtend mit Abwahlmöglichkeit" (opt-out) vergleichen. Bei komplexen oder hier auch ethisch problematischen Entscheidungen sowie bei Entscheidungen, deren Ergebnis der betroffenen Person im Grunde egal ist oder deren Auswirkungen sie nicht überblickt, neigt diese auf besondere Weise dazu, die vorgeschlagenen Auswahlwerte zu akzeptieren, ohne sie weiter zu hinterfragen.

Es bleibt hier nur die Empfehlung, wachsam zu sein und jede Voreinstellung zu hinterfragen. Nur selten ist diese auch im Sinne des Nutzers die richtige.

10. Bösartige Nutzerschnittstellen

Wann die Grenze einer einfachen Lenkung hin zu einer Gestaltung, die man als bösartig beschreiben kann, überschritten ist, ist schwierig zu definieren. Deutlich jenseits des Korrekten liegt das „Kleingedruckte" bei sogenannten Abo-Fallen im Internet. Dem Nutzer wird dabei suggeriert, er müsse sich lediglich registrieren, stattdessen wird ihm ein Abo untergeschoben. Der Kostenhinweis versteckt sich dabei im Kleingedruckten oder ist etwa außerhalb des Scrollbereichs der Website für einen Nutzer nicht sofort ersichtlich. Inzwischen gibt es zahlreiche Gerichtsverfahren und auch Urteile zu derartigen Praktiken, die zum einen die Zahlungspflicht verneinen, aber auch die betrügerische Handlung der Betreiber sanktionieren. Rechtsanwalt Thomas Meier stellt dazu auf seiner Homepage eine Sammlung von Urteilen online bereit.[234]

Aus Sicht des Autors ist die Darreichung der meisten Nutzungsbedingungen von Softwareprodukten und Onlinesystemen grenzwertig. Der Nutzer wird bei Installation oder Update einer Software auf eine Seite geführt, über die er nur durch Akzeptieren der Bedingungen weiterkommt. Der zu akzeptierende Text ist jedoch zumeist klein gedruckt, darüber hinaus in kaum verständlichem Juristendeutsch verfasst und erfordert häufig längeres „Scrollen", um eben den Text in einem – viel zu klein gehaltenen – Inhaltsfenster auch nur durchzusehen.

Es verwundert daher nicht, dass nach einer repräsentativen Umfrage von TNS Emnid nur etwa 26 Prozent der Nutzer überhaupt Softwarelizenzverträge anlesen und sogar nur 12 Prozent diese bis zum Ende durchhalten.[235]

Interessant ist auch die Entwicklung im Bereich der sogenannten Billigfluglinien. Während etwa Germanwings für Otto Normalsurfer durchaus übersichtliche Buchungsoptionen bereitstellt, schlägt Low-Cost-Pionier Ryanair hier einen anderen, härteren Kurs ein. Zwar wird man nach Außen immer wieder offensiv mit Tiefstpreisen bis zu 0,01 Euro pro Ticket angelockt, in der Praxis aber ist die Tarifgestaltung – und noch wichtiger – die Ausgestaltung der Benutzerschnittstelle der Onlinebuchungsmaschine (des wesentlichen Vertriebswegs) entscheidend davon geprägt, die Flugpreise mit allen nur denkbaren Mitteln nach oben zu treiben. Die lesenswerte private Reisetipp-Website Nothing but Travel[236] hat für den Fall Ryanair beispielhaft zusammengestellt, was ein Billigticket bei Ryanair kosten kann (vom Autor aktualisiert nach aktuellen Angaben von Ryanair.com):

„Alles richtig gemacht":

Wir buchen einen 5-Euro-Angebotsflug von Ryanair.

Wir finden unseren gewünschten Flug, welcher als Angebot für 5 Euro zu haben ist → 5 Euro.

Wir geben unseren Namen korrekt ein und fliegen nur mit Handgepäck → 0 Euro.

Wir gehen ganz normal an Bord und nicht als erstes → 0 Euro.

Wir benötigen keine Reiseversicherung → 0 Euro.

Auf einen SMS Informationsdienst verzichten wir → 0 Euro.

Als Zahlungsmittel benutzen wir eine Mastercard Prepaid → 0 Euro.

Wir checken rechtzeitig online ein → 0 Euro.

Die Folge: Der zu zahlende Flugpreis für die einfache Strecke entspricht dem Angebotspreis von 5 Euro.

„Alles falsch gemacht":

Wir buchen einen 5-Euro-Angebotsflug bei Ryanair.

Wir finden unseren gewünschten Flug, welcher als Angebot für 5 Euro zu haben ist → 5 Euro.

Wir machen einen Schreibfehler bei unserem Namen. Nachträgliche Änderung → 110 Euro.

Wir wählen einen Koffer aus, weil wir uns unsicher sind und es nicht anders kennen → 15 Euro.

Wir möchten als erstes an Bord gehen, damit wir auch einen Platz bekommen → 5 Euro.

Wir wählen bei der Reiseversicherung „Germany" aus → 15,50 Euro.

Wir nutzen den SMS Informationsdienst → 1 Euro.

Wir zahlen mit unserer herkömmlichen Kreditkarte → 5 Euro.

Leider vergessen wir online einzuchecken → 40 Euro für den Check-in am Flughafen.

Die Folge: Der Flugpreis für eine einfache Strecke beträgt 196,50 Euro.

Jetzt ist es nicht unbedingt verwerflich, Zuschläge für über eine Grundleistung hinausgehende Service-Erbringung zu berechnen. Auffällig ist jedoch schon, dass ein Missverhältnis zwischen Grundpreis und Preis für die Extras respektive Gesamtpreis besteht.

Die Tabelle ganz am Ende der Seite listet noch weitere unangenehme Kostenüberraschungen auf.[237]

Was diesen Fall – jenseits der Relevanz für den Verbraucherschutz – mit Blick auf dieses Buch so interessant macht, ist aber tatsächlich nicht das beinahe obszöne Verhältnis von Grundleistung zu Nebenkosten. Stattdessen sind es die Tricks, die eine Abwahl einer voreingestellten Reiseversicherung (in diesem Beispielfall mehr als dreimal so teuer wie der Flugpreis) für den durchschnittlichen Onlinenutzer beinahe unmöglich macht, da diese nicht direkt abwählbar ist. Stattdessen versteckt sich die Option „Keine Reiseversicherung erforderlich" in einer langen Drop-Down-Liste zwischen den Ländern Latvia und Lithuania. Hier kann man schon mit Fug und Recht von einer „bösartigen Nutzerschnittstelle" sprechen.

Der Weg ist hier nicht weit zu sogenannter Scareware-Software, die den Nutzer durch Vorspiegelung falscher Sicherheitsprobleme einschüchtert und zum Kauf von typischerweise funktionsloser Software für die vermeintliche Beseitigung der Gefährdung drängt, und endet vermutlich bei aktueller Schadsoftware wie dem sogenannten Verschlüsselungstrojaner, einer besonders infamen Form der Schutzgelderpressung: Durch einen infizierten E-Mail-Anhang wird der Rechner blockiert. Der Wortlaut der letzten großen „Welle" Ende Mai 2012 gestaltete sich stets so oder so ähnlich (Name des Betroffenen, der die Angaben zur Verfügung gestellt hat, durch xxx xxx unkenntlich gemacht, sonst ist das Schreiben inklusive der Schreibfehler und weiteren Angaben authentisch):

„Verehrte(r) xxx xxx,

Besten Dank für Ihren Auftrag bei Labamo Deutschland, nachfolgend finden Sie Ihre Antragsbestätigung.

Ihre Bezahnummer: 292394168026
Bestellter Artikel: Barton 7165967860 6706,89 Euro
Rechnungsname: xxx xxx
Abbuchung erfolgt durch: Auf Rechnung

*Versandadresse und detaillierte Rechnungsdaten finden Sie aus Sicherheitsmaß-
nahmen in beigefügtem Anhang.*

Die Buchung wurde autorisiert und wird innerhalb 3 Tage entzogen.
Kaufeinzelheiten und Storno Mitteilung finden Sie in Beilage.

Ihr Mail-Support

Vogel Ltd.
Dahrendorfweg 75
63004 Kiel

Tel.: (+49) 644 0512785
(Mo-Fr 8.00 bis 20.00 Uhr, Sa 10.00 bis 15.00 Uhr)
Gesellschaftssitz Allendorf
Steuer-Id: CH218332638
Geschäftsfuehrer: Fiona Frank"

Ist der Anhang erst einmal geöffnet, startet das Schadprogramm und
die eigenen Dokumente werden verschlüsselt. Es erscheint dann eine
– hübsch grafisch aufbereitete – Seite mit folgendem Wortlaut (auch
hier sind die Schreibfehler im Originaltext):

„Willkomen bei Windows Update

Sie haben sich mit einen Windows-Verschlüsselungs-Trojaner infi-
ziert. Aus Sicherheitsgründen wurde Ihr Windowssystem blockiert.
Das Besuchen von Seiten mit pornografischen und infizierten Inhalten hat dazu geführt, dass Ihr System von einem Computerverschlüs-
selungstrojaner befallen wurde. Dieses Virus verschlüsselt Ihre Fest-
platte mit einem 256 Bit ΛES Schlüssel und eine selbstständige
Entschlüsselung ist nicht mehr machbar. Um das System wiederher-
stellen zu können, müssen Sie ein zusätzliches Sicherheitsupdzue
herunterladen. Dieses Update ist ein kostenpflichtiges Upgrade für
infizierte Windowssysteme. Kostenpflichtig ist es, weil es nicht zum
ursprünglichen Windowspaket gehört und nur dafür entwickelt wurde, um Ihnen zu helfen Ihre Daten nicht zu verlieren. Bitte schalten
Sie Ihren Computer nicht aus, sonst kann es vorkommen, dass der Virus nicht beseitigt werden kann und Sie Ihre Daten komplett verlieren. Dieses Update beschützt Ihr System vollständig von Virus und
Schadmwrzunmen, stabilisiert Ihr Computersystem und verhindert
den Datenverlust.

Damit Ihr Computer schnellstens entsperrt wird, nutzen Sie bitte die
schnelle und diskrete Zahlungsmöglichkeit Paysakcard oder Ukash.
Diese Karten können Sie an fast jeder Tankstelle oder einem Kiosk in
Ihrer Nähe kaufen. Diese Codes gibt es auch überall da, wo Sie Handy-

aufladekarten erwerben können. Sofort nach der Eingabe und der Gültigkeitsprüfung wird das Update auf Ihren Computer automatisch heruntergelzulen und installiert. Ihr System wird sofort entschlüsselt und von dem Trojaner befreit. Bitte zahlen Sie das Sicherheit-Update mit einem einzigen Ukash oder Paysafecard Code in passender Höhe sonst kann Ihre Zahlung nicht korrekt bearbeitet werden. [...]"[238]

Geht man darauf nicht ein und wird die Schadsoftware nicht erfolgreich entfernt, so kommt originellerweise sogar noch eine Art Erinnerung, die besonders höflich Forderungen stellt:

„Sehr geehrte Damen und Herren,

anscheinend wurde das Update Programm vollständig unterbrochen. Jetzt kann das Virus nur manuell beseitigt werden. Dies brauchen Sie um Ihre Dateien benutzen zu können. Falls Sie also die gesperrten Daten brauchen, senden Sie uns bitte 200 Euro Ukash Code an die Email: security-center@inbox.lt, so bald dieser Code geprüft wurde, erhalten Sie ein Update Programm. Falls Sie Ihre Daten nicht brauchen raten wir Ihnen dringend Ihren Computer zu formatieren um den Virus vollständig zu entfernen. Ukash können Sie an einer beliebigen Tankstelle erwerben und auch in mehreren Internetcafes in Ihrer Nähe.

mfG Ihr Security Team"[239]

Als Kenner der „Der Pate"-Filmtrilogie stellt man sich so sicherlich einen höflichen Mafiosi des Onlinezeitalters vor. Das als Absender genannte „Security Team" mit der litauischen E-Mail-Adresse macht dem unbedarften Onlinenutzer ebenso ein „Angebot, dass man nicht ablehnen kann".

Es ist unklar, wie viele Nutzer tatsächlich zahlen, im Bekanntenkreis des Autors gab es immerhin einige Betroffene, die allesamt anderweitig Hilfe suchten und fanden. Diese neueste Welle des Cybercrime wirft nun erneut ein Schlaglicht auf gleich mehrere zentrale Probleme der Onlinesicherheitsbranche. Zum einen funktionieren zielgerichtete Attacken oftmals immer noch an allen Sicherheitssystemen vorbei, denn alle Nutzer waren in der E-Mail mit dem gefährlichen Anhang, die zur Installation des Verschlüsselungstrojaners aufrief, persönlich in der Landessprache angesprochen und durch eine offensichtlich unberechtigte Forderung aus der Fassung gebracht worden, und haben so – mehr oder weniger instinktiv – sofort auf den Anhang geklickt. Das ist – so viel muss anerkennend gesagt werden – Verhaltensmanipulation par excellence.

Zum anderen erweist sich die Polizei auch hier als hilflos, zwischenstaatliche Kooperation, gerade in Richtung Osteuropa oder Asien, auch wirklich erfolgreich zu praktizieren. Tatsächlich kann man natürlich nicht davon ausgehen, dass eine litauische E-Mail-Adresse auch auf eine litauische Herkunft der Schadsoftware verweisen muss. Die Wahrscheinlichkeit, dass die Herkunft in Osteuropa zu suchen ist, ist jedoch nach allen Erfahrungen der Vergangenheit außerordentlich hoch.

Das dritte und wesentliche Problem ist in den verwendeten Zahlungssystemen zu suchen. Diese dort genannten Systeme erlauben die anonyme Weitergabe von Geldern über Grenzen hinweg. Die Gutscheine der beiden in Großbritannien als „Limited" firmierenden Firmen „Paysafecard" oder „Ukash" können anonym zum Beispiel bei Tankstellen oder Drogeriemärkten gekauft werden und per E-Mail in Form einer Zeichenfolge an einen (ebenfalls anonymen) Empfänger ermittelt werden. Paysafecard weist auf seiner Homepage darauf hin, dass sich der Käufer bei allen Käufen über 100 Euro ausweisen muss – solange der Empfänger des Geldes weiterhin im Dunkel bleiben kann, ist jedoch nichts gewonnen.

Die Lebensadern jeder Verbrecherorganisation sind die Zahlungsströme. Ohne Anbieter wie Paysafecard oder Ukash sind derartige manipulativ gefährliche Angriffe auf durchschnittliche Internetnutzer nicht denkbar. Ähnlich wie Western Union trotz Terrorismusfinanzierung weitgehend unbehelligt bleibt,[240] sichert die Lobby der Finanzindustrie bei Ukash und Paysafecard die Existenzgrundlage für Cybercrime. Da Besserung hier auf absehbare Zeit nicht zu erwarten ist, sollte sich der Nutzer selbst schützen. Dazu zählen die üblichen Sicherheitsmaßnahmen: stets auf die aktuelle Betriebssystem- Webbrowser- und Virenschutzversion achten und ein gesundes Misstrauen gegenüber allem, was als E-Mail-Anlage in das eigene Postfach kommt, entwickeln. Je dramatischer das Anschreiben klingt (Polizei, Bankabbuchung, ...), umso wahrscheinlicher handelt es sich um einen Versuch, Schadsoftware zu verbreiten. Selbst wenn man den Absender kennt, aber nicht direkt eine entsprechende Nachricht erwartet, ist Vorsicht geboten. Im Zweifel hilft ein Anruf, um die Legitimität der Anlage zu prüfen. Ähnliches gilt auch bei der Nutzung des Web und anderer Dienste. Keinesfalls sollte man aus dubiosen Quellen irgendwelche Programme oder Browsererweiterungen (Plug-Ins) installieren.

Noch sind derartig bedrohliche Schadprogramme nicht auf Smartphones aufgetaucht. Vermutlich ist es jedoch nur eine Frage der Zeit, bis derartige manipulative Angriffe auch auf dem geliebten Smartphone anzutreffen sind. Panische Reaktionen nicht ausgeschlossen.

Der Terror der Tugendhaften

Gänzlich anders agieren Systeme, die dem Nutzer behütend begegnen – bis hin zu einer übervorsorglichen Gängelung. So liefern zahlreiche

Hybrid- und Elektrofahrzeuge mit Hilfe graphischer Elemente direkte Rückmeldung über die Wirtschaftlichkeit der eigenen Fahrweise. Pflanzen, die bei zurückhaltender Fahrweise aufblühen, können natürlich kaum als Gängelung verstanden werden, allenfalls für den Fahrer des nachfolgenden Fahrzeugs, der eine als allzu zögerlich empfundene Fahrweise möglicherweise zum Anlass für ein unüberlegtes Überholmanöver nimmt.

Gemeint ist hier vielmehr die übertriebene Fürsorglichkeit der Systeme. So lassen sich in aktuellen Modellen von Toyota (und deren Luxusmarke Lexus) während der Fahrt keine Navigationsziele eingeben, eine Umplanung der Route – etwa wegen eines voraus auftauchenden aber vom Verkehrsfunk noch nicht gemeldeten und damit vom Navi noch nicht erkannten Staus – ist nicht möglich, ohne anzuhalten, auch wenn der Beifahrer durchaus in der Lage wäre, Eingaben ohne jegliche Ablenkung des Fahrers zu machen. Ähnliches gilt auch für das Telefon. Zwar existiert in dem (als Fahrzeug einer Autovermietung) vom Autor getesteten Lexus eine Bluetooth-Freisprecheinrichtung, die Eingabe von Telefonnummern ist jedoch während der Fahrt – anders etwa als bei BMW, Audi, Mercedes, Porsche,… – nicht möglich. Stattdessen können auf dem Touchscreen des Bordmonitors sechs vorab (bei stehendem Fahrzeug) gespeicherte Telefonnummern angerufen werden. Es sei denn, man wählt am per Bluetooth verbunden Smartphone direkt, dann funktioniert die Freisprecheinrichtung. Toyota/Lexus (und vermutlich noch andere Marken) verführen also den Fahrer trotz existierender Freisprecheinrichtung dazu, sein Telefon in die Hand zu nehmen, was – im Falle des „Erwischt-Werdens" – mit Bußgeld und Punktewertung in Flensburg einhergeht … Ein schönes Beispiel dafür, dass „gut gemeint" in Sachen Nutzererziehung keinesfalls auch immer gut gemacht ist.

Derartige Nutzerbevormundung ist übrigens auch in der Onlinewelt anzutreffen. Das chinesische Sozial Network „Sina Weibo" verfügt etwa über ein ausgeklügeltes Bonus/Malus-System, das die Nutzer zur Ordnung anhalten soll. Ein Bericht in der „International Business Times" beschreibt die Struktur so (Übersetzung durch den Autor):

„Jeder Nutzer erhält 80 Punkte mit der Anmeldung. Diese kann er bis auf 100 Punkte erhöhen, wenn er sich als Nutzer mittels einer von den chinesischen Behörden vergebenen Identifikationsnummer verifiziert und einen Mobilfunkanschluss zum Account registriert. Von hier an kann es nur abwärts gehen. Wenn ein Nutzer nun etwa „Unwahrheiten" verbreitet, führt dies zum Abzug von Punkten. Verbreitet man etwa Unwahrheiten an hundert andere Nutzer weiter, werden zwei Punkte abgezogen. Erreicht er damit hundert bis tausend andere Nutzer sind fünf Punkte weg – außerdem wird der Account für eine Woche gesperrt. Entsprechendes gilt bei größerer Reichweite der falschen Behauptungen.

Sobald der Punktestand unter 60 fällt, wird ein Nutzer mit einem Warnschild als „wenig vertrauenswürdig" versehen. Sind alle Punkte weg, wird der Account geschlossen."[241]

Übrigens entscheiden die Zensoren von Sina Weibo, was als „Unwahrheit" gilt. Auch gefälschte oder „nicht konforme" Bilder können darunter fallen, ebenso wie falsche Zitate von anderen. Man mag das Ganze als typisch chinesische Kontrollstruktur abtun, es ist jedoch nicht ausgeschlossen, dass derartige „Wohlverhaltenssteuerung" auch in der westlichen Welt Platz finden. Den Klarnamenszwang haben wir ja etwa bei Facebook schon, nur versucht Facebook auf anderem Wege diesen durchzusetzen – etwa dadurch, andere Account-Inhaber zum Anschwärzen von Kontakten unter falschem Namen aufzufordern:

„Bitte hilf uns dabei zu verstehen, wie Nutzer Facebook verwenden. Deine Antwort bleibt anonym und hat keinen Einfluss auf das Konto deines Freundes. Ist dies der echte Name deines Freundes?"[242]

Die so angeschriebenen Personen können nicht einmal die Antwort verweigern und das eingeblendete Fenster einfach wegklicken. Sie *müssen* dazu Stellung nehmen. Folgende Antworten stehen zur Auswahl: „Ja", „Nein", „Ich kenne diese Person nicht" oder „Ich möchte nicht antworten".[243] Ob – wie Facebook in der Einblendung behauptet – eine Antwort stets ohne Folgen bleibt, sei dahingestellt, immerhin häufen sich an verschiedenen Stellen im Netz die Klagen der Nutzer, die wegen Verstoß gegen den Klarnamenszwang ausgeschlossen wurden.

Nicht vergessen darf man bei dieser Aufzählung auch Apple. Dem Unternehmen ist es mit dem iPhone und iPad gelungen, ein geschlossenes Ökosystem aufzubauen, dass eine vollständige Inhaltskontrolle erlaubt. Allein der Gigant mit dem angebissenen Apfel als Logo bestimmt darüber, welche Anwendung auf den Geräten läuft. Apple bestimmt in weiten Teilen auch, welche Inhalte angezeigt werden, und schließt etwa aus Sicht des Unternehmens anstößige Inhalte aus. So war 2009 die App von Stern.de nach verschiedenen Medienberichten wegen der darin enthaltenen „erotischen Inhalte" temporär aus dem App-Store verbannt worden. Aus Sicht von Otto Normalnutzer hat die Strategie von Apple zweifellos bedeutende Vorteile: Einfache Bedienbarkeit, geringe Probleme mit Inkompatibilitäten und kaum Schadsoftware. Solange dieser im „Walled Garden" des Anbieters bleibt, kann ihm ja nichts passieren. Die Nachteile werden dabei von den meisten Anwendern verdrängt, aber nicht von allen. Bezeichnenderweise widmen sich nicht wenige der Apple-Fanseiten den Fragen nach einem „Jailbreak", einem Gefängnisausbruch, der für jede neue Betriebssystemversion von Nöten ist, um mit dem teuren Smartphone oder Tablet auch tatsächlich alle denkbaren Anwendungen nutzen zu können. Es ist bezeichnend, dass man erst „ausbrechen" muss, um ein gekauftes Gerät umfassend nutzen zu können.

Auch an anderer Stelle kann die Vorstellung der Nutzer mit den Vorstellungen der Dienst- oder Systemanbieter kollidieren. Insbesondere bei den sogenannten „Cloud"-Diensten sind Probleme programmiert: Microsoft bietet seinen Nutzern etwa die Speicherung von Daten im sogenannten „Skydrive" an. Zur Nutzung von diesen und anderen Microsoft-Diensten benötigt der Anwender eine sogenannte „Windows Live ID". Diese ist nicht immer ganz freiwillig erworben, da der Nutzer etwa eines Smartphones mit „Windows Phone" eine solche bereits benötigt, um Zugriff auf den App-Marktplatz zu bekommen. Darüber hinaus sind andere Dienste wie etwa der „Skydrive" genannte Cloud-Speicher- und Synchronisierungsdienst damit verknüpft. Der Blogger Markus Beckedahl berichtet in seinem Netzpolitik-Blog von mehreren Anwendern, deren Nutzerkonten aufgrund von AGB-Verstößen gesperrt wurden. In den AGBs behält sich Microsoft vor, den Account „jederzeit unangekündigt und ohne Angabe von Gründen zu kündigen oder zu sperren". Dies kann etwa aufgrund „unzulässiger Verhaltensweisen" der Nutzer geschehen. In den AGBs werden unter anderem folgende Gründe aufgelistet:

- Nacktaufnahmen, einschließlich vollständiger oder teilweiser Nacktaufnahmen von Menschen oder in Cartoons, Science Fiction oder Manga.

- Irreführende Angaben über die Quelle dessen machen, was Sie bereitstellen oder hochladen, einschließlich der Annahme der Identität einer anderen natürlichen oder juristischen Person.

- Links zu externen Websites bereitstellen oder erstellen, die gegen diesen Verhaltenskodex verstoßen.

- Personenbezogene Informationen von Minderjährigen (Personen unter 18 Jahren) abrufen oder sammeln, einschließlich, aber nicht beschränkt auf: Name, E-Mail-Adresse, Privatadresse, Telefonnummer oder den Namen ihrer Schule.

- Anstiften zum Kauf und Verkauf von Munition und Feuerwaffen.

- Von Ihnen bereitgestellte oder hochgeladene Inhalte mit falscher Darstellung oder Inhalte, die dieselben oder ähnliche Inhalte wie schon bereitgestellte Inhalte beinhalten.[244]

Daneben gibt es noch weitere Punkte, die auf klar gesetzeswidrige Aktivitäten verweisen und hier nicht aufgeführt sind. Obige Auflistung ist jedoch kritisch, da diese Account-Sperrungen auch durch aus Kundensicht legitime Nutzungen provoziert werden können. So könnte etwa der Trainer einer U18-Fußballmanschaft keine Spieler- oder Turnierdaten in der Cloud speichern, ohne eine Account-Sperrung wegen „unzulässiger Verhaltensweisen" zu riskieren.

Nach Angaben von Nutzern scheint Microsoft dabei auch Dokumente zu untersuchen, die privat sind.[245] Die Folgen für den Nutzer waren – dem Bericht zufolge – gravierend. So konnte er – auch nach Intervention – nicht mehr auf seine rund 9 GB in der Cloud gespeicherten Daten zugreifen. Ein Einzelfall? Bereits 2011 berichteten verschiedene Medien vom Fall eines Fotografen, dessen Arbeitsergebnisse (künstlerische Aktphotos) vom Anbieter zensiert wurden – mit entsprechenden Folgen für den Zugang.[246]

Selbstverständlich kann ein Anbieter von Cloud-Diensten Hausregeln festsetzen, ähnlich wie der Betreiber eines Einkaufszentrums. Wichtig ist dennoch, sich klarzumachen, dass man eben nicht im öffentlichen Raum oder öffentlichem Internet agiert, sondern zu Gast ist und sich entsprechend an die Regeln des Hauses zu halten hat.

Bedenklich ist jedoch die Verknüpfung der Dienste mit Geräten, so dass ohne diese keine Funktion mehr herzustellen ist. Freiwillige Zustimmung ist dann eben doch nicht mehr ganz so freiwillig, schließlich will man sein Smartphone im Regelfall nicht nur zum Telefonieren nutzen.

Daher ergibt sich hier ein zweites Kernproblem: Was ist noch „privat"? Hat ein Cloud-Anbieter überhaupt ein Recht, nicht zur Veröffentlichung bestimmte Daten einzusehen? Die derzeitige Situation lässt viele Fragen offen.

VIII Die neuen Möglichkeiten positiv nutzen –
Empfehlungen für das Onlinezeitalter

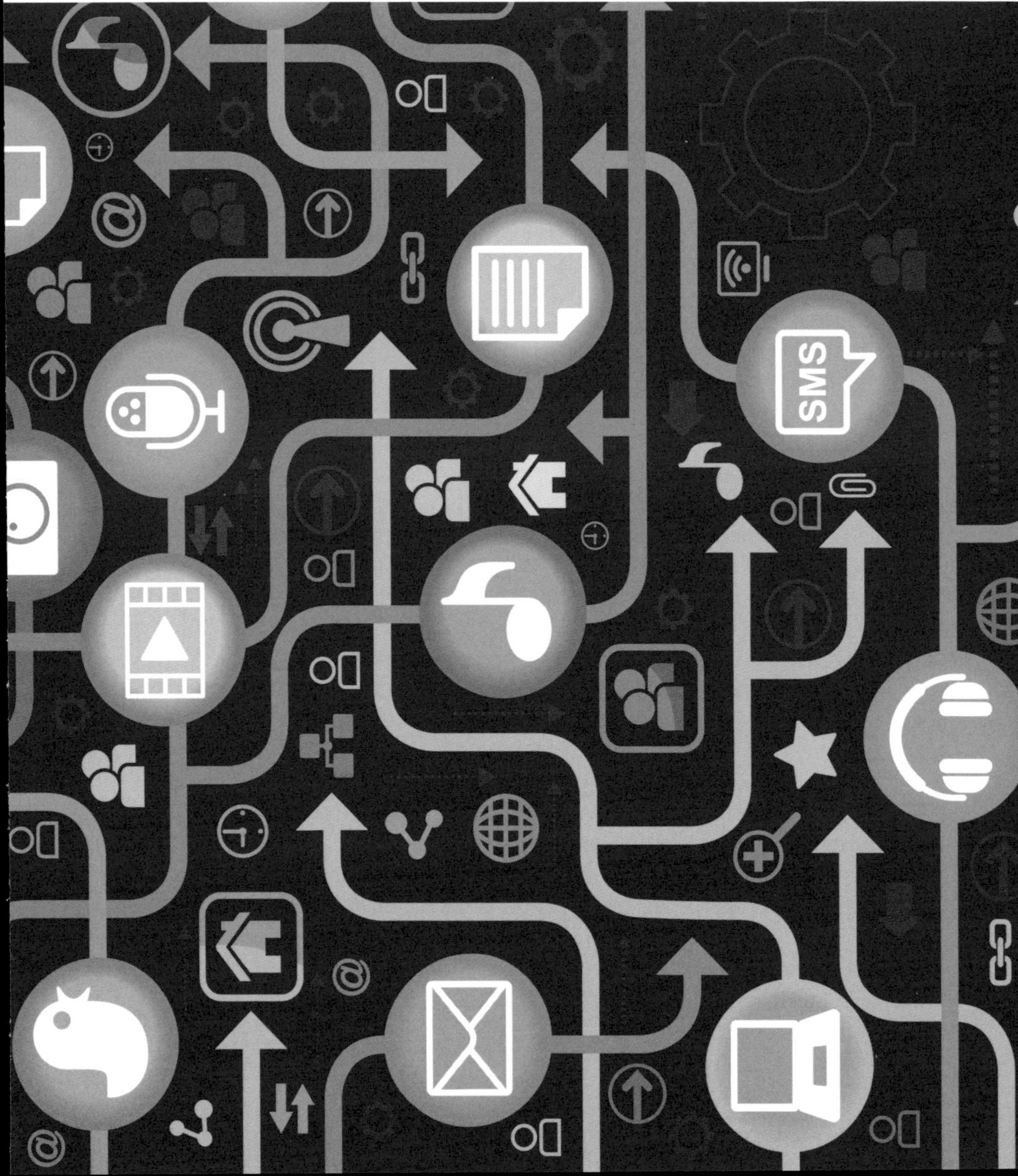

VIII Die neuen Möglichkeiten positiv nutzen – Empfehlungen für das Onlinezeitalter

Dauerhaft „offline" zu gehen ist für die meisten Menschen keine Option, ein bisschen Distanz zum Geschehen ist jedoch sinnvoll. Die nachfolgenden Empfehlungen sollen daher dabei helfen, diesen Abstand dort, wo er verlorengegangen ist, wieder herzustellen beziehungsweise sollen sie verhindern, in eine derartige unerwünschte Abhängigkeitssituation zu gelangen.

1. Erkenne den Unterschied zum echten Leben

Der erste und wichtigste Schritt für eine positive Nutzung der neuen Technologien durch den Anwender liegt darin, sich den Unterschied zwischen „online" und dem realen Leben vor Augen zu führen. Mag das Abtauchen in Onlinewelten mit einer unmittelbaren Belohnung für eigene Anstrengungen im Vergleich zur empfundenen Mühsal der Realwelt auch noch so attraktiv anmuten – nur wer rausgeht ins echte Leben und sich diesem nicht verschließt, erkennt dessen Chancen und Möglichkeiten. Manchmal reicht es dazu bereits aus, den Blick vom Smartphone-Display weg auf die eigene, nicht digitale Umgebung zu richten.

2. Manipulationsstrategien erkennen und parieren

Die im vorigen Abschnitt angeklungene Debatte um die Auswertung der Nutzerdaten bei Gamification und Co. hat es bereits angedeutet: Unternehmen suchen nach Möglichkeiten, das Verhalten der Nutzer zu beeinflussen und die Botschaft des „Kauf mich" besser in die Köpfe der Anwender zu bringen. Ob und wann eine ethisch fragwürdige Manipulation des Nutzers vorliegt, darüber lässt sich trefflich streiten. Man denke hier nur an die Aufregung, die sogenannte Subliminal-Botschaften bereits vor Jahrzehnten verursacht haben. Eine Werbefirma hatte in den USA behauptet, Kinobesucher durch unterschwellig über Einzelbilder im Film eingefügte Werbebotschaften manipulieren zu können. Jahrzehnte später ist in der Fachwelt immer noch umstritten, ob mittels nicht bewusst wahrgenommener Botschaften Beeinflussung möglich ist. 2007 geriet so beispielsweise auch der Spielautomatenhersteller Konami in die Schusslinie.[247] Alle zwei Sekunden wurde kurz eine Gewinnkombination angezeigt, was die Aufsichtsbehörde auf den Plan rief. Der Anbieter sprach sogleich von einem „Softwarefehler" und sorgte für Abhilfe.

Ein derartiges Bewusstsein für mögliche Kundenmanipulation fehlt bei Onlineangeboten bisher fast vollständig. Grund genug, den verschiedenen Möglichkeiten der Beeinflussung des Nutzers in interaktiven Systemen – gleich ob im Internet, einem Videospiel oder einer Smartphone-App – einmal gründlich nachzuspüren.

Werbung im Spiel

Vergleichsweise harmlos mutet eine Nutzerbeeinflussung durch Werbung in Videospielen an. Tatsächlich ist diese – außerhalb von Spielerkreisen – weitgehend unbekannte Werbeform weit verbreitet und hat dabei bereits eigene Gestaltungsformen entwickelt. In Anlehnung an die Definition bei Wikipedia sind folgende Varianten bereits marktgängig:

„Unter statischem In-Game Advertising (SIGA) versteht man fest (und bereits während der Spielentwicklung) in das Spiel verbaute werbliche Handlungsstränge und visuelle Marken-/Produktdarstellungen, was dem Grundgedanken des Product Placements entspricht. In das Spiel integrierte Produkte und Marken verbleiben für die gesamte Lebensdauer Bestandteil des Spiels.

Unter dynamischem In-Game Advertising (DIGA) versteht man die geo- und zeitcodierte Schaltung von Werbemitteln in TCP/IP konnektierten Spielen (Rückkanal) auf Basis eines Mediabudgets, gegebenenfalls auch anhand von einzelnen nutzerspezifischen Charakteristika. Werbebotschaften werden dynamisch in das Spiel hinein und aus dem Spiel heraus geschaltet. Das Spiel fungiert dabei als Sender und wird temporär mit Werbeinblendungen versorgt.

Unter Ad-Games versteht man Spiele, die speziell und im Auftrag eines Markenartiklers entwickelt wurden und deren primäres Ziel es ist, die Marken des beauftragenden Unternehmens in den Blick der Spieler zu rücken. Das Moorhuhn-Spiel war der bisher bekannteste Vertreter eines solchen Ad-Games."

Aber auch hier bleibt die Entwicklung nicht stehen: Die Website Digital Spy berichtet im Frühjahr 2012 von einem neuen Patent für Unterbrecherwerbung in Videospielen.[248] Die Spielsituation zu nutzen, um den Nutzer mit maßgeschneiderter Werbung zu konfrontieren, erscheint unkritisch. Schwerer wiegen dort unter Umständen die Versuche, den Spieler zum Kauf von digitalen Gütern zu überreden. Auch hieran ist grundsätzlich nichts dagegen einzuwenden, es sei denn, der Nutzer wird Stück für Stück in Käufe gezogen, die in Summe zu einem

Missverhältnis zwischen Spielvergnügen und Geldeinsatz führen. Insbesondere Kinder überblicken kaum die finanziellen Folgen und werden entsprechend leicht zu Opfern dieser Machenschaften. Derartige manipulative Praktiken werden jedoch nur selten thematisiert. So warnte die Zeitschrift PC-Welt im November 2007 vor dem Spiel „Dark Orbit" mit Kosten von bis zu 1.580 Euro (!), um erfolgreich spielen zu können.[249] Auch die Verbraucherzentrale NRW warnte bereits vor Kostenfallen für Kinder (und deren Eltern) in den sogenannten „free-to-play"-Spielen. In Spielerkreisen ist daher inzwischen oft vom „pay to win" statt „free to play" die Rede, wenn es um Spiele geht, die einen überproportional hohen Zeiteinsatz oder teuren Güterkauf erfordern.

Das Tom-Sawyer-Phänomen

Vieles von dem, was hier beschrieben wird – gerade wenn das Stichwort Gamification auftaucht – erinnert uns an Tom Sawyer, fast möchte man es Tom-Sawyer-Phänomen nennen. In dieser weltbekannten Novelle muss der gleichnamige Held der Geschichte einen Zaun streichen und wird dafür von Freunden, die auf dem Weg zum Fischen vorbeikommen, veralbert. Da er jedoch steif und fest behauptet, dass Zaunstreichen mehr Spaß mache als Fischen, gelingt es ihm, seine Freunde dazu zu bringen, den Zaun zu streichen und für dieses Privileg auch noch zu bezahlen.

Die Geschichte illustriert den Unterschied zwischen Arbeit und Spiel sehr deutlich. Zur Arbeit wird man mehr oder weniger genötigt, Spiel ist das, was wir freiwillig (oder scheinbar freiwillig) tun. Unsere Entscheidungsfreiheit darüber macht den Unterschied. Eben diese steht nun mit Gamification unter Druck. Druck, der uns dazu bringen kann, mehr oder weniger deutlich gegen unsere ureigensten Bedürfnisse und Wünsche zu agieren – eingelullt durch die manipulative Kraft der Spielmechanismen.

3. Gefangen in der Endlosschleife – Ausbruchsmöglichkeiten finden

Immer mehr Dienste setzen auf den „programmierten Menschen" und führen durch weitreichende Manipulationen den Gedanken an ein freies Internet oder einen freien Umgang mit Informations- und Kommunikationstechnologien ad absurdum. Die allgegenwärtige Gängelung der Nutzer dient der Profitmaximierung ebenso wie der Durchsetzung eigener Vorstellungen von Recht und Ordnung. Auch gut gemeinte Vorgaben sind selten durchgängig im Interesse des Nutzers.

Bezeichnenderweise braucht man einen – oben bereits erwähnten – „Jailbreak", um ein iPhone oder iPad wieder zu dem zu machen, wozu ein Computer einst angetreten ist: einer Universalmaschine, mit der man vielfältigste Nutzungsmöglichkeiten hat.

Aber kann das „Hacken" eines Gerätes tatsächlich ein empfohlenes Mittel für „jedermann" sein, der mit den Vorgaben seines Produkt- oder Dienstlieferanten nicht einverstanden ist? Zumal die Hersteller technische Hürden errichten und teilweise bereits versuchen, rechtliche Bestimmungen zu nutzen, um gegen die Modifikation „ihrer" Produkte vorzugehen. Dabei ist Apple bei weitem nicht der einzige Anbieter. Auch einzelne Hersteller von Android-Telefonen versuchen etwa durch technische Maßnahmen, dem Nutzer die volle Kontrolle über die verkauften Systeme vorzuenthalten ... Ironischerweise, denn eigentlich verspricht Android, das auf LINUX basiert, ja gerade ein freies und quelloffenes System zu sein. Eine wesentliche Folge davon ist, dass Anleitungen, wie man derartige Maßnahmen umgeht, nicht nur im dunklen Teil des Internets, sondern ganz offen in der Computerpresse diskutiert werden.[250] Selbst die Ankündigung, Gewährleistungsansprüche bei modifizierten Geräten auszuschließen, schreckt die Anwender dabei nicht.

Auch im PC-Umfeld sind Bestrebungen zu erkennen, den Nutzer stärker als bisher zu binden. Windows-Vorinstallationen hin oder her – bis dato war es einfach, ein alternatives Betriebssystem, also etwa ein LINUX-Derivat, aufzuspielen. Rudimentäre Computerkenntnisse reichen dazu aus. Mit Windows 8 wird dies für den Anwender schwieriger. Die Vorgaben von Microsoft für die Hardwarehersteller erfordern dabei Mechanismen beim Computerstart, die das Starten eines alternativen Systems zunächst unmöglich machen. Hintergrund sind Versuche, Windows sicherer zu machen – im Nebeneffekt werden alternative Betriebssysteme in ihrer Verbreitung behindert.

Noch wird eifrig in der LINUX-Community darüber diskutiert, wie man sich damit am besten auseinandersetzt.[251]

Aber was macht der normale Anwender, der sich selbst hier beispielhaft geschilderte Modifikationen nicht zutraut und auch niemanden kennt, der ihm dabei hilft? Die Antwort darauf ist nicht einfach.

Langfristig kann man nur empfehlen, mit den Füßen abzustimmen, also „Gängelprodukte" mit Nicht-Kaufen zu strafen – auch wenn dies zugegebenermaßen immer schwerer wird. Mittelfristig ist es nicht ausgeschlossen, dass es einen Markt für wirklich offene Produkte – ob bei Internetanwendungen, Smartphones oder PC-Systemen – geben wird.

Wer erinnert sich noch an den Rücktritt von Karl-Theodor zu Guttenberg? Auf mehreren Facebook-Fanpages sammelte der über Unstimmig-
keiten in seiner Doktorarbeit gestolperte Politiker mehrere hundert-
tausend „Fans". Zur „Wir wollen Guttenberg zurück"-Demo in Berlin
kamen jedoch, selbst nach Angaben der Initiatoren, weniger als 100
Personen. Zwischen per „Klick" dokumentierten Solidaritätsbekun-
dungen und tatsächlicher Aktivität liegen – das zeigt dieses Beispiel –
unter Umständen Welten.

Porsche – 4 Millionen Facebook-Fans

Als Top-Marke hat Porsche auf Facebook bereits mehr als 4 Millionen
„Fans". Aber was bedeutet das für den Autoabsatz? Wie viele davon haben bereits ein Fahrzeug der Marke gekauft, wie viele können sich ein
Fahrzeug aus dem Modellprogramm leisten oder werden das in den
nächsten Jahren in die Tat umsetzten? Selbst Facebook-Marketingprofis
können diese naheliegende Frage nicht beantworten. Zur Erinnerung:
Porsche verkaufte im Geschäftsjahr 2011 nach Unternehmensangaben
gut 116.000 Fahrzeuge – weltweit.

Tatsächlich klaffen zwischen Onlineinteressensbekundungen und realen Aktionen erhebliche Lücken, von denen niemand bisher sicher
sagen kann, wie groß diese sind. Es bleibt die bittere Erkenntnis: „Wer
immer klickt, dem glaubt man nicht…"

Die Divergenz zwischen Onlineverhalten und Realität funktioniert interessanterweise in beide Richtungen: Man denke nur an die Einla-
dungen zu Facebook-Partys, die schon mal tausende von unerwünschten Gästen anlocken oder die allgegenwärtige Aufregung in Form von
sogenannten Shitstorms, ganzen Wellen an öffentlicher Empörung,
nach sich ziehen, die sich auch an Nichtigkeiten entzünden können.
So traf den Werbepartner von Basketballstar Dirk Nowitzki, eine Di-
rektbank, der geballte Zorn von Vegetariern. Angekreidet wurde dem
Werbespot, dass der Sportler eine Scheibe Wurst isst. Dies wurde zuerst
in zahlreichen kritischen Beiträgen auf der Facebook-Seite des Unternehmens geäußert und später von verschiedenen Medien aufgegriffen.[252] Ob dieser Fall wie auch andere Fälle dem betroffenen Unternehmen oder auch der betroffenen Person tatsächlich geschadet haben, ist
unklar. Dennoch zeigt eine Analyse dieses und anderer Ereignisse, dass
eine Skandalisierung im Onlinezeitalter häufiger stattfindet und vor
allen Dingen in kürzester Zeit eskalieren kann. In ihrem Buch: „Der
entfesselte Skandal – Das Ende der Kontrolle im digitalen Zeitalter"
(Herbert von Halem Verlag) stellen die Autoren Bernhard Pörksen und

Hanne Detel die These auf: „Der Skandal ist kein Distanzereignis mehr, sondern hat unser aller Leben erreicht", finden aber auch keine Antwort darauf, wie man damit umgehen soll. Tröstlich mag da erscheinen, dass die Empörungswelle sich zumeist auch schnell wieder verläuft oder sich eben auch vielfach auf Online-Biotope einer sich wie auch immer definierenden „Netzgemeinschaft" beschränkt. Dem Autor ist an dieser Stelle wohl bewusst, dass eben diese kritische Sicht auf das Thema Shitstorm einen ebensolchen bei selbsternannten Netzbürgern oder „Netizens" auslösen kann, geht das Risiko aber hier durchaus bewusst ein – im Sinne einer offenen Debatte.

Playstation und Autorennen

Dass es einen Unterschied zwischen Spiel und Realität gibt, wissen nicht nur Gamer, die online Krieg spielen oder Jagd auf finstere Aliens machen. Eine Reihe von Spielen versucht hingegen eine realitätsnahe Darstellung der Wirklichkeit zu schaffen. Neben Flugsimulatoren sind es insbesondere Autorennspiele oder besser -simulationen, die einen Anspruch auf eine wirklichkeitsgetreue Wiedergabe der Welt auf dem Computer- oder Fernsehschirm haben. Nicht selten werden dazu passende Pedale und Lenkräder gleich mitgeliefert. Das Spiel „Granturismo 5" verspricht dazu eine realitätsnahe Darstellung von bekannten Rennstrecken und der Fahreigenschaften gängiger Sportwagen. Die Zeitschrift Computerbild hat zusammen mit der Schwesterpublikation Autobild versucht, die Realität mit der computergenerierten Welt zu vergleichen, einen erfahrenen Autotester sowie einen geübten Videospieler gegeneinander antreten zu lassen, und darüber berichtet.[253] Wie bei Rennspielen üblich, geht es um die erzielten Rundenzeiten, in diesem Fall auf der weltweit bekannten „Nürburgring Nordschleife" in der Eifel.

Spannend sind die bei dem Experiment erzielten Rundenzeiten allemal. So brauchte der erfahrene Autotester für eine Runde auf der Playstation 12,30 Minuten gegenüber dem erfahrenen Videospieler – mit 9,58 Minuten sind das gut 2,5 Minuten mehr. Umgekehrt fuhr der Autotester eine Runde in der realen Welt in 10,57 und damit 1,48 Minuten schneller als der Videospieler, der in der realen Welt 12,45 erreichte. Nissan selbst gibt übrigens eine mögliche Rundenzeit von unter siebeneinhalb Minuten an ... da müssen beide Testfahrer noch üben. Auch hier deutet sich an, dass die computergenerierte Darstellung nicht mit der Realität mithalten kann, sonst wären die Zeitunterschiede sicher nicht so deutlich ausgefallen.

Dass die Realität besser oder zumindest erlebnisreicher ist, glaubt übrigens auch der Macher der Videospiele der „Gran Turismo"-Serie Kazunori Yamauchi. So berichtet der Playstation-Blog von dessen erfolgreicher Teilnahme am 24-Stunden-Rennen auf dem Nürburgring im Jahr 2011. Er wurde Klassensieger zusammen mit seinen Teamkollegen. Ganz real, auch wenn er vermutlich auf seiner Spielkonsole etwas geübt hat.

Gehe mal wieder in den Park

Um etwas Abstand vom durchtechnisierten Alltag zu gewinnen, bietet sich ein Spaziergang in der Natur an. Vermutlich hätten wir für die Erkenntnis, dass dies das Wohlbefinden fördert, keine wissenschaftliche Studie gebraucht. Dankenswerterweise haben jedoch Forscher an der Universität Michigan die positiven Wirkungen auf die Aufmerksamkeitsfähigkeit des Menschen experimentell bewiesen. Demnach reicht bereits ein Besuch im Stadtpark aus, um Gehirnleistungen wieder signifikant zu steigern. „Central Park", „Englischer Garten" – ich komme.

Es gibt immer eine Wahl

Nicht immer gibt es die Möglichkeit zur Flucht aus dem technologiegetrieben Alltag. Nicht immer erntet man Verständnis, wenn man sein Smartphone ausgeschaltet lässt. Dennoch ist es wichtig, sich klar zu machen, dass man – zumindest im Kleinen – immer eine Wahl hat. Diese Wahl fängt bereits bei den leichtfertig akzeptierten Standardeinstellungen von Programmen und Apps an. In den meisten Fällen lassen sich diese – wenn auch mit etwas Suchaufwand – nachträglich ändern. Auch lässt sich eine gefühlte Belastung durch „zu viel E-Mails" signifikant reduzieren.

Wozu einen Newsletter eines Onlineshops, bei dem man nur einmal gekauft hat, behalten? Weil man auf ein späteres Schnäppchen hofft? Im Zweifelsfall abmelden – die meisten Newsletter bieten dazu am Ende eine einfache Abmeldeoption per Mausklick oder erlauben per „remove" in der Betreffzeile einer Antwort die Abmeldung. Reagiert der Anbieter nicht auf Abmeldewünsche, so hilft meist eine deutliche E-Mail an den Support weiter. Bei besonders ignoranten Anbietern kann man unter Umständen auch mal den Geschäftsführer anschreiben – dessen Name steht im Impressum der Website, und das Format der E-Mail (zumeist vorname.nachname@firmenname.de/.com/...) bekommt man ebenfalls mit wenigen Mausklicks heraus.

Selbst besonders penetrante Mailversender wie Shoppingclubs bekommt man mit dieser Methode in den Griff. Wenn gar nichts mehr hilft, sollte man im Zweifel auch eine Abmeldung in Erwägung ziehen. Der Lohn der Mühe: mehr Ruhe im E-Mail Postfach – weniger Unterbrechungen.

Für die Zukunft kann man sich dann auch gleich überlegen, ob eine Mehr-E-Mail-Strategie nicht die richtige ist. Eine Haupt-E-Mail-Adresse für alles geschäftlich und/oder privat Wesentliche wird dabei mit einer Neben-Mailadresse kombiniert, an die alle Buchungs- und Versandbestätigungen gehen, eben der ganze Status-Mail-Verkehr, der durch Onlinetransaktionen entsteht und auf den man nur nach Bedarf zugreift. Zusätzlich hilft eine Wegwerfadresse – wie etwa von 10MinuteMail. com –, um Zugriff auf Inhalte zu nehmen, die eine Registrierung verlangen, bei denen man aber von vornherein vermuten darf, dass die Anbieter einen „zum Dank" mit Mails bewerfen. Der Autor hat mit einer derartigen Strategie die Zahl der relevanten Mails auf zwanzig bis dreißig pro Tag reduzieren können – von mehr als hundert vorher ungefiltert eintreffenden Nachrichten.

Zugegebenermaßen hilft die hier geschilderte Methode bei reinen Spammern nicht weiter. Hier ist es auch eher von Nachteil, wenn man versucht sich abzumelden, da dies dem Anbieter signalisiert, dass die Adresse funktioniert. Ein guter Spamfilter – inzwischen fast überall Standard – sorgt dafür, dass die üblichen Casino- und Viagra-Werbemails gar nicht erst im Posteingang auftauchen. Alle paar Tage sollte man trotzdem im Spamverzeichnis nachsehen, ob nicht auch legitimer Mailverkehr versehentlich darin gelandet ist.

Überdenke Deine Freigaben

Im Prinzip gilt hier das Gleiche wie für die E-Mail und auch für das Verhalten in den gängigen Sozialen Netzwerken sowie mobilen Diensten. Je mehr man sich exponiert, umso mehr macht man sich zum Ziel von zumeist unerwünschter Kommunikation. Dass die eine oder andere tolle Aktion damit an einem selbst vorbeigeht – mit diesem Risiko muss man leben können.

Verkaufe Deine Freunde nicht

Es sollte eigentlich selbstverständlich sein, die eigenen Kontakte nicht unnötig zu behelligen. Tückisch ist jedoch, dass viele Unternehmen genau darauf setzen und bereits die Preisgabe von E-Mail-Adressen der eigenen Kontakte mit Vorteilen bedenken. Auch werden die meisten Datenweitergaben durch den Nutzer wohl in guter Absicht begangen. Man sollte nicht leichtfertig persönliche Kontakte preisgeben, ohne dass diese dem Vorhaben vorab selbst zugestimmt haben. Ein sparsamer Umgang mit Daten ist empfehlenswert.

Es gibt einen Unterschied zwischen Teilen und Stehlen

Im Umgang mit anderen ist aber ebenso Vorsicht geboten, wenn es um das „Sharing", das (Mit-)Teilen von Informationen und Inhalten geht. Ungeachtet der rechtlichen Debatte um Internetpiraterie und Privatkopie sollte sich jeder selbst klar werden, wo die Grenzen zwischen Mitteilung und einer Urheberrechtsverletzung liegen können. Der fotokopierte einzelne Zeitungsartikel ist in Ordnung, aber die per Filesharing „besorgte" Filmkopie eher nicht.

Sei authentisch

Ob wir es wohl sind oder nicht? Unser Verhalten online, unsere Äußerungen und Aktivitäten in den Sozialen Netzwerken und zunehmend auch unser Verhalten am Arbeitsplatz – all das wird zum Gegenstand immer umfassender werdender Analysen und Bewertungen, die oft genug dauerhaft gespeichert werden. Nur zum kleinen Teil und allen Bemühungen der Datenschützer zum Trotz hat der Anwender eine Chance auf Kontrolle oder auch nur auf eine Übersicht über die von ihm gespeicherten Daten. Stets besteht das Risiko, mit vergangenen Äußerungen oder Aktivitäten konfrontiert zu werden. Die einzige dauerhaft valide Empfehlung, die man hier geben kann, ist, möglichst authentisch zu bleiben, um sich nicht beim nächsten Bewerbungsgespräch oder Onlinedating in Widersprüche zu verwickeln.

Sei auf Diskussionen gefasst

Eine unbedachte Äußerung kann bereits reichen und man wird selbst zum Gegenstand einer Empörungswelle oder steht im Mittelpunkt einer nicht immer freundlich verlaufenden Diskussion. Das tröstliche hierbei: Zumeist bleibt es beim Sturm im Wasserglas. Auf Diskussionen sollte man jedoch stets gefasst sein. Es ist schwierig, eine allgemeine Empfehlung abzugeben, ob Aussitzen oder aktives Gegensteuern die bessere Vorgehensweise verspricht. Es kommt hier stark auf die Dynamik des Einzelfalls an. Ein frühzeitiges, abgegebenes und neutral formuliertes umfassendes Statement ist insgesamt wohl die beste Strategie.

Gib das Steuer nicht aus der Hand

Die wichtigste Empfehlung aber, die man geben kann, ist die, die Kontrolle nicht abzugeben. Mag es auch mühsam sein, die neuen Vertragsbedingungen für den Einsatz einer Software oder die Anforderungen der Datenweitergabe einer App genau zu lesen und hinsichtlich der möglichen Auswirkungen zu bewerten – ohne etwas Eigeninitiative geht es nicht.

Gegen die manipulative Kraft der Systeme zu agieren ist nicht einfach, aber man ist nicht allein in seinem Kampf. Zahlreiche andere Nutzer stehen vor ähnlichen Fragestellungen und haben diese möglicherweise im Netz schon diskutiert. Eine kurze Websuche hilft, sich auf den aktuellen Stand der Diskussion zu bringen und dann informiert selbst zu entscheiden.

Dies trifft natürlich nicht nur bei der Erstinbetriebnahme einer App, eines Smartphones oder bei der Erstanmeldung in einem Sozialen Netzwerk zu. Ein Update hier, eine Nutzungsänderung da, kann die eigentlich persönlich als akzeptabel bewertete Ausgangslage massiv verändern – man denke nur an die vielen nutzerfeindlichen Änderungen bei Facebook, wie etwa die zwangsweise Einführung von Facebook-E-Mail-Adressen 2012 oder die fast zeitgleich implementierte Überwachung von Chatinhalten. Hier kann die Antwort auf die Frage, ob das Geschäftsmodell des Anbieters noch zu den eigenen Vorstellungen passt, im Extremfall sogar lauten, dass man die Brücken hinter sich abbricht und das Netzwerk verlässt oder eine App deinstalliert. Für den Augenblick ein schmerzlicher Schritt, lässt man doch vermeintlich seine Kontakte zurück oder verzichtet auf Funktionen, die man schätzen gelernt oder an die man sich zumindest gewöhnt hat. Für diejenigen, die selbst Herr der Lage sein wollen, ist es möglicherweise aber unumgänglich.

Wider die eigenen Multitasking-Gewohnheiten

Nicht immer kann man jedoch Dritte verantwortlich machen, wenn es um tatsächliche oder gefühlte negative Begleiterscheinungen der umfassenden Vernetzung geht. Kommt man zum gefühlten „Information Overload" oder zu den eigenen „Multitasking"-Gewohnheiten sind wir selbst unsere größten Gegner. Der Vorteil dabei, wir haben es in der Hand, die Situation zu unseren Gunsten zu ändern:

- Übernehmen Sie Verantwortung für Ihr Handeln.
- Halten Sie sich vom E-Mail-Eingang fern.

- Prüfen Sie Ihre Systemeinstellungen.
- Gehen Sie nicht davon aus, dass E-Mails abgeschafft werden.
- Nehmen Sie sich eine Auszeit.

Übernehmen Sie Verantwortung für Ihr Handeln:

Entscheiden Sie oder Ihr Smartphone, wann Sie bei Ihrer Arbeit unterbrochen werden? Sie sollten anstreben, wieder Herr über Ihre Zeit zu werden oder es zu bleiben und nicht die Elektronik entscheiden zu lassen, wann und wie oft sie unterbrochen werden.

Halten Sie sich vom E-Mail-Eingang fern:

Der US-Produktivitätsconsultant Nathan Zeldes[254] verweist auf Studienergebnisse, die zeigen, dass rund 70 Prozent aller E-Mails binnen sechs Sekunden nach Eingang gelesen werden. Sehr viel deutlicher lässt sich kaum zeigen, wie der Durchschnittsnutzer sich von externen Unterbrechungen treiben lässt. Je mehr das E-Mail-Programm im Blick ist, umso eher neigt man zum kurzfristigen Wechsel der Aufgaben. Die immer wieder gegebene Empfehlung, man möge E-Mails nur einmal am Tag lesen und bearbeiten, geht dabei an der Realität der meisten E-Mail-Nutzer allein schon aus beruflichen Gründen vorbei, da auf diesem Wege unter Umständen wichtige Abstimmungen oder einzufügende Inhalte nicht rechtzeitig behandelt werden.

Auch den Rat, man möge seine E-Mails am Morgen gerade nicht lesen, gibt es sogar in Buchform (Julie Morgenstern: „Never Check E-Mail In the Morning: And Other Unexpected Strategies for Making Your Work Life Work", Touchstone, 2005). Die Autorin vertritt darin unter anderem die These, dass eine morgendliche E-Mail-Bearbeitung ein falsches Gefühl für das bereits Erreichte suggeriere, und empfiehlt daher vor dem Checken der Mails zunächst mindestens einer Stunde der sonstigen Büroarbeit nachzugehen. Auch dieser Vorschlag ist für viele Wissensarbeiter nicht ohne Tücken, entsteht unter Umständen doch die Gefahr, mit falschen oder unvollständigen Inhalten stundenlang zu arbeiten und damit unter Umständen nur „für den Papierkorb" tätig zu werden. Wer von den E-Mails nicht während anderer Arbeitsphasen lassen kann, dem sei daher zumindest empfohlen, den Zugriff auf bestimmte Tageszeiten zu beschränken – mehr als vier bis fünf mal täglich ein Zeitfenster für E-Mails einzuplanen muss auch in vernetzten Strukturen nicht sein.

Wer sich dennoch weitgehend von E-Mails fernhalten will, kann natürlich auch einen Autoresponder einsetzen, der auf eine verzögerte Bearbeitung hinweist und den E-Mail-Absender damit nötigt, zum Telefon zu greifen, wenn es denn wirklich eine zeitkritische Anfrage ist.

Darüber hinaus gilt: Prüfen Sie Ihre Systemeinstellungen!

Wie stark man von einer eingehenden Nachricht abgelenkt wird, hat auch mit Systemeinstellungen zu tun. Eine E-Mail meldet sich in Outlook per Signalton und „Pop-Up-Fenster" und versucht damit unsere Aufmerksamkeit umzuleiten. Selbst wenn wir dem Drang, die Nachricht sofort zu lesen, nicht folgen, dann wurden wir zumindest schon mal unterbrochen. Die negativen Folgen dieser Unterbrechungen für die Arbeitsproduktivität und sogar für den eigenen IQ wurden im Kapitel „Das Märchen vom Multitasking" bereits beschrieben. Eine einfache Änderung der Systemeinstellungen, in der die Benachrichtigungen über den Eingang neuer Nachrichten nach Möglichkeit deaktiviert werden, hilft uns dabei, auf unsere Aufgaben fokussiert zu bleiben. Gleiches gilt beim Eingang von Nachrichten auf Smartphones. Insbesondere das in Unternehmenskreisen noch immer weit verbreitete Blackberry fordert mit seiner rot blinkenden LED bei Nachrichteneingang nachdrücklich dazu auf, nachzusehen, wer oder was der Grund für den Eingang ist. Genauso wie akustische Nachrichtenmeldungen lässt sich aber auch die optische Erinnerung deaktivieren. Im allerärgsten Notfall hilft dann auch schwarzes Klebeband oder ein schwarzer Filzstift, um das aufdringliche Blinken des Gerätes unter Kontrolle zu bekommen – und ein bisschen hofft man als Nutzer vielleicht darauf, dass E-Mails uns eines Tages erspart bleiben, bei all der öffentlichen Debatte um die negativen Begleiterscheinungen ...

Gehen Sie aber lieber nicht davon aus, dass E-Mails abgeschafft werden. Als *das* Kommunikationsmittel mit dem gefühlt größten Unterbrechungspotential wurden sie bereits vielfach totgesagt. Zuletzt im Kontext mit dem Social Web, bei dem man auszumachen glaubte, dass die Generation Y sich lieber anders austauscht und eher per Kurznachricht oder Facebook-Chat kommuniziert als per E-Mail.

Anfang 2011 machte der IT-Dienstleister Atos Origin mit einer Pressemeldung, in der er das Ende von E-Mail bei Atos verkündete, weltweit Schlagzeilen.[255] Liest man die Meldung selbst genauer, so ist da nur von E-Mails die Rede, die Mitarbeiter von Atos untereinander schreiben – es geht also hier allein um die internen Mails –, ein gelungener PR-Coup in der Debatte rund um E-Mails war es trotzdem. Ein Coup, der bis heute anhält, denn Atos ist auch heute dem Ziel „Zero E-Mail" verpflichtet. Dies weist zumindest die aktuelle Homepage aus.

Auf dieser lässt sich Thierry Breton, Chairman and CEO, wie folgt zitieren: „Wir produzieren riesige Datenmengen, die unsere Arbeitsumgebung buchstäblich überwuchern und auch im privaten Bereich bereits Überhand nehmen. Daher versuchen wir bei Atos jetzt, eine Kehrtwende einzuleiten. Ähnliches geschah nach der industriellen Revolution, als Unternehmen erste Maßnahmen im Kampf gegen die Umweltverschmutzung trafen."[256]

Spiegel-Online-Autor Ole Reißmann löste im Sommer 2012 dann eine große Debatte mit seinem Beitrag „E-Mails? Nein danke!" aus.[257] Er hält E-Mails für eine vorübergehende Erscheinung und glaubt, dass diese durch unternehmensinterne Soziale Netzwerke, private Nachrichten in Facebook und Twitter sowie Instant Messaging Systeme ersetzt werden. Außerdem sieht er Cloud-Dienste als Ersatz für E-Mail-Anlagen und erwartet weitere Automatisierungen, die E-Mails vielfach überflüssig machen, etwa durch Apps mit Ortsfunktionen, die automatisch die Ankunft einer Person ankündigen.

Zweifellos gibt es einen Trend zu internen Sozialen Netzwerken in Unternehmen. Microsoft hätte sonst sicher nicht „Yammer" übernommen. Die Meldung von Atos, interne E-Mails abschaffen zu wollen, hat sicher auch etwas mit einem internen Kommunikationsnetz zu tun. Aber was ist mit den anderen Diensten? Können sie E-Mails ersetzen? Im Privatleben an einigen Stellen vielleicht, im Geschäftsleben ist es eher unwahrscheinlich – man denke allein an die rechtlichen Rahmenbedingungen, aus denen sich eine Aufbewahrungspflicht von „Handelsbriefen" ergibt. Darunter fallen auch die „elektronischen" Kommunikationsformen.[258] Bei E-Mails ist das Problem der dauerhaften Speicherung inzwischen mit gesetzeskonformen Archivierungssystemen gelöst, aber was tun bei Instant-Messaging und Facebook-Nachrichten?

Jenseits der möglichen juristischen Implikationen für Unternehmen stellt sich auch die Frage, ob eine Verschiebung hin zu Instant Messaging und anderen Medien überhaupt wünschenswert ist. Schlussendlich steigt damit die Zahl der zu überwachenden Kommunikationskanäle und damit das Unterbrechungspotential eher an. Dass damit einem Nutzer, der von gefühlt „zu viel E-Mail" belastet wird, geholfen ist, ist mehr als fraglich.

Die reinen Zahlen der Marktforscher sprechen auch gegen ein Ende oder auch nur ein Nachlassen von E-Mail in absehbarer Zeit. In einem Report der Radicati Group[259] – einer auf Kommunikation spezialisierten Beratungsgesellschaft – wird davon berichtet.

Die Zahl der weltweit vorhandenen E-Mail-Accounts wird von 3,1 Milliarden im Jahr 2011 demnach voraussichtlich weiter – auf circa 4,1 Milliarden im Jahr 2015 ansteigen. Der typische E-Mail-Nutzer im Unternehmen sendete und empfing demnach im Jahr 2011 circa 105 E-Mails pro Tag. Nach Angaben der Forscher von Radicati reduziert sich die Wachstumsrate von E-Mails durch den starken Anstieg anderer Kommunikationsformen, insbesondere Instant Messaging und Soziale Netzwerke.

Von einem Rückgang oder gar einem Ende der E-Mail ist hier jedoch nicht die Rede.

Sicher wird die E-Mail irgendwann den Weg aller Technologien gehen und an Bedeutung verlieren. Das dies noch Jahrzehnte dauern könnte, kann man anhand der Entwicklung einer anderen – inzwischen eigentlich obsoleten – Technologie festmachen, die durchaus noch lebendig ist: das Telefax.

Faxtechnologie wird seit vielen Jahrzehnten praktisch unverändert eingesetzt und ist wirklich veraltet. Standardfaxe sind beschränkt auf schwarz-weiße Darstellung mit bescheidener Auflösung und unglaublich langsamer Übertragung. Faxgeräte sind aber alles andere als ausgestorben und werden immer noch millionenfach pro Jahr verkauft. Praktisch jeder Multifunktionsdrucker bringt auch gleich eine Faxfunktion mit. Eine große installierte Basis und eine einfache Bedienung – über alle Hersteller hinweg (Papier einlegen, Rufnummer eintippen, „senden" drücken). Die Alternative, ein Dokument erst einzuscannen und dann als E-Mail-Anlage zu verschicken, ist wesentlich umständlicher.

E-Mail kann man als Technologie aus einer ähnlichen Perspektive betrachten: Es ist eine vergleichsweise alte Technologie, die massive Probleme hat – man denke nur an das ungelöste Problem mit Spam –, aber sie ist einfach benutzbar und die installierte Basis ist enorm groß. Zuvor war bereits von der Visitenkarte die Rede, die ohne E-Mail-Adresse kaum mehr vorstellbar ist.

Nehmen Sie eine Auszeit:

Damit ist nicht ein Sabatical gemeint, sondern eine bewusste kurze Pause – ohne E-Mail und Telefon. Vielleicht gehen Sie in den nächsten Park. Auf die Vorteile einer Umgebung mit niedrigem Informationsgehalt wurde ja zuvor bereits hingewiesen (vgl. S. 216).

Planen Sie Zeit für Privates mit ein:

Joanne Cantor, ehemalige Professorin an der Universität Wisconsin-Madison und Autorin des Buches „Conquer Cyber Overload." (CyberOutlook Press), sieht in der Debatte rund um den Kampf gegen Unterbrechungen und Multitasking auch die Berücksichtigung des Privaten als wesentlich an. Aus ihrer Sicht sind folgende Gründe wesentlich für unsere hohe Ablenkungsbereitschaft (Übersetzung durch den Autor):[260]

„Kreative Arbeit ist üblicherweise eine einsame Tätigkeit, während Unterbrechungen einen Kontakt zu anderen Leuten bedeuten, etwas, das die meisten Menschen als belohnend empfinden."[261]

Darüber hinaus betont Cantor, dass es ein Irrglaube ist, man könne sich beliebig lange auf schwierige Aufgaben konzentrieren. Das Gehirn braucht Pausen, und die Aufmerksamkeit schweift früher oder später ab. In der Tat kann ein kurzer Blick auf Facebook für Motivation sorgen, wie Forschungsarbeiten belegen (zum Beispiel in: Toma, Catalina and Hancock, Jeff. „Affirming the Self Online: Motives and Benefits of Facebook Use" Paper presented at the annual meeting of the International Communication Association, TBA, Boston, MA, May 25, 2011).[262] Entscheidend ist wohl, dass man sich nicht dauerhaft ablenken lässt.

Ferner liefert Cantor auch Vorschläge, wie man mit diesen starken Versuchungen aktiv umgehen kann. Sie rät dazu, Einsamkeitsgefühle zu bekämpfen, bevor diese hochkommen, also etwa persönliche Kontakte vorher einzuplanen, die Arbeit in kleinere, überschaubare, Aufgaben einzuteilen und nach Erreichen eines jeden Meilensteins eine Belohnungspause einzulegen. Bemerkt man nachlassende Aufmerksamkeit, so sollte man versuchen, bei der Sache zu bleiben, aber weniger anspruchsvolle Teile der Aufgabe zu machen, als Buchautor also eher am Glossar oder an der Erstellung von Abbildungen als am Text selbst arbeiten.

All dies kann helfen, besser mit den Herausforderungen umzugehen. Ein bisschen Altruismus im Umgang mit Nachrichten schadet nicht. Zu stark sind die Verflechtungen unserer hochtechnisierten Welt, als dass man von heute auf morgen auf E-Mail und Mobiltelefon verzichten könnte. Einige Autoren haben derartiges versucht und davon berichtet, wie Christoph Koch, der Autor von „Ich bin dann mal offline: Ein Selbstversuch. Leben ohne Internet und Handy" (Blanvalet Verlag), oder Alex Rühle („Ohne Netz: Mein halbes Jahr offline" (Klett-Cotta)).

Interessant zu lesen sind beide Bücher – auf den Alltag des Durchschnittsnutzers übertragbar sind sie jedoch nicht. Muss nun alles beim Alten bleiben? Jeder Einzelne kann – ganz altruistisch – etwas dafür tun, dass die Situation für alle anderen etwas angenehmer wird, indem man weniger aber dafür gezielter und – wenn man es so nennen will – auch intelligenter kommuniziert:

Denken Sie darüber nach, was Sie senden wollen und ob wirklich jeder Empfänger auf Ihre Liste die Nachricht erhalten sollte. Dies gilt auch für empfangene E-Mails, die Sie beantworten. Vermeiden Sie es „reply all" zu verwenden, sondern antworten Sie nur denen, die es wirklich angeht. Mit beiden Maßnahmen reduzieren sie den Mailverkehr insbesondere in großen Organisationen ganz enorm und erleichtern damit allen Beteiligten den Umgang mit dem Medium. Gehen Sie einfach mit gutem Beispiel voran.

Fazit

Wir können bei uns selbst anfangen und die eigenen Gewohnheiten kritisch hinterfragen. Wir können mit gutem Beispiel vorangehen. Wir können auf die eine oder andere zudringliche Anwendung bewusst verzichten. Wir sind nicht gezwungen die Pulswerte unserer Joggingrunde online zu stellen.

Lediglich wenn es um die Arbeitsstelle geht, wird man kaum an Kündigung denken, nur weil eine neue Software, mit der wir arbeiten sollen, Spielelemente enthält, denen wir skeptisch gegenüber stehen. Hier hilft es unter Umständen nur, das Bewusstsein der Arbeitnehmervertreter für die möglichen Nebenwirkungen verhaltenskontrollierender Software zu wecken.

In jedem Fall aber gilt: Aufklärung tut Not!

Erwarten Sie nicht von jedem anderen Nutzer einen reflektierten Umgang, sondern gehen Sie vielmehr davon aus, dass andere Anwender – insbesondere auch Digital Natives – in ihrer Kommunikationswelt gefangen sind. Eine offene Diskussion mit anderen Beteiligten, die zu einer kritischen Sicht auf die eigenen Gewohnheiten führt, wirkt insbesondere in Unternehmen hinsichtlich einer Verbesserung der Kommunikationskultur Wunder.

Was den Nachwuchs angeht, sollte eigentlich die schulische Ausbildung Medienkompetenz auch und im Umgang mit Internet und Smartphone vermitteln. Sollte ... denn ganz offensichtlich bestehen hier Defizite. Wer könnte derartige Kompetenzen auch vermitteln? Ein Minimum an Glaubwürdigkeit ist Voraussetzung, um zu den jungen Anwendern durchzudringen. Vorstellbar wäre hier etwa eine Art Mentorenprogramm über Alumni der gleichen Bildungseinrichtung. Im Falle Ihrer eigenen Kinder sollten Sie sich nicht darauf verlassen, dass es Schule oder Studium schon richten werden.

4. Die Zukunft des „Ich" im Onlinezeitalter

Es geht nicht mehr ohne

Es geht nicht mehr ohne, so könnte ein erstes Fazit lauten, das die ersten beinahe 20 Jahre Mobiltelefonie und Internetnutzung für alle umfasst. Für die 25 Prozent „Offliner" der Bevölkerung wird es immer schwerer, am gesellschaftlichen Leben teilzuhaben. In jedem Fall wird es teurer und zeitraubender. Zuschläge sind fällig, für nicht online durchgeführte Buchungen, die Warteschlange ist deutlich länger am Bahnschalter als am Automaten und spätestens, wenn die E-Books auch die öffentlichen Bibliotheken dominieren, ist auch die Bildung in Gefahr.

Es steht zu erwarten, dass der Anpassungsdruck der Informationsgesellschaft weiter anhält.

Simplify hilft nicht

Einfache Lösungen zu suchen liegt in der Natur des Menschen. Der Erfolg der „Simplify..."-Bücher spricht beispielsweise Bände davon.

Das Problem: Einfache Lösungen führen in die Irre. Es kann keinesfalls empfohlen werden, sich der Einfachheit halber in die Standardvorgaben der großen Internetkonzerne pressen zu lassen. Ein vordergründig einfaches Leben würde erkauft mit vielfachen Einschränkungen und Nachteilen, die einem möglicherweise erst auffallen, wenn es zu spät ist. Wenn etwa der Zugang plötzlich willkürlich gesperrt ist, die Krankenversicherung wegen Misserfolgs der eigenen – online dokumentierten – Fitnessbemühungen einen Zuschlag fordert oder der Kreditgeber unter Verweis auf einige mit finanziellen Problemen kämpfenden Facebook-Kontakte plötzlich einen Zuschlag verlangt. Der Schlüssel dazu liegt in der Akzeptanz einer gewissen Komplexität. Wir können lernen, damit umzugehen. Unzulässige Vereinfachungen hingegen – etwa durch bedenkenloses „weiterklicken" – bringen uns in Gefahr.

Es ist besser, sich darauf einzustellen.

Ad-hoc-Gesellschaft

In gewisser Weise auch eine Folge unserer komplexen, multioptionalen Welt ist ein Wandel im gesellschaftlichen Umgang miteinander, den man mit dem Begriff der „Ad-hoc-Gesellschaft" bezeichnen kann. Die vom Anwender als immer weiter beschleunigt wahrgenommene Lebenswirklichkeit führt dazu, dass langfristige Festlegungen, etwa eine bestimmte Sport- oder Konzert-Veranstaltung in vier Wochen oder vier Monaten zu besuchen, immer seltener getroffen werden, zugunsten unmittelbarer, spontaner Entscheidungen für oder gegen Aktivitäten im Hier und Jetzt.

„Entschuldigung, dass ich zu spät komme"

Die allgegenwärtige Verfügbarkeit von Kommunikationstechnologien führt – trotz einer allgegenwärtig gefühlten Beschleunigung – zur Verspätung als Normalzustand. Im Buch „Daumenkultur: das Mobiltelefon in der Gesellschaft" (2006) heißt es dazu unter anderem unter Bezug auf eine Studie von Nokia: „71 Prozent der Befragten kommen bei gesellschaftlichen Verabredungen ständig zu spät, weil sie die Option haben, mit einem Handyanruf oder einer SMS den Termin einfach umzustoßen und neu zu bestimmen."

Vielleicht wird es Zeit, einen gesellschaftlichen Konsens über einen anderen Umgang mit Verabredungen zu treffen. Denkbar wäre etwa, sich am „akademischen Viertel" zu orientieren. Damit bezeichnet man die vielfach noch an Universitäten gebräuchliche Sitte, dass eine Lehrveranstaltung eine Viertelstunde später beginnt als im Vorlesungsverzeichnis ausgedruckt. Ein Gebrauch, der noch auf die Zeit zurückgeht zu der sich Studierende wie Lehrende am Glockenschlag der Kirchturmuhren zur vollen Stunde orientierten und sich dann zu ihrer Vorlesung begaben. Eine Art „stille Einigung" auf eine derartige Verspätung böte zumindest eine gefühlte Verbesserung der Situation.

Verbindlich war gestern

Die skizzierte Lösung, einfach etwas Zeit hinzuzugeben, hilft jedoch nicht immer, denn wie im Kapitel „Wie uns Internet und Smartphone manipulieren" bereits festgestellt wurde, lässt auch die Verbindlichkeit der Verabredungen nach.

Schon im Frühjahr 2004 – weit vor dem aktuellen Smartphone-Boom – schrieb der Spiegel (Ausgabe 12/2004)[263] über die Veränderungen des Alltags von Jugendlichen und jungen Heranwachsenden durch das Mobiltelefon und kam zu dem Schluss, dass Verabredungen und feste Zusagen zunehmend als lästig empfunden, deshalb soweit möglich vermieden werden und dahinter vielfach die Motivation „Mal sehen, ob sich noch was Besseres ergibt" steht.[264]

In gewisser Weise erhöhen Informationstechnologien von Internet und Smartphone durch ihren unmittelbaren Informationszugriff auch unsere Wahlmöglichkeiten: bei der Verabredung, bei der Wahl der „richtigen" Party für den Abend, der Wahl des „richtigen" Produktes oder gar des „richtigen Partners". Insofern wirkt unsere umfassende Vernetzung auch auf den Zusammenhang, den der US-Psychologe Barry Schwartz in seinem Buch „The Paradox of Choice" (Harper 2004) beschreibt. Sein Fazit lautet sinngemäß: Egal wie man sich bei welcher Gelegenheit entscheidet, man kann sich – aufgrund der Vielfalt der Wahlmöglichkeiten – nie sicher sein, die richtige Wahl getroffen zu haben.

Eine immer größere Zahl von Entscheidungen, die auf die letzte Sekunde getroffen werden, und eine immer größere Zahl von revidierten Entscheidungen legen davon Zeugnis ab. Alles wird irgendwie unmittelbarer, unbestimmter. Allgegenwärtiges Internet und Smartphone bescheren uns eine neue Dimension in Sachen Unbestimmtheit. Wer will sich da noch gerne festlegen.

5. Die Zukunft gehört den virtuellen Agenten

Vielleicht überlassen wir das endgültige Entscheiden in Zukunft ja unseren virtuellen Stellvertretern, den virtuellen Agenten. Einen Vorgeschmack darauf könnten folgende (rein hypothetische) Dialogschnipsel bieten. Der Einfachheit halber haben wir unseren Assistenten SIRI genannt – in Anlehnung an das Sprachunterstützungssystem bei Apple, das sich von Version zu Version immer mehr zum persönlichen Assistenten entwickelt:

„SIRI, bestell mir eine Pizza Calzone, bitte."

Antwort: „Ich glaube nicht, dass das eine gute Idee ist, Du bist ohnehin zu dick." Oder auch:

„SIRI, stelle mein Profil auf diese Datingseite."

Antwort: „Was wird Deine Frau dazu sagen?"

Bei anderer Gelegenheit wartet unser Agent vielleicht von selbst mit Vorschlägen auf:

„Du hast gerade eine Tischreservierung für Zwei bei Deinem Lieblings-italiener abgesagt und hörst außerdem gerade ‚Summertime Sadness' von Lana Del Rey, das ist ein trauriges Lied. Soll ich nicht lieber etwas Fröhlicheres spielen?"

Das hypothetische Assistentensystem in unserem Beispiel ist nicht mehr bloß ausführend. Es versucht dem – durch die Vielfalt der Wahl in seiner Entscheidungskraft geschwächten – Nutzer bereits Optionen vorzugeben und letztendlich für ihn Entscheidungen zu treffen.

So weit, so absehbar ist diese Entwicklung, dass wir davon ausgehen können, dass binnen weniger Jahre derartige Systeme via Webbrowser und Smartphone für jedermann nutzbar sind – Personalisierung inklusive. Verwiesen sei an dieser Stelle nur an IBMs „Watson" (vgl. Kapitel „Der „Supercomputer" in der Tasche – Mein Smartphone").

Aber haben die Systeme wirklich die Interessen ihrer Nutzer im Sinn? Wird nicht der Anbieter des Agentensystems den Verlockungen der Werbepartner erliegen und den Nutzer von oben, statt zum aufgrund der körperlichen Konstitution ernährungsphysiologisch empfehlenswerten Salat zu überreden, zum Fastfood-Lokal lotsen, weil hier eine höhere Provision lockt?

Quantified Self und Gamification waren erst der Vorgeschmack in Sachen Verhaltensmanipulation. Wenn wir eines Tages unsere Entscheidungen an Maschinen delegieren, sollten wir ganz sicher sein, dass diese auch in unserem Sinne agieren. Die derzeitige Entwicklung weist jedoch in eine andere Richtung. Misst man die großen Technologienanbieter an ihrer Vertrauenswürdigkeit, so haben sowohl Facebook als auch Google und Apple wiederholt gezeigt, dass sie nicht immer im Sinne ihrer Nutzer agieren. Warum sollte man ihnen bei so etwas Sensiblem wie der Entscheidungsfindung in verschiedenen Lebenslagen vertrauen und sich damit vollständig einem intransparenten Algorithmus ausliefern?

Klüger ist es daher, auch mittelfristig auf sich selbst zu vertrauen und die Technik nur als Hilfsmittel zu sehen, also etwa eine App wie „Conscience"[265] als gutes Gewissen zu nutzen, um seine eigenen guten Vorsätze damit nachzuverfolgen. Eine kleine Hilfe gegen die eigene Bequemlichkeit kann uns durchaus dabei unterstützen, mit der Komplexität unseres Lebensumfelds erfolgreich umzugehen, um unsere eigenen Ziele zu erreichen und nicht die der großen Technologiekonzerne und deren kleiner Einflüsterer, die uns programmieren und in ihrem Sinne manipulieren wollen.

Anmerkungen

1   http://www.initiatived21.de/wp-content/uploads/2012/06/NONLINER-Atlas-2012-Basiszahlen-f%C3%BCr-Deutschland.pdf
2   http://de.statista.com/statistik/daten/studie/3907/umfrage/mobilfunkanschluesse-in-deutschland
3   http://news.o2.co.uk/Press-Releases/Making-calls-has-become-fifth-most-frequent-use-for-a-Smartphone-for-newly-networked-generation-of-users-390.aspx
4   http://www.netlib.org/utk/people/JackDongarra/faq-linpack.html
5   http://www.greenecomputing.com/apps/linpack/linpack-top-10
6   http://www-03.ibm.com/innovation/us/watson/index.html
7   http://www.nytimes.com/2011/02/17/science/17jeopardy-watson.html
8   http://www.computerbase.de/news/2012-05/apples-ipad-hat-ueber-60-prozent-marktanteil (Zahlen für das Q1/2012)
9   http://www.electronista.com/articles/12/04/26/comscore.shows.kindle.fire.propping.up.android
10 http://www.nngroup.com/reports/mobile/ipad/ipad-usability_2nd-edition.pdf
11 http://kress.de/mail/alle/detail/beitrag/116992-goldmedia-gastbeitrag-zu-social-tv-mehr-oder-weniger-aufmerksamkeit-fuers-fernsehen.html
12 http://www.macmania.at/ipad/top-ipad-dominiert-weiterhin-tabletmarkt
13 http://www.cisco.com/web/solutions/sp/vni/vni_forecast_highlights/index.html
14 http://www.computerwoche.de/karriere/karriere-gehalt/2513573
15 http://udacity.com
16 http://www.nytimes.com/2012/03/05/education/moocs-large-courses-open-to-all-topple-campus-walls.html
17 http://www.nytimes.com/2012/03/05/education/moocs-large-courses-open-to-all-topple-campus-walls.html?_r=2
18 http://www.ecc-handel.de/vorteile_einer_multi-channel-strategie_eine_47044.php
19 http://www.welt.de/wirtschaft/article13509072/Media-Saturn-will-Preise-auf-Online-Niveau-senken.html
20 http://www.independent.co.uk/news/media/advertising/the ad-that-only-plays-to-women-the-future-of-marketing-or-useless-gimmick-7314916.html
21 http://www.pathintelligence.com/products/footpath/about-footpath
22 http://www.patentstorm.us/applications/20120143693.html
23 http://www.autobild.de/artikel/dauertest-mini-cooper-52898.html
24 http://www.ferrari.com/english/gt_sport Prozent20cars/gt/pages/120524-car-new-stylistic-notes-for-ferrari-the-sp12-ec-is-born-ec-like-eric-clapton.aspx
25 http://www.miteam.adidas.de
26 http://www.MyMuesli.de
27 http://www.ideastorm.com
28 https://www.tchibo-ideas.de
29 http://www.ftd.de/it-medien/it-telekommunikation/:kauf-von-tele-atlas-abschreibung-drueckt-tomtom-ins-minus/479262.html
30 http://www.handelsblatt.com/unternehmen/it-medien/milliarden-fuer-softwarehaus-nokia-steigt-bei-navteq-ein/2867928.html
31 www.nytimes.com/2010/03/13/nyregion/13taxi.html
32 http://radar.oreilly.com/2011/04/apple-location-tracking.html
33 http://twitpic.com/135xa
34 http://www.monopol-magazin.de/artikel/20104128/Haftstrafen-bis-zu-sechs-Jahren.html
35 http://www.artnet.de

36 http://www.artistswanted.org
37 http://www.picstar24.de
38 http://www.bvv-medien.de/jwb_pdfs/JWB2011.pdf
39 http://www.mediendaten.de/index.php?id=film-kino-umsatz
40 http://articles.businessinsider.com/2010-05-28/tech/30004433_1_facebook-web-sites-wikipedia
41 http://viddy.com
42 http://www.appdata.com/devs/1034991-viddy
43 http://www.bild.de/ka/p/upload1414
44 http://newspaperdeathwatch.com
45 http://wiki.piratenpartei.de/Liquid_Democracy
46 http://stjornlagarad.is/english
47 http://www.reuters.com/article/2011/06/16/us-amazon-kindle-spam-idUSTRE75F68620110616
48 http://www.gutenberg.org
49 http://online.wsj.com/article/SB10001424052702304870304577490950051438304.html?mod=WSJ_Tech_RIGHTTopCarousel_1
50 http://www.telegraph.co.uk/technology/news/9302223/Digital-music-sales-beat-CDs-for-the-first-time.html
51 http://www.heise.de/ct/artikel/Kreuzverhoertest-287592.html
52 http://www.newyorker.com/online/blogs/sashafrerejones/2009/09/dithering-jonny-greenwood.html
53 http://www.newyorker.com/online/blogs/sashafrerejones/2009/09/dithering-jonny-greenwood.html
54 http://www.taz.de/!89512 (Zitiert: Angaben über die Künstlerhonorare)
55 http://edition.cnn.com/2012/06/15/tech/web/music-streaming/index.html
56 http://www.automatedtrader.net/headlines/65433/hibernia-atlantic-achieves-milestone–for-project-express,
    http://www.hiberniagfn.com/documents/Project Express_Map.pdf
57 http://www.telefonseelsorge.de
58 https://nacworld.net/public/portrait
59 http://www.bka.de/nn_193232/SharedDocs/Downloads/DE/Publikationen/PolizeilicheKriminalstatistik/ImkKurzberichte/pks2010ImkKurzbericht,templateId=raw,property=publicationFile.pdf/pks2010ImkKurzbericht.pdf
60 http://mediendelikte.de/phaenomene.htm
61 http://www.symantec.com/en/sg/about/news/release/article.jsp?prid=20110914_02
62 http://www.unodc.org/unodc/en/data-and-analysis/WDR-2011.html
63 http://www.elsevier.nl/web/Nieuws/Internet-Gadgets/343610/Cybercriminelen-doen-poging-tot-spionage-bij-DSM.htm?rss=true
64 http://threatpost.com/en_us/blogs/autocad-worm-stealing-designs-blueprints-062512
65 http://www.spiegel.de/netzwelt/tech/computerspionage-chinesische-trojaner-auf-pcs-im-kanzleramt-a-501954.html
66 http://www.zdnet.com/former-pentagon-analyst-china-has-backdoors-to-80-of-telecoms-7000000908
67 http://vroniplag.de
68 http://www.cryptome.org
69 http://www.zeit.de/newsticker/2010/6/1/iptc-bdt-20100601-7-25015034xml/seite-2
70 http://www.dradio.de/dkultur/sendungen/kritik/646894
71 http://opinionator.blogs.nytimes.com/2012/06/30/the-busy-trap
72 http://psychologytoday.com
73 http://www.cinemetrics.lv/2006.php

74 http://www.marcprensky.com/writing/prensky%20-%20digital%20natives,%20digital%20immigrants%20-%20part1.pdf

75 http://www.ericsson.com/ericsson/corpinfo/publications/ericsson_business_review/pdf/108/understanding_digital_natives.pdf

76 http://www.lithium.com

77 http://www.sbaggers.de

78 http://www.unews.utah.edu/old/p/062206-1.html

79 http://www.izmf.de/sites/default/files/download/Studien/Dekra_Handy_am_Steuer.pdf

80 http://www.hirschtec.eu

81 http://www.basex.com/press.nsf/InFrames/EB667FAD914294678525737B006E3FF1?OpenDocument

82 http://www.bibliothek.kit.edu/cms/teuerste-zeitschriften.php

83 http://www.The Atlantic.com/technology/archive/2012/07/thanks-to-the-web-even-scientists-are-reading-for-the-articles/259589

84 http://www.csmonitor.com/2006/0515/p13s01-stct.html

85 http://www.focus.de/politik/deutschland/bildung-jeder-dritte-unfaehig_aid_190946.html

86 http://www.dradio.de/dlf/sendungen/pisaplus/1572592

87 http://www.bmbf.de/de/3336.php

88 http://online.wsj.com/article/SB10001424052702303410404577466662919275448.html

89 http://www.homopoliticus.de/2011/05/02/der-obama-tweet-des-regsprecher

90 deutscher Text zitiert nach: http://www.download.ff-akademie.com/WiedasInternetunserGehirnveraendert.pdf

91 http://www.bbc.co.uk/news/health-16086233

92 http://www.scientificamerican.com/article.cfm?id=does-addictive-internet-use-restructure-brain

93 Orignaltext hier: http://www.plosone.org/article/info Prozent3Adoi %2F10.1371 %2Fjournal.pone.0020708

94 http://www.suchtmittel.de/info/handy-sucht/000219.php

95 http://www.telegraph.co.uk/sport/othersports/athletics/london-marathon/9217347/Marathon man-Fauja-Singh-runs-into-racism-row-aged-101-on-the-eve-of-the-London-race.html

96 http://www.manager-magazin.de/unternehmen/karriere/0,2828,243875,00.html

97 http://www.juergenhoeller.biz

98 http://www.skepdic.com/firewalk.html

99 http://econ.ucdenver.edu/beckman/Econ Prozent204001/thaler-loss-aversion.pdf

100 http://abcnews.go.com/GMA/story?id=7127723&page=1

101 http://levengmbh.de/uploads/media/Warenpraesentation_im_EH.pdf

102 http://www.petapixel.com/2012/08/30/apple-moves-a-step-closer-to-location-based-camera-disabling

103 http://www.klout.com

104 http://socialmediatoday.com/iansmith/448280/five-types-social-media-influencers

105 http://www.wired.com/epicenter/2012/04/ff_klout

106 http://techcrunch.com/2012/05/09/klout-cathay-pacific

107 http://tawkify.com

108 http://cyberdatingexpert.com/onlinedating-in-a-klout-world-tawkify-speaks-out

109 http://abcnews.go.com/Technology/highlight-app/story?id=15965497

110 http://girlsaround.me

111 http://qsdeutschland.de/info

112 http://dalelane.co.uk/tvscrobbling

113 http://lastgraph.aeracode.org

114 http://www.agf.de
115 http://blog.stephenwolfram.com/2012/04/overcoming-artificial-stupidity
116 http://blog.stephenwolfram.com/2012/03/the-personal-analytics-of-my-life
117 http://www.splunk.com
118 http://quantifiedself.com
119 http://digifit.com
120 http://fitbit.com
121 http://moodpanda.com
122 http://www.moodscope.com
123 http://myzeo.com
124 http://runkeeper.com
125 http://www.momentoapp.com
126 http://www.dailymile.com
127 http://www.daytum.com
128 http://www.curetogether.com
129 http://threadwatch.finekost.com
130 http://www.joystiq.com/2011/11/09/bethesdas-pete-hines-on-skyrim-sports-and-speci-alization
131 http://www.eastereggs.de
132 http://investor.activision.com/releasedetail.cfm?ReleaseID=647732 (Angaben des Herstellers)
133 http://www.farmerama.de
134 http://www.pcwelt.de/news/PC-WELT-enthuellt-Kostenfalle-Online-Spiele-130183.html
135 http://www.pcwelt.de/news/PC-WELT-enthuellt-Kostenfalle-Online-Spiele-130183.html
136 http://de.slideshare.net/markus.breuer/gamification-die-neueste-sau-die-durchs-marketingdorf-getrieben-wird (Buster Benson und Steven Reiss, zitiert nach: einer Präsentation des Spieleforschers Sebastian Deterding.)
137 http://i-know.tugraz.at/wp-content/uploads/2012/01/Slides-gamification-Spielend-zu-Innovationen-am-Beispiel-der-Innovationsplattform-neurovation.pdf
138 http://www.mud.co.uk/richard/hcds.htm
139 http://online.wsj.com/article/SB10001424052970203458604577263273943183932.html
140 http://www.uni-kassel.de/incher/gfhf/tagung2009/horneber_2009.pdf (Weitere Informationen zu TTCT und anderen Testverfahren.)
141 http://archsurg.jamanetwork.com/article.aspx?articleid=399740
142 http://www.informationweek.com/thebrainyard/news/232602379/sxsw-what-ga-ming-should-teach-it-leaders
143 http://www.themedguru.com/articles/action_packed_computer_games_improve_vision-86121374.html
144 http://rstb.royalsocietypublishing.org/content/367/1589/704.abstract?sid=e6737fdb-d3fa-4b39-a3a9-9557081eb0ec
http://blogs.wsj.com/ideas-market/2012/02/03/ranking-people-can-reduce-iq/?mod=WSJBlog
145 http://drogenbeauftragte.de/fileadmin/dateien-dba/Presse/Downloads/12-05-22_Dro-gensuchtBericht_2012.pdf
146 http://ajp.psychiatryonline.org/article.aspx?articleid=99602
147 http://www.dimdi.de/static/de/hta/aktuelles/news_0297.htm_319159485.htm
148 http://www.who.int/classifications/icd/en
149 http://www.lups.ch/upload/docs/pdf/2009-10-15_Referat_Klaus_Wolfling_1.pdf
150 http://www.deutscher-computerspielpreis.de

151 http://www.itworld.com/cloud-computing/281236/rockstar-quarantines-max-payne-3-multiplayer-cheaters
152 http://www.gartner.com/it/page.jsp?id=1629214
153 http://kred.com
154 http://gamification.co/2012/05/25/healthcare-gets-gamified
155 http://www.informationweek.com/news/healthcare/patient/232900572
156 http://www.economist.com/node/21555952
157 http://psydok.sulb.uni-saarland.de/volltexte/2004/321/pdf/BoBe1997_1.pdf
158 http://www.economist.com/blogs/babbage/2012/05/future-customer-support
159 http://www.lithium.com/pdfs/whitepapers/Lithium-Gamification_bm2DEI6s.pdf
160 http://forums.logitech.com
161 http://www.economist.com/node/21554524
162 http://www.ibm.com/cityone
163 http://de.wikipedia.org/wiki/Foldit
164 http://duolingo.com
165 http://alperaslan1980.wordpress.com/2012/02/14/spielend-spanisch-lernen-gamification-bildung
166 http://www.wired.com/gadgetlab/2010/12/swedish-speed-camera-pays-drivers-to-slow-down
167 http://www.ddb.com/stuff-weve-done/work/the-speed-camera-lottery.html
168 http://www.npr.org/2012/06/21/155454615/gps-study-shows-drivers-will-slow-down-at-a-cost
169 http://www.streetspotr.com
170 http://www.mechanicalturk.com
171 http://pr-blogger.de/2011/09/26/gamifaction-was-sie-von-angry-birds-lernen-konnen
172 http://www.gartner.com/it/page.jsp?id=1629214 (Veröffentlichung aus 2011)
173 http://www.m2research.com/gamification.htm
174 http://www.hideandseek.net/2010/10/06/cant-play-wont-play
175 http://www.angrybirdsnest.com/leaderboard/angry-birds/type/totalscore
176 http://flyertalk.com
177 http://vielfliegerforum.de
178 http://www.spiegel.de/spiegel/print/d-17436580.html
179 http://www.spiegel.de/panorama/gesellschaft/selbstvermesser-kleineidam-die-digitalisierung-des-ich-a-778467.html
180 http://www.spiegel.de/netzwelt/netzpolitik/digitale-selbsthilfe-drei-berliner-lernen-das-programmieren-a-834140.html
181 http://www.sacbee.com/2011/01/30/3362727/death-by-gps-in-desert.html
182 http://www.nps.gov/deva/planyourvisit/directions.htm
183 http://www.uni-regensburg.de/pressearchiv/132700.html
184 http://wir-sind-einzelfall.de
185 http://www.techweekeurope.co.uk/news/o2-problem-boris-bikes-criminal-tag-85971
186 http://www.sueddeutsche.de/muenchen/erding/systemausfall-bei-der-flugsicherung-chaos-am-muenchner-flughafen-1.1404698
187 http://www.telegraph.co.uk/technology/blackberry/8818094/BlackBerry-services-collapse.html
188 http://venturebeat.com/2012/06/29/amazon-outage-netflix-instagram-pinterest
189 http://www.forbes.com/sites/chrisbarth/2012/06/29/twitter-unlinks-from-linkedin
190 http://www.volokh.com/wp-content/uploads/2012/05/SearchEngineFirstAmendment.pdf
191 http://news.bbc.co.uk/2/hi/asia-pacific/2499957.stm
192 http://www.computerbase.de//news/2008-01/wow-belgier-spielt-sich-ins-koma
193 http://www.scribd.com/doc/93950152/12-Tech-soc-Kcmwl-1
194 http://www.nymphenburg.de/neuromarketing09/referenten.htm

195 http://www.scribd.com/doc/93950152/12-Tech-soc-Kcmwl-1
196 http://www.forbes.com/sites/kashmirhill/2012/02/16/how-target-figured-out-a-teen-girl-was-pregnant-before-her-father-did
197 blog.path.com/post/17274932484/we-are-sorry
198 http://www.theregister.co.uk/2012/07/02/facebook_contact_push
199 http://wiki.vorratsdatenspeicherung.de/images/BNetzA_Speicherdauer.pdf
200 http://netzpolitik.org
201 http://www.aclu.org/files/pdfs/freespeech/retention_periods_of_major_cellular_service_providers.pdf
202 http://www.nytimes.com/2012/07/09/us/cell-carriers-see-uptick-in-requests-to-aid-surveillance.html
203 http://www.taz.de/!73222
204 http://www.technologyreview.com/news/428441/a-phone-that-knows-where-youre-going
205 http://www.nytimes.com/2012/07/15/sunday-review/thats-not-my-phone-its-my-tracker.html
206 http://online.wsj.com/article/SB10001424052702304870304577490950051438304.html
207 blog.us.playstation.com/2010/03/28/ ps3-firmware-v3-21-update
208 http://www.defectivebydesign.org/nintendo
209 http://www.extremetech.com/computing/132142-ciscos-cloud-vision-mandatory-monetized-and-killed-at-their-discretion
210 http://www.google.com/enterprise/mapsearth/products/coordinate.html
211 http://online.wsj.com/article/SB10001424052702304458604577488822667325882.html
212 http://www.spiegel.de/netzwelt/games/zynga-eroeffnet-social-network-zynga-with-friends-a-841135.html
213 http://useitbetter.com
214 http://venturebeat.com/2012/07/27/use-it-better-game-prediction
215 http://radar.oreilly.com/2012/05/playful-design-gaming-revolution-john-ferrara.html
216 http://www.iphone-ticker.de/merken-wap-billing-deaktivieren-prophylaxe-gegen-abo-fallen-in-app-bannern-29737
217 http://www.iphone-fan.de/betrueger-knacken-zugaenge-zu-itunes-konten-und-gehen-einkaufen
218 http://news.cnet.com/8301-27080_3-20008518-245.html
219 http://bits.blogs.nytimes.com/2012/03/01/android-photos
220 http://www.f-secure.com/weblog/archives/Mobile_Threat_Report_Q4_2011.pdf
221 http://www.zdnet.com/researchers-find-backdoor-on-zte-android-phones-3040155224
222 http://www.zonealarm.com/products/downloads/whitepapers/generation_gap_research_2012.pdf
223 http://www.pressebox.de/pressemeldungen/check-point-software-technologies-gmbh/boxid/518292
224 http://www.wired.co.uk/news/archive/2012-07/23/twitter-psychopaths
225 http://www.cbc.ca/fifth/37/episodes/murderhewrote/images/Hancock%20Woodworth%20&%20Porter%20%282011%29Hungry%20Like%20The%20Wolf%20-%20The%20Language%20of%20the%20.pdf (Cornell University)
226 http://wireeagle.auburn.edu/news/4308
227 http://wireeagle.auburn.edu/news/4308
228 http://online.wsj.com/article/SB124269038041932531.html
229 http://venturebeat.com/2012/02/28/google-plus-ghost-town
230 http://www.facebook.com/fbsitegovernance/app_130362963766777

231 http://allthingsd.com/20111222/google-will-pay-mozilla-almost-300m-per-year-in-search-deal-besting-microsoft-and-yahoo
232 http://www.state.gov/s/inr/rls/4250.htm
233 http://www.cs.cornell.edu/People/tj/publications/joachims_etal_05a.pdf
234 http://www.kanzlei-thomas-meier.de/urteilsdatenbank
235 http://www.golem.de/0211/22559.html
236 http://nothingbuttravel.de/reiselexikon/ryanair (Stand 8/2012)
237 http://www.ryanair.com/de/geschaeftsbedingungen
238 http://www.Trojaner-Board.de
239 http://blog.botfrei.de/2012/05/gegen-den-verschlusselungstrojaner-rannohdecryptor-von-kaspersky
240 http://www.businessweek.com/magazine/content/01_45/b3756106.htm
241 http://www.ibtimes.com/articles/347970/20120601/sina-weibo-restrictions.htm
242 http://www.datenschutz.rlp.de/de/presseartikel.php?pm=pm2012071001
243 http://www.unideal.de/magazin/facebook-spitzelt-ueber-namen-eurer-freunde
244 http://windows.microsoft.com/de-de/windows-live/code-of-conduct
245 http://www.myce.com/news/microsoft-skydrive-nightmare-private-files-monitored-access-to-xbox-and-mail-revoked-62503
246 http://www.aachener-zeitung.de/news/topnews-detail-az/1533902?_jumps=0&_g=Wie-ein-Handy-Fan-von-Wolke-Sieben-fiel
247 http://www.cbc.ca/news/canada/story/2007/02/25/video-lottery.html
248 http://www.digitalspy.co.uk/gaming/news/a383697/sony-games-to-be-interrupted-by-adverts.html
249 http://www.pcwelt.de/news/PC-WELT-enthuellt-Kostenfalle-Online-Spiele-130183.html
250 http://www.chip.de/news/Motorola-Defy-Rooten-im-Handumdrehen_48611507.html
251 http://www.heise.de/open/artikel/Linux-und-UEFI-Secure-Boot-1623602.html
252 http://linkedinsiders.wordpress.com/2012/01/10/ingdiba-facebook
253 http://www.computerbild.de/artikel/cbs-News-PS3-Gran-Turismo-5-Nissan-GT-R-Nordschleife-6944260.html
254 http://www.nathanzeldes.com
255 http://atos.net/en-us/Newsroom/en-us/Press_Releases/2011/2011_02_07_01.htm
256 http://de.atos.net/de-de/uber_uns/zero_email/default.htm, Abruf 28.07.2012
257 http://www.spiegel.de/netzwelt/netzpolitik/e-mails-nein-danke-a-844952.html
258 http://www.internetrecht-rostock.de/aufbewahrung-emails.htm
259 http://www.radicati.com/wp/wp-content/uploads/2011/05/Email-Statistics-Report-2011-2015-Executive-Summary.pdf
260 http://www.psychologytoday.com/blog/conquering-cyber-overload
261 http://www.psychologytoday.com/blog/conquering-cyber-overload
262 http://www.allacademic.com/meta/p489479_index.html
263 http://www.spiegel.de/spiegel/print/d-30220090.html
264 http://www.spiegel.de/spiegel/print/d-30220090.html
265 http://danariely.com/2012/06/02/conscience
266 http://www.joachim-schairer.de/VWEW-Vortrag_Fulda_17_10_07.pdf

Glossar

3D-Printing
Mit Hilfe eines speziellen Druckers lassen sich auch dreidimensionale Objekte in Form von Einzelstücken oder Kleinserien herstellen oder besser gesagt drucken. Nachdem derartige Drucker relativ teuer sind, bieten eine Reihe von Dienstleistern auch 3D-Druck in Auftragsproduktion. Die Konstruktionsdaten werden dazu über das Internet übermittelt.

App
Eigentlich Kurzform von „Applikation". Gemeint sind mit App aber Anwendungsprogramme, die auf einem Smartphone laufen und zumeist über einen in das Betriebssystem integrierten Onlineshop („Appstore") bezogen werden können.

APT – Advanced Persistent Threat
Gezielter Hackerangriff auf eine einzelne Organisation, mit dem Ziel der Spionage und/oder Sabotage von Systemen.

Backdoor (Hintertür)
Nicht dokumentierte Zugangsmöglichkeit zu Funktionen eines Softwaresystems, die unter Umgehung üblicher Sicherheitsmaßnahmen einen Systemzugriff ermöglicht.

Big Data
Als Big Data bezeichnet man besonders große Datenmengen, wie sie beispielsweise durch die Protokollierung der Anwenderaktivitäten bei der Nutzung von Internet, Apps oder Computerspielen entstehen, und die mit herkömmlichen Datenbanksystemen nicht sinnvoll ausgewertet werden können, aber bei der Analyse einen besonderen Erkenntnisgewinn versprechen,

Blog
Sogenannte Weblogs oder einfach Blogs sind elektronische Tagebücher im Internet. Mit regelmäßig neuen Einträgen liefert der Betreiber des Weblogs – der sogenannte Blogger – Informationen aus seinem Leben und/oder Inhalte zu einem ganz bestimmten Themengebiet aus dem privaten oder geschäftlichen Umfeld. Im Unterschied zu einfachen persönlichen Websites erlauben Blogs Diskussion und vertieften Gedankenaustausch durch die Kommentarfunktion und die Verknüpfung mit anderen Webseiten und Weblogs (über Hyperlinks und sogenannte Trackbacks). Onlineforen, die eine themenbezogene Diskussion erlauben, sind altbekannte Verwandte der Weblogs. Im Unterschied zu Letzteren fehlt den Foren aber die zentrale Rolle (beim Blog ist das der sogenannte Blogger) und damit derjenige, der die alleinige Themenausrichtung bestimmt. Weblogs haben innerhalb weniger Jahre eine enorme Popularität erlangt. Mitentscheidend für die hohe Akzeptanz ist die einfache Bedienbarkeit (eine Weblogsoftware – wie etwa „Wordpress" ist im Prinzip nichts anderes als ein browserbasiertes, funktionsreduziertes und auf einfache Benutzbarkeit hin optimiertes Web-Content-Management, das zudem meist fertig installiert im Rahmen eines Blogaccounts oder eines Webhostingdienstangebots kostenlos oder kostengünstig genutzt werden kann). Während Weblogs zunächst im privaten Bereich ihren Siegeszug antraten, werden neuere Aktivitäten in diesem Umfeld primär von Unternehmen betrieben. Zahlreiche Unternehmen nutzen Blogs, um etwa ihren Kunden die mehr oder weniger persönlichen Ansichten von Führungskräften oder Schlüsselmitarbeitern aus dem Technikumfeld bekanntzumachen. Auch intern – im Intranet eines Unternehmens – können Weblogs als gesteuerte Diskussionsplattform eingesetzt werden.

Bodyhacking

Oberbegriff für eine Vielzahl von Manipulationen des eigenen Körpers durch äußere Eingriffe. Hier gebraucht für die Verbindung von Körperfunktionen mit Technologieelementen.

Bundesnetzagentur

Deutsche Regulierungsbehörde für Elektrizität, Gas, Telekommunikation, Post und Eisenbahnen. Soll der Aufrechterhaltung und Förderung des Wettbewerbs in diesen Märkten dienen.

Bundestrojaner/Staatstrojaner

Unter dem Schlagwort Bundestrojaner wird die Diskussion um die Ausspähung von Rechnerinhalten durch staatliche Stellen in der Bundesrepublik Deutschland geführt. Die Idee ist dabei, dass ein Trojaner (siehe: Trojanisches Pferd) in den Rechner des Verdächtigen eingeschleust wird, der eine Ausspähung erlauben soll. Aus den Vereinigten Staaten ist seit einigen Jahren unter dem Stichwort „Carnivore" ein ähnlicher Ansatz bekannt. 2011 wurde dann vom CCC (Chaos Computer Club) der Einsatz eines derartigen Überwachungsprogramms dokumentiert. Da der Einsatz von verschiedenen Bundesländern verantwortet wurde, spricht man seither vom Staatstrojaner.

Bricked

Aus dem Englischen adaptierter Begriff, der ein nach einem Systemupdate unbrauchbar gewordenes Gerät bezeichnet. Dies kann versehentlich oder auch anbietergesteuert erfolgen. Einzelne Anbieter von Technologieprodukten wehren sich mit dem „Bricken" gegen den Versuch der Anbieter, Nutzungsbeschränkungen zu umgehen (siehe: Jailbreak).

Cloud

Bezeichnung für Rechnerkapazitäten, Dienste und Speicherplatz, die netzbasiert, das heißt im Internet, als Dienstleistung angeboten werden.

Co-Creation

Von Co-Creation spricht man, wenn ein Kunde an der Entstehung eines Produktes mitwirkt. Diese Mitwirkung beschränkt sich zumeist auf Designaspekte, kann aber auch darüber hinausgehen.

Crowdfunding

Neue Art der Finanzierung bei der eine Vielzahl von Geldgebern, die sich im Regelfall über das Internet zusammenfinden, jeweils mit relativ geringen Beträgen für ein bestimmtes Vorhaben wie etwa eine Anfangsfinanzierung für ein Startup, eine Finanzierung eines Films oder ähnliches beiträgt.

Crowdsourcing

Temporäre Auslagerung von einzelnen Unternehmensaufgaben auf Freiwillige, die über das Internet gefunden werden. Häufig wird Crowdsourcing zur Generierung von Produktideen eingesetzt (auch „Open Innovation").

Cyberstalking

Andauerndes Verfolgen und Belästigen einer Person im Internet. Ähnlich dem Online-Mobbing.

Cyberwar

Wortschöpfung aus den Begriffen Cyberspace und War. Bezeichnet eine Auseinandersetzung im Internet und anderen Netzen. Das denkbar einfachste Ziel in einem solchen auch als Information-Warfare bezeichneten Konflikt ist die Störung von Verbindungen und das Lahmlegen von Rechnersystemen. Fortgeschrittenere Ziele können das Manipulieren von Systemen beinhalten (siehe auch SCADA).

Dark Web

Dark Web oder Deep Web bezeichnet den von Suchmaschinen nicht erfassten Bereich des World Wide Web. Nicht von den Suchmaschinen erfassbar sind unter anderem private Webangebote (die Nutzername und Passwort erfordern), dynamische Webseiten, nicht verlinkte Webangebote, Dokumententypen, die nicht von Suchmaschinen gelesen werden können, sowie zahlreiche dynamische Webseiten und Datenbanken.

Digitale Reputation

Glaubwürdigkeit einer Person innerhalb einer Online-Community. Diese wird durch entsprechende Äußerungen und Beiträge in Foren und Weblogs begründet. Nur selten wird berücksichtigt, dass diese Äußerungen auch nach Jahren noch auffindbar sind – etwa für Kunden, Interessenten, Geschäftspartner, Personalchefs oder Journalisten. Innerhalb von Communities besteht eine zunehmende Tendenz, den Wert der Beiträge einer Person zu ranken und so ein mechanisches Hilfsmittel – quasi als Messverfahren für Reputation – zu implementieren.

Digital Natives/Digital Immigrants

Digital Natives oder „Eingeborene des Internets" ist eine gängige Bezeichnung für die Altersklasse, die mit Internet (und Mobiltelefon) aufgewachsen ist. Im Allgemeinen werden darunter die ab 1980 Geborenen gefasst. Ihnen wird – nicht immer zu Recht – ein entsprechend fortgeschrittener Umgang mit dem Internet zugeschrieben als den „digitalen Migranten", den Älteren, die erst später im Studium oder Berufsleben mit den neuen Medien konfrontiert wurden.

Digital Preservation

International gängiger Begriff für die Langzeitspeicherung und Archivierung digitaler Daten. Digitale Daten können durch die laufende Wandlung von Datenformaten und Speichertechnologien im Laufe der Zeit unlesbar werden.

Downloader

Hier: Schadsoftware, die die Funktion hat, andere Programme nachzuladen.

E-Book

Elektronisches Buch, das mit einem speziellen Lesegerät (E-Book Reader) oder einem Programm am Bildschirm eines Laptops oder Tablets gelesen wird.

E-Pub

Bestimmtes Datenformat für ein elektronisches Buch (E-Book)

Echtzeitsuche

Oberbegriff für verschiedene neuartige Suchtechnologien, die anders als die klassische Websuche zeitnah (beinahe in Echtzeit) Nachrichten und Meldungen aus Social Networks durchsuch- und auswertbar machen.

Exploit

(Englisch „exploit" = ausnutzen) Begriff für die Nutzung einer technischen Schwachstelle eines Programms zur unerwünschten Manipulation durch Dritte.

Flops (Floating Point Operations per Second)

Messgröße für die Rechnerleistung eines Computers (Fließkommaoperationen pro Sekunde).

Facebook

Weltweit größtes soziales Netzwerk mit (nach Unternehmensangaben) >950 Millionen Nutzern weltweit (Stand Sommer 2012).

Foursquare
Standortbezogenes soziales Netzwerk, das überwiegend über Smartphone-Apps funktioniert und die Ortungsfunktion der Geräte benutzt. Angemeldete Benutzer können an definierten Orten wie Flughäfen, Bahnhöfen, Lokalen, et cetera „einchecken". Häufiger Besuch wird mit Ehrenbezeichnungen honoriert.

FacebookCredits („FacebookGutschriften")
Interne Währung des sozialen Netzwerkes Facebook. Das Prinzip ist wie folgt: Der Nutzer tauscht reales Geld in die Facebook-eigene Währung um und kann mit diesen Gutschriften virtuelle Güter in Videospielen erwerben oder Funktionen bei Apps freischalten lassen. Der Einsatz von FacebookCredits ist seit Sommer 2011 für Drittanbieter in Facebook verpflichtend. Facebook behält eine Kommission von 30 Prozent von jeder Transaktion ein. Zum Zeitpunkt des Börsengangs gingen – laut Börsenprospekt des Unternehmens – rund 12 Prozent der Umsätze auf Transaktionen mit nur einem Partner (dem Spielanbieter Zynga) zurück. Eine Ausweitung einer derartigen virtuellen Währung ist auch für die Bezahlung realer Güter denkbar und wird mit steigenden Nutzungszahlen immer wahrscheinlicher.

Gamification
Anwendung spieltypischer Elemente und Abläufe in spielfremden Kontext.

Gatekeeper (Torwächter)
Hier: Informationsfilterung, -reduktion und Aufbereitung der Inhalte für ein Publikum als typische Aufgabe der Massenmedien.

Geofencing (Kunstwort aus Geographie und Zaun, englisch: fence)
Überwachung des Aufenthaltsorts einer Person oder Sache mittels technischer Hilfsmittel mit der Maßgabe, dass eine Meldung erfolgt wenn ein bestimmtes vorher definiertes Gebiet verlassen wird.

Gilde
Zusammenschluss von Spielern in einem Computerspiel (auch: „Clan").

GoogleTV
Vom Internetunternehmen Google angestrebter Standard für Settop-Boxen mit dem bestimmte Dienste, wie Video-on-demand ermöglicht werden sollen.

Hacker
Umgangssprachlich eine Person die in ein Computersystem eindringt. Weiter gefasst umfasst der Begriff des Hackers einen experimentierfreudigen Technikenthusiasten mit weitergehenden Kenntnissen in Computer und Netzwerktechnik. Hacker sehen sich selbst als Teil einer „Hackerkultur".

HbbTV (Hybrid broadcast broadband TV)
HbbTV ist ein Standard für Hybrid-TV. Ähnlich wie bei Videotext werden zusätzliche Informationen zum Programminhalt angezeigt, wobei diese sowohl über das Fernsehsignal als auch über eine Internetverbindung bezogen werden können.

Identitätsdiebstahl
Missbräuchliche Nutzung personenbezogener Daten durch einen Dritten. Im Regelfall erfolgt die Aneignung der Identität einer anderen Person mit dem Ziel, einen eigenen Vorteil zu erlangen (etwa durch die betrügerische Bestellung von Waren und Dienstleistungen) oder die Person gezielt zu schädigen (etwa durch Verbreitung von Unwahrheiten).

IMEI/IMSI

Die International Mobile Station Equipment Identity (IMEI) ist eine eindeutige 15-stellige Seriennummer, anhand derer jedes GSM- oder UMTS-Endgerät eindeutig identifiziert werden kann.

Die International Mobile Subscriber Identity (IMSI) dient in GSM- und UMTS-Mobilfunknetzen der eindeutigen Identifizierung von Netzteilnehmern und ist auf der sogenannten SIM-Karte gespeichert.

IP-TV

Mit IP-TV wird die digitale Übertragung von Fernsehprogrammen und Filmen über ein Datennetz bezeichnet. Hierzu wird das dem Internet zugrunde liegende Internetprotokoll (IP) verwendet.

Jailbreak

Das vom englischen Begriff für „Gefängnisausbruch" abgeleitete Wort bezeichnet das Entfernen der vom Hersteller vorgegebenen Nutzungsbeschränkungen bei technischen Geräten. Ursprünglich wurde dieser Begriff mit Apple-Smartphones in Verbindung gebracht. Inzwischen wird er universell verwendet.

Kindle

E-Book-Reader von Amazon. Gleichzeitig wird auch das proprietäre Datenformat dieses Gerätes als „Kindle"-Format bezeichnet

Linux

Von Unix abgeleitetes freies Computerbetriebssystem. Linux wird (wie Free-BSD) von einer freien Entwicklergemeinde weiterentwickelt und steht in verschiedenen Varianten auch als Betriebssystemumgebung für Mobiltelefone, Router, Unterhaltungselektronik und andere Geräte jenseits des klassischen Computerbegriffs zur Verfügung.

Location Based Services

Zumeist im Kontext mit Mobilfunknetzen erbrachte Dienstleistungen mit Orts- oder Ortungsbezug, wie etwa Navigation.

Long-Tail-Effekt

Die Grundidee ist sehr einfach. Demnach kann man im E-Commerce auch mit Artikeln Geld verdienen, die im stationären Umfeld als Ladenhüter keine Beachtung finden und im Kampf um den dort begrenzten Regalplatz nicht gelistet und daher nicht verkauft werden. Online ist jedoch Regalplatz im Prinzip unendlich vorhanden, das heißt, auch Produkte mit einer geringen Umschlagshäufigkeit können Erfolg bringen – die Masse macht es. Dies gilt ganz besonders für digitale Güter. Digitale Güter sind Produkte oder Dienstleistungen, die sich mit Hilfe von Informationssystemen entwickeln, vertreiben oder anwenden lassen.

M2M – Machine2Machine

Bezeichnung für automatisierte Transaktionen, die ohne menschliches Zutun direkt von einem Rechnersystem an ein anderes weitergeben werden, etwa automatische Nachbestellung von Teilen beim Unterschreiten einer bestimmten Vorratsmenge.

Malware

Auch: Schadsoftware. Oberbegriff für Software mit Schadenspotential wie Viren, Trojaner und Würmer.

Man-in-the-Middle-Angriffe

Als „Man in the Middle Attack" bezeichnet man Angriffe im Netzwerk, bei denen sich der Angreifer in den Datenverkehr zwischen Sender und Empfänger einklinkt und diesen für seine Zwecke manipuliert.

Mashup
Bezeichnung für das Zusammenmischen und Verknüpfen von Informationen aus verschiedenen Webanwendungen. Im Web-2.0-Umfeld gängige Vorgehensweise, die von Webseitenbetreibern durch das Zur-Verfügung-Stellen von Programmierschnittstellen teilweise aktiv gefördert wird. Populärste Basis für Mashup sind die von Google bereitgestellten Geografieinformationen (Google Maps/Google Earth), die etwa von FON (siehe: FON) genutzt werden, um eine Karte mit allen von diesem Dienst offerierten WLAN-Hotspots im Web darzustellen.

Mass Customization
Herstellung eines nach Kundenwunsch individualisierten Produkts mit den Methoden der Massenfertigung. Dieser Ansatz versucht, die Vorteile der Massenfertigung mit hohem Individualisierungsgrad zu verbinden. Häufig wird versucht, durch eine Art Baukastenfertigung (Modularisierung) oder durch Anpassung von Designs oder Passformen eine derartige Individualisierung zu erreichen. Insbesondere bei Softwareprodukten wird eine Individualisierung (etwa der Benutzeroberfläche eines Webportals) häufig außerhalb der eigentlichen Herstellung durch den Endanwender vorgenommen. Ein weiterer Schritt für die zukünftige Weiterentwicklung des Mass-Customization-Konzeptes wäre die Integration von Innovationen der Kundenseite in die Produktentstehung.

Mechanical Turk
Bezeichnung für einen vermeintlichen Schachautomaten aus dem 18. Jahrhundert. Wird vom Internetanbieter Amazon für ein innovatives Webprojekt, bei dem menschliche Arbeit über das Internet erfolgt, verwendet.

MMORPG (Massive Multiplayer Online Role-Playing Game)
Über das Internet spielbares Online-Rollenspiel bei dem gleichzeitig mehre tausend Nutzer spielen können. Typischerweise mit relativem hohen Interaktionsgrad zwischen den einzelnen Spielern. Bekanntester Vertreter dieser Gattung ist World of Warcraft

MoF – Mitglied/Mensch ohne Freunde
Spöttische Bezeichnung für einen Social-Media-Nutzer/eine Person mit nur einer geringen Zahl von Kontakten, insbesondere in sozialen Gruppen, in denen das Sammeln einer Vielzahl von Kontakt als erstrebenswert gilt.

Multitasking
Gleichzeitige (parallele oder scheinbar parallele) Abarbeitung von verschiedenen Aufgaben. Begriff kommt ursprünglich aus den Computerwissenschaften und wird aber inzwischen häufig für menschliches Verhalten verwendet.

Nerd
Bezeichnung für einen Computer- oder Technikfreak. Ursprünglich als Akronym (non emotionally responding dude) bezeichnet es einen Sonderling und Außenseiter. Inzwischen hat sich diese negative Konnotation gewandelt und der Begriff wird vielfach positiv besetzt verwendet.

Netiquette
Kunstwort aus Network und Etikette. Informelle Verhaltensregeln im Internet. Kein festes Regelwerk. Dennoch gibt es Versuche einzelner Online-Gemeinschaften, selbst Verhaltensregeln zu definieren und diese auch schriftlich niederzulegen. Verstöße werden entsprechend von Moderatoren einer Community verfolgt und mit Löschung der Beiträge oder – in extremeren Fällen – Ausschluss aus einer Community „geahndet".

Netizen
„Netzbürger". Im eigenen Verständnis Teil einer weltweiten Netzgemeinde oder Netzgemeinschaft. In diesem Zusammenhang wird auch von Netzkultur gesprochen. Tatsäch-

lich ist es eher ein Sammelbegriff für verschiedene Gruppierungen mit teils unterschiedlichen Zielvorstellungen, etwa hinsichtlich Informationsfreiheit und Datenschutz.

Netzneutralität

Politisch umkämpfter Begriff, der besagt, dass Internetdatenpakete aller Kunden über alle genutzten Websites und Dienste hinweg diskriminierungsfrei, d.h. gleich schnell oder gleich langsam, übertragen werden.

Aus technischer Sicht können begrenzte Ressourcen (verfügbare Bandbreite) besser genutzt werden, wenn bestimmte Dienste, die auf eine Echtzeitübertragung angewiesen sind, wie etwa Sprache und Video, gegenüber anderen Diensten (etwa E-Mail) bevorzugt werden. Derartiges ist innerhalb großer Unternehmensnetze häufig bereits die Regel (etwa in Form von Dienstklassen bei MPLS). Technische Maßnahmen, die den Datenverkehr analysieren, können jedoch auch genutzt werden, um bestimmte Webanwendungen gegenüber anderen zu differenzieren (etwa wenn der Anbieter dafür bezahlt) oder dem Nutzer zusätzliche Gebühren abzunötigen, um bestimmte Anwendungen störungsfrei nutzen zu können. An den letztgenannten Nebenwirkungen entzünden sich weltweit politische Diskussionen.

Netzwerkeffekt

Beschreibung für die Beobachtung, dass der Nutzen eines Standards oder Netzwerks mit der Zahl der Nutzer anwächst. Durch steigende Nutzerzahlen steigt die Attraktivität für weitere Nutzer. Dies wird auch als positive Rückkopplung bezeichnet. Mit Erreichen einer kritischen Masse kann die Nutzerzahl exponentiell anwachsen.

Ökonomie der Aufmerksamkeit

Eine von Georg Franck entwickelte wissenschaftliche Theorie, nach der Aufmerksamkeit (etwa in den Massenmedien) ein knappes Gut ist, das eine ähnliche Funktion wie eine Bezahlung erfüllen kann.

Open Innovation

Öffnung des Innovationsprozesses in einem Unternehmen für Einflüsse von außen zur Vergrößerung des eigenen Innovationspotentials und zur Vermeidung von „Betriebsblindheit".

Open Source

Ein Programm ist Open Source, wenn der Quellcode für jedermann offen liegt. Open-Source-Programme sind meist kostenfrei und meist im Internet herunterladbar.

Ortsbasierte Dienste

Siehe: Location Based Services

Outsourcing

Oberbegriff für die Abgabe von Unternehmensaufgaben an externe Dienstleister. Detaillierte Informationen zu den verschiedenen Formen finden Sie in:

Paywall (deutsch: Bezahlmauer, besser: Bezahlschranke)

Technische Maßnahme auf Websites, die bestimmte oder alle Inhalte erst nach Bezahlung einer einmaligen Gebühr oder dem Abschluss eines Abos zugänglich macht. Paywalls sind typisch für die Zeitungsbranche, die versucht, ihre Inhalte auch im Web zu monetarisieren.

PDF (Portable Document Format)

Standard Dateienaustauschformat, initiiert vom Softwarehersteller Adobe, das plattformübergreifend auf verschiedensten Systemen lesbar ist. Eignet sich zum Beispiel auch für elektronische Bücher.

Peer-to-Peer
Hier bezogen auf ein Computernetzwerk (nach engl.: peer = Gleichgestellter, Ebenbürtiger). Alle Systeme innerhalb eines Netzwerks sind (im Unterschied zum Client-Server-Modell) gleichberechtigt und stellen Dienste bereit, sind aber gleichzeitig auch Nutzer von Diensten, die von anderen bereitgestellt werden. Peer-to-Peer ist die Grundlage von Tauschbörsen.

Quantified Self
Netzwerk aus Anwendern und Anbietern im Bereich Selbstvermessung. Der Austausch der Mitglieder über neue Möglichkeiten und Methoden findet sowohl online als auch bei persönlichen Treffen statt.

Rootkit
Bezeichnet ursprünglich eine Anzahl von Softwarewerkzeugen, die nach dem Einbruch in ein Computersystem dort installiert wurden, um Aktivitäten des Einbrechers zu verbergen. Der Angreifer verbirgt damit, dass er Root-Rechte (siehe: Root) besitzt. Heute wird der Begriff „Rootkit" auch auf Nicht-Unix-Systeme angewendet. Ein Rootkit dient dazu, Malware (siehe: Malware), Viren (siehe: Virus) und Trojaner (siehe: Trojanisches Pferd) vor den Augen des Nutzers und der Erkennung durch Antiviren- und andere Anti-Malware-Software zu verbergen.

SCADA (Supervisory Control and Data Acquisition)
Systeme zur Überwachung und Steuerung technischer Prozesse, etwa in Fabrikanlagen und Kraftwerken. Mit zunehmender Vernetzung sind diese immer öfter über das Internet erreichbar und gelten als Angriffsziel im sogenannten Cyberwar.[266]

Scareware
Software, die dazu dient, unerfahrene Computerbenutzer zu verängstigen. Häufig wird die Beseitigung einer nicht vorhandenen Gefahr (zum Beispiel vermeintlicher Virenbefall) gegen Entgelt angeboten.

Shitstorm/Empörungswelle
Massenhafte öffentliche Entrüstung, die manchmal auch bei nichtigen Anlässen enorme Wellen schlägt und eine Person oder ein Unternehmen zum Ziel hat. Grund sind meistens einzelne Äußerungen oder etwa Kritik an Produkt- oder Dienstleistungsqualität.

SIRI (Speech Interpretation and Recognition Interface)
Siri ist eine Softwarebestandteil des Smartphone-Betriebssystems iOS5 (oder höher) von Apple, das der Erkennung und Verarbeitung von natürlich gesprochener Sprache dient. Dazu werden die Sprachdaten auf Apple-Server übertragen und dort ausgewertet. Das Ergebnis der Analyse wird an das Endgerät zurückübertragen.

Smart Metering
Ein „Smart Meter" (intelligenter Stromzähler) zeigt dem Anschlussnutzer (und häufig genug dem Stromlieferanten) im Unterschied zu herkömmlichen Stromzählern den jeweils aktuellen Energieverbrauch an und soll so einen Anreiz zum Energiesparen geben. In Verbindung mit tageszeitlich gestaffelten Strompreisen soll so aus Netzbetreibersicht eine Beeinflussung des Nutzungsverhaltens erfolgen, um Lastspitzen im Netz zu vermeiden.

Smartphone
Mobiltelefon mit hoher Prozessorleistung, das PC-ähnliche Zusatzfunktionen und die Installation von Applikationen (siehe: Apps) erlaubt sowie einen Internetzugang bereitstellt. Gängige Betriebssysteme für Smartphones sind Symbian, Android, iPhone OS und Windows Mobile. Viele Smartphones setzen auf Touchscreen-Bedienung.

Social Media/Social Web/Social Software
Oberbegriff für alle Programme und Systeme, die menschliche Kommunikation und soziale Interaktion über das Internet unterstützen und fördern. Wird teilweise als Synonym für „Web 2.0" gebraucht.

Social Engineering/Social Hacking
Persönliche Ansprache von Computernutzern und Systemverwaltung unter Vortäuschung falscher Tatsachen mit dem Ziel, unberechtigten Zugang zu Computersystemen beziehungsweise darauf gespeicherten Daten zu erlangen.

Social Networks/Soziale Netzwerke
Online-Communities, die als Basis für die Pflege bestehender sozialer Kontakte und das Eingehen von neuen Beziehungen im Internet dienen – zumeist auf einzelne Gruppen und deren Bedürfnisse zugeschnitten, zum Beispiel für Studenten, Berufstätige, Mütter/ Väter, Singles etc.

Staatstrojaner
Siehe: Bundestrojaner

Statusmeldung
Hier: Kurze Textnachricht, mit der sich Nutzer eines Social Networks mitteilen.

Streaming Media
Bezeichnet über ein Rechnernetz (typischerweise das Internet) übertragene und gleichzeitig wiedergegebene Audio- beziehungsweise Videodaten. Die übertragenen Inhalte werden als Stream oder Livestream bezeichnet. Anders als beim Rundfunk, bei dem eine kontinuierliche Übertragung an eine Vielzahl von Hörern (Rundfunkteilnehmer) erfolgt, ist beim Streaming jeder „Stream" individuell, etwa mit einer bestimmten Liedreihenfolge, und erfolgt auf Anforderung eines Teilnehmers.

Stuxnet
Erste weithin bekannt gewordene Schadsoftware, die gezielt bestimmte Systeme zur Überwachung und Steuerung technischer Prozesse angreift.

TOR (The Onion Router)
Netzwerk zur Anonymisierung der Verbindungsdaten. TOR reicht Daten über verschiedene Stationen verschlüsselt weiter, so dass der eigentliche Dienstnutzer oder Nachrichtenversender (im Regelfall) nicht ermittelt werden kann.

Trojaner
Als Trojanisches Pferd oder kurz Trojaner bezeichnet man in der Informationsverarbeitung ein Computerprogramm, das ohne Wissen des Anwenders eine unerwünschte Funktion erfüllt. Die Abgrenzung zu anderen Arten von Schadsoftware (Malware) ist in der praktischen Verwendung oft unpräzise.

Unsourcing
Hier: Gamification basierte Verlagerung von Support von bezahlten Supportkräften auf ein „Kunden helfen Kunden"-Forum.

UMTS (Universal Mobile Telecommunications System)
Aktueller Mobilfunkstandard in weiten Teilen der Welt (auch 3G genannt), der neben Sprach- auch Datenübertragung erlaubt (je nach Ausbaustand und Zellauslastung in der Maximalgeschwindigkeit vergleichbar mit einem heimischen DSL-Anschluss).

Virus
Ein Virus (auch: Computervirus) ist ein sich selbst verbreitendes Computerprogramm, welches andere Dateien befällt und sich mit deren Benutzung weiter verbreitet.

Vorratsdatenspeicherung

Gesetzliche Verpflichtung für die Anbieter von Telekommunikationsdiensten (auch: Internetprovider) zur Speicherung bestimmter Verbindungsdaten auf Vorrat (für einen definierten Zeitraum) für alle Anwender. In Deutschland nach Urteil des Bundesverfassungsgerichtes (März 2010) zunächst nicht wirksam.

Walled Garden

Im Bereich von IT und Telekommunikation versteht man unter „Walled Garden" ein geschlossenes Dienstangebot in dem ein Anbieter die Regeln definiert, vergleichbar etwa mit einem Betreiber eines Einkaufszentrums, der in einer Hausordnung festlegt, was erlaubt oder verboten ist.

Web 2.0

Vom Verleger Tim O'Reilly geprägter Oberbegriff für neuere, interaktive, nutzerzentrierte Techniken und Dienstangebote im Internet. Auch als „Social Software" bezeichnet (siehe: Social Software).

Web-Bug

Möglichkeit zur statistischen Erfassung und Nachverfolgung der Nutzerbewegung auf Internetseiten durch den Einbau eines einzelnen Seitenelements. Ist ein solches Element in hinreichend vielen Websites integriert, so kann die Bewegung eines Nutzers im Internet über verschiedene Seiten hinweg weitgehend nachvollzogen werden.

Wiki

Ein Wiki, auch WikiWiki oder WikiWeb genannt, ist eine Sammlung von Webseiten, bei denen jeder Nutzer nicht nur lesenden, sondern auch schreibenden Zugriff hat. Mit einer in die Wiki-Software integrierten Bearbeitungsfunktion kann der Anwender – ähnlich wie in einem Web-Content-Management-System – Inhalte bearbeiten und etwa einzelne Beziehungen durch Querverweise (Hyperlinks) kenntlich machen. Der Name stammt von wikiwiki, dem hawaiischen Wort für „schnell". In Entstehung wie Bedeutung kann man Wikis den Wissensmanagementwerkzeugen zuordnen. Wikis können im Internet oder Intranet eingesetzt werden, um das Wissen zu einzelnen Themengebieten – etwa einem Entwicklungsprojekt – auf einfache Weise zu sammeln. Aufgrund der einfachen – browserorientierten – Bedienbarkeit ist die Einstiegsschwelle für eigene Beiträge gering. Viele Unternehmens-Wikis haben daher eine weit höhere Akzeptanz als herkömmliche Intranetanwendungen für Wissensmanagement. Ähnlich wie bei Weblogs spielt auch bei Wikis der persönliche Faktor, das heißt die Möglichkeit, sich bei einer aktiven Beteiligung Respekt innerhalb der Gemeinschaft oder Gruppe zu erarbeiten, eine treibende Rolle.

Wikileaks

Website, die es erlaubt, anonym Dokumente zu veröffentlichen, an denen ein öffentliches Interesse besteht. Die Website arbeitet nach dem Wiki-Prinzip.

Wikipedia

Auf Basis des Wiki-Prinzips (siehe: Wiki) konzipiertes Online-Lexikon, bei dem jeder Besucher auch eigene Beiträge erstellen kann (www.wikipedia.org).

Wurm

Würmer (auch: Computerwürmer) sind Schadprogramme (siehe: Malware), die sich selbständig über Rechnernetzwerke ausbreiten können. Streng genommen gilt folgende Abgrenzung zu Computerviren: Computerviren verbreiten sich durch infizierte Dateien, während Computerwürmer sich unabhängig in Netzen verbreiten und dies aktiv tun können, ohne darauf warten zu müssen, dass infizierte Dateien den digitalen Standort wechseln.

Yammer

2012 von Microsoft übernommenes Startup-Unternehmen, dass interne soziale Netzwerke anbietet.

Weitere Begriffe zum Internet, zur Informationsverarbeitung und zur Telekommunikation finden Sie in Thomas R. Köhler: „IT von A bis Z – Das schnelle und kompakte Nachschlagewerk", Frankfurter Allgemeine Buch 2008, ISBN 978-3-89981-152-0.

Der Autor

Thomas R. Köhler, Jahrgang 1968, gilt als einer der führenden IT/TK-Experten im deutschsprachigen Raum. Über zehn Jahre – von 1994 bis 2005 – realisierte er mit seinem Team Web- und Mobilanwendungen, darunter zahlreiche Pionierleistungen (u.a. in den Bereichen E-Commerce, M2M, Location Based Services). Mit seinem Unternehmen CE21 – Communication Experts berät er seither große Unternehmen und öffentliche Einrichtungen bei Fragen der erfolgreichen Nutzung von Informations- und Kommunikationstechnologien.

Köhler ist Autor zahlreicher Standardwerke zu Internet- und Technologiethemen (u.a. „Die Internetfalle", „IT von A bis Z", „Die leise Revolution des Outsourcing", „Communications Resourcing") und häufig geladener Sprecher auf Fach- und Firmenveranstaltungen.

Unter thomaskoehler.de bloggt er regelmäßig über die neuesten Entwicklungen zu den Chancen und Risiken des durch den Technologieumbruch ausgelösten gesellschaftlichen Wandel. Dort finden Sie auch eine Linkliste mit den Quellenangaben zu diesem Buch.